CAUSE IMPACTO!

Prezado leitor,

Queremos saber sua opinião sobre nossos livros. Após a leitura, acesse nosso site (www.editoragente.com.br), cadastre-se e contribua com sugestões, críticas e elogios.

Boa leitura!

Nancy D. Solomon

CAUSE IMPACTO!

O QUE TODA MULHER PRECISA SABER PARA TRANSFORMAR TODO O SEU POTENCIAL EM RESULTADOS NA VIDA E NO TRABALHO

Tradução de Gisela Deschamps

Gente editora

Gerente editorial
Alessandra J. Gelman Ruiz

Editor de Produção Editorial
Rosângela de Araujo Pinheiro Barbosa

Controle de Produção
Adriane Aoqui de Sousa

Estagiária
Caroline Silva

Produção Editorial
Sieben Gruppe Serviços Editoriais

Projeto Gráfico e Diagramação
Cissa Tilelli Holzschuh e Sally Tilelli

Tradução
Gisela Deschamps

Preparação de Texto
Cissa Tilelli Holzschuh

Revisão
Sally Tilelli

Capa
Miriam Lerner

Impressão
Orgrafic Gráfica

Rua Pedro Soares de Almeida, 114
São Paulo, SP - CEP 05029-030
Tel: (11) 3670-2500
Site: http://www.editoragente.com.br
E-mail: gente@editoragente.com.br

Dados Internacionais de Catalogação na Publicação (CIP)
(Câmara Brasileira do Livro, SP, Brasil)

Solomon, Nancy D.

Cause impacto!: o que toda mulher precisa saber para transformar todo o seu potencial em resultados na vida e no trabalho / Nancy Solomon ; [traduzido por Gisela de Queiroz Pinto Deschamps] . -- São Paulo : Editora Gente, 2011.

Título original: Impact! : what every woman needs to know to go from invisible to invincible.

Bibliografia.

ISBN 978-85-7312-727-0

1. Autoestima em mulheres 2. Autorrealização (Psicologia) 3. Mulheres - Psicologia 4. Sucesso I. Título. II. Título: O que toda mulher precisa saber para transformar todo o seu potencial em resultados na vida e no trabalho.

10-13710 CDD-158.1

Índices para catálogo sistemático:
1. Mulheres : Autorrealização : Psicologia aplicada 158.1

Ao meu amado irmão, Bruce, que me ensinou tudo o que há para se saber sobre o amor; e para minha filha, Lily, e meu filho, Benjamin, que me lembram a cada dia.

AGRADECIMENTOS

Quando eu tinha 11 anos de idade, declarei que, um dia, eu escreveria um livro.

Aquele sonho acabou de se realizar. Entre aquele momento e agora recebi mais bênçãos do que poderiam ser registradas nestas páginas, ou em centenas delas. Conheci inúmeras pessoas que me permitiram o privilégio de amá-las. Ensinei milhares de homens e mulheres que tinham-me como professora quando, na verdade, eu era a aluna. A cada um de vocês que tocaram meu coração e entraram em minha vida, e àqueles que o farão um dia, sou mais grata do que jamais poderia expressar.

Este livro é um tributo ao coração e à mente das mulheres, então, naturalmente, quero celebrar a primeira e mais influente mulher da minha vida, minha mãe, Gloria Solomon. É uma alegria irrestrita ser sua filha. Honro você e suas escolhas, conheço sua força e admiro a coragem de que precisou para conduzir nossa família. Todo dia agradeço a você, em silêncio, por aqueles chás e por insistir que eu aprendesse a digitar.

Para Bernard Solomon, meu pai, com quem aprendi a sustentar meu poder com graça e dignidade. Sou eternamente grata.

Para Lily Joy, que compartilha da minha alma, e Benjamin Bruce, dono do meu coração – eu amo vocês mais do que a soma de todos os grãos de areia de todas as praias. Obrigada pelo privilégio de ser sua mãe e pelas extensas marcas que vocês deixam em meu coração.

Não há maneira de expressar adequadamente o amor e o respeito que sinto por minha irmã mais nova, Ami Kaplan, presidente do meu fã-clube. O amor do seu coração e a generosidade de seu espírito estão sempre comigo. Você nunca saberá o quanto é profunda minha gratidão pelo seu apoio constante e pelo seu cozido de frango com cobertura crocante.

Howard, obrigada por ouvir pacientemente e por sua voz calma. Lindsay, Wesley e Madison, que vocês possam continuar a amar como se não houvesse amanhã, e que se lembrem de retribuir em dobro o que lhes foi dado. Cada um de vocês tem seu próprio lugar em meu coração.

Uma homenagem à minha avó, que ensinou-me o significado de ser invencível, e à minha fada madrinha, Marian Snitkoff, que sempre me lembrou de tomar minhas repulsivas pílulas – posso apenas desejar que meu impacto sobre vocês seja tão amoroso e generoso quanto o que vocês duas me legaram.

Para Helene Gardner, minha tia, por me apresentar a elegância, o estilo e a Europa – *merci beaucoup*! Bill Gardner – você trouxe a diversão de volta à família – eu amo você!

Para um dos seres humanos mais encantadores que eu já tive a bênção de conhecer – Chuck Shelton. Deus deve ter vivenciado um dia especialmente ótimo quando nos apresentou. Você mudou meu mundo, abriu meus olhos, revelou meu coração e compartilhou das minhas lulas. Você me lembra de quem sou sempre que me esqueço, e por isso, Deus, obrigada! Para Suzanne, Melinda e Patrick – obrigada por adotarem os Solomons em seus corações e por partilharem conosco tantos momentos especiais.

Para minha amiga mais querida, Irene Turner, que viajou muitas estradas longas e sinuosas comigo e nunca me deixou ficar perdida por muito tempo. Sua crença em mim e em meus dons, sua confiança absoluta em quem eu sou e no que eu trago ao mundo representam uma das maiores bênçãos da minha vida. Se meus amigos são riqueza, você fez de mim uma "zilionária".

Toda mulher precisa de um Curt Rosengren – você sempre foi honesto, direto, meu fã, me apoiou e, quando necessário, seu pé chutou meu traseiro – obrigada por me permitir contar com você e por nunca ter me decepcionado. Chuck Pettet, sua influência resultou neste livro – muita gratidão por toda sua generosidade. Shawn Frodsham, nos últimos quatorze anos você tem sido uma força inabalável em minha vida. Você é muito precioso para mim e eu sempre prezarei nossas sintonizações de fim de noite.

Toda mãe que trabalha precisa de uma babá com um *notebook* – nós temos Dexter Reuhl. Seu objetivo de vida é "auxiliar", e você é mestre nisso! Às vezes, o comitê de anjos de Deus trabalha horas extras e este foi o caso quando Rabbi Zalman e Miriam Heber entraram em nossas vidas – obrigada por me trazer para casa. *Baruch Hashem*! *

---

* Do hebraico: "Deus o abençõe". (N.E.)

Quando precisei confrontar a realidade, contei com meu comitê de revisão: Aggie, Alicia, Amy, Chuck, Kim, Lisa, Paige, Pauline e Valerie. Vocês fizeram um trabalho notável certificando-se de que cada palavra estava a serviço dos leitores deste livro. Em reconhecimento!

Yvonne Oswald, o mais novo membro do meu comitê de anjos, você é tão grandiosa quanto a sua palavra.

Sou abençoada por ter conhecido David Brake e Holly McAllister da Authorbound/Content Connections – não há dúvida em minha mente de que este livro jamais teria nascido se vocês não tivessem me colocado sob suas asas, me guiado firme e amorosamente e me chamado a atenção quando eu mais precisei. Sua perícia, sabedoria e absoluta fé em mim possibilitaram que eu me permitisse escrever este livro. Sou grata a ambos.

O mais vivo obrigado vai para cada uma das pessoas que me permitiram o privilégio de fazer o que eu mais amo fazer. Adorei trabalhar com vocês!

Em memória de Ross Anderson, que me percebeu muito antes que eu o fizesse, e de Susan L. Shulman, cuja vida foi seu propósito.

SUMÁRIO

PARTE III: O QUE ENFRAQUECE O IMPACTO?

PARTE IV: O QUE FORTALECE O IMPACTO?

MENSAGEM DA AUTORA

APENAS ENTRE MIM E VOCÊ

No decorrer de muitas encarnações no campo do crescimento pessoal, tive a honra de estar frente a milhares de mulheres de todas as partes do mundo. Em uma multiplicidade de papéis, falei em meu nome, em defesa de outros, e por mulheres que, incorretamente, acreditaram que eu tivesse uma voz mais poderosa que sua própria. A verdade é que minha paixão imperturbável, meu entusiasmo descarado e minha pessoal falta de censura sobre as mulheres e o seu poder me tomaram de surpresa muito mais do que qualquer um o tenha feito. Às vezes, quando reflito sobre a audácia de minha missão, desconcerto-me. Entretanto, durante a maior parte do tempo, ela apenas me faz dar risadas.

O privilégio de falar sobre e para mulheres é tanto uma benção quanto um teste; enquanto a parte que se refere à bênção é bastante clara, o privilégio do teste requer um pouco de explicação. Existe uma impressionante responsabilidade atrelada ao fato de ter uma boca tão grande quanto o coração. O teste nasce da coragem de permanecer verdadeira a mim mesma, da manutenção da pureza e integridade de minha mensagem e de não oscilar diante de alguém que poderá não gostar de mim ou considerar-me não inteligente ou insuficiente em algum aspecto e exagerada em outro.

Acredito que, ao longo dos últimos vinte anos, tenho conseguido transmitir a mensagem que converge mulheres, coragem e impacto a uma mesma inspiração, atingindo muito mais sucessos do que fracassos. Não por acaso, são as falhas que persistem em manter-se ao meu lado por mais tempo, definindo o que eu comungo com todas as mulheres. (Infelizmente, nós mulheres temos uma predisposição para o martírio por nossas falhas, em vez de nos elevarmos com nossas realizações.)

Neste ponto da minha vida, poucas histórias carregam adrenalina suficiente para erguer minhas sobrancelhas. Entretanto, ainda me surpreendo pela facilidade com que as mulheres, com boa vontade, contam suas histórias de vida, com a ânsia que demonstram em fazê-lo e com a falta de pretensão com que isso acontece.

Passei muitas horas ouvindo histórias chocantes – aquelas que descrevem piadas de maugosto contras as mulheres, entre as mulheres e, mais tristemente, das mulheres por elas mesmas.

Estive no espaço sagrado que compreende algumas das perguntas mais brutas, aquelas que provavelmente nunca receberão respostas: "Como isso pôde acontecer comigo?"; "O que eu fiz para merecer isso?"; "Como eu aprendo a me amar?" Vezes sem conta fui silenciada pelo constrangimento que essas questões carregavam.

Chorei com muitas dessas mulheres enquanto as apertava contra meu peito, suas lágrimas escorrendo entre nós, enquanto descarregavam o naufrágio emocional de suas vidas. Aprendi a morder minha língua de modo a não me sobressaltar diante de alguma atrocidade partilhada. Mais de uma vez chorei sozinha até dormir, angustiada pelo tormento da vida de outra mulher.

Curiosamente, as histórias das quais estive a par reforçaram minha vontade de ajudar e apoiar as mulheres. Nem uma vez quis esquivar-me do trabalho que considero ser o meu próprio: ouvir e zelar pelos corações feridos, rejuvenescer o espírito cansado, garimpar os tesouros, celebrar as vitórias, transformar as letras minúsculas em letras maiúsculas de REALIZAÇÃO.

Embora em diferente medida, também gargalhei com essas mulheres até que caminhos de lágrimas se formassem em meu rosto. Eu ri incontrolavelmente e dei gritos agudos de alegria tanto diante das fraquezas quanto das fantasias que elas compartilharam. Algumas de nós, garotas, podemos nos inclinar à vulgaridade e ao choque, intencionalmente ou não, dado o clima certo e o público perfeito. Admitirei, aqui e agora, que tenho participado igualmente de ambos.

Cheguei a segurar minhas costelas pela dor que sentia quando não conseguia recuperar o fôlego entre os acessos de risos. Sucumbi com mais frequência do que deveria a transgredir as fronteiras profissionais, quando comparar e partilhar minhas próprias verdades parecia ser a única coisa verdadeira a fazer. Nunca me arrependi de fazê-lo.

Nós, mulheres, amamos partilhar e amamos nos solidarizar. Nós nos unimos a respeito de problemas, de amor, de comida e de sexo. Selamos estas conexões com esperança, orações, lágrimas e chocolate. Estas coisas tornam muitas de nós, na maior parte do tempo, muito contentes, se não, bem felizes.

Honestamente, posso relatar que nunca encontrei uma única mulher sem um sonho, uma esperança, uma visão ou uma prece. Nunca encontrei uma mulher que, em particular, negasse ter uma intuição, que não tenha procurado permissão para ser quem é ou que nunca tenha escolhido o fracasso ao arrependimento.

Nunca conheci uma mulher que, ao menos uma vez, não tenha se desculpado por ser notável, que nunca tenha desejado se encaixar e fazer parte ou que não estivesse disposta a autocensurar-se a fim de consolar uma multidão. Nunca encontrei uma mulher que não criticasse as próprias realizações ou não fingisse ser uma lâmpada de geladeira quando, na verdade, representava a iluminação de um estádio. A maioria das mulheres que encontrei passaram por várias rodadas de tudo isso.

Em todas as minhas viagens, nunca encontrei uma mulher que não se questionasse sobre ser uma impostora, ou que nunca tivesse se comparado a Madre Teresa, a Gloria Steinem ou a Pamela Anderson. Claro que não nesta ordem.

Nunca encontrei uma mulher que não discutisse, embora ressentida, suas próprias limitações, nem encontrei uma que deixasse de comparar suas realizações às de outros. Nunca encontrei uma mulher que se concentrasse consistentemente em suas forças, uma que não sentisse competitividade com a própria irmã, ou uma que desejasse que as próprias nádegas fossem maiores. Nunca encontrei uma mulher cuja amiga interior realmente a desamparasse, e nunca conheci uma mulher adulta sem um segredo.

Raramente encontrei mulheres que, quando derrubadas por sua cultura, não fossem perfeitamente capazes de se recompor e continuar com dignidade. Eu raramente encontrei mulheres que abandonaram sua luta por autoestima, ou que não pudessem reunir um pouco de graça quando verdadeiramente precisassem fazê-lo. Não encontrei mais do que uma ou duas mulheres que não tenham desejado secretamente algo, qualquer coisa, enfeitado com plumas.

As mulheres que conheci melhor tinham sede de atenção, ansiavam por amor e almejavam a verdade. Elas podem ter lido todos os livros de autoajuda, ouvido todos os CDs motivacionais, frequentado todos os seminários necessários, e, no fim do dia, na verdade apenas queriam alguém para amá-las exatamente e precisamente como eram naquele momento (especialmente se estivessem num daqueles dias em que se sentiam gordas).

Acima de tudo, as mulheres que conheci serviram ainda mais propositadamente para reforçar minha mais verdadeira percepção do que é certo, justo e belo em nosso mundo. Elas se mantêm fortes, altivas, ardentes e determinadas em mostrar-se em suas próprias vidas, em fazer a diferença na vida de seus familiares e no batimento cardíaco de suas comunidades.

Este livro é focado em tudo o que é certo sobre ser uma mulher – nossos dons, nossos talentos, nossas forças, nosso intelecto, nosso humor, nossa suavidade, nossas arestas, nossa verdade, e mesmo as mentiras que contamos sobre nós mesmas quando fingimos que não somos tão extraordinárias quanto realmente somos.

Este livro é dedicado àquelas mulheres que conheci, àquelas que eu ainda devo conhecer, e àquelas que posso nunca conhecer pessoalmente, mas com quem eu sempre me relacionarei em espírito, mesmo que apenas por pertencer ao mesmo sexo. Este livro é dedicado à essência do feminino, à força de nossa autonomia e ao poder que abrigamos em nossos corações.

Considere este livro o bilhete de agradecimento mais longo já escrito. Ele foi criado para todas as mulheres sobre quem eu apenas escrevi em agradecimento por me permitirem apoiá-las. Eu as prezo mais do que possam imaginar.

Este livro também foi escrito para todas as mulheres que têm, por sua vez, me apoiado. É para aquelas dentre vocês que, sabendo ou não, geraram qualquer tipo de impacto em minha vida e em minha alma, e que disseram qualquer coisa que possa ter feito diferença. A presença de algumas de vocês alterou minha percepção sobre o que é ser uma mulher, e sobre o que significa ser eu mesma.

Esta é a minha melhor tentativa de agradecer à sua contribuição. Mesmo sabendo, enquanto digo isso, que é impossível fazê-lo completamente, espero que minhas palavras – minhas ideias, pensamentos e experiências – derramem luz sobre quem você é, sobre o que você faz e sobre como e porque você impacta o mundo.

AUTOAVALIAÇÃO DA LEITORA

Existem cada vez mais evidências de que os objetivos escritos apresentam probabilidades bem maiores de serem alcançados do que os que mantemos somente em pensamentos. Com isso em mente, eu a convido a ser clara e objetiva sobre o motivo que a levou a escolher este livro e sobre o que você mudará em sua vida quando terminar de lê-lo. Como você quer que este livro cause impacto em sua vida? Como esta leitura causará impacto nas outras pessoas da sua vida? Divirta-se com isso!

Tique as frases que melhor descrevem o que você planeja realizar lendo *este livro:*

- ☐ Tornar-me acessível a novos relacionamentos.
- ☐ Aprender a colocar-me em primeiro lugar em vez de no último.
- ☐ Ter mais poder para protestar por mim mesma.
- ☐ Sentir que estou no comando em vez de fora de controle.
- ☐ Ter mais equilíbrio em minha vida.
- ☐ Saber minha intenção e manter meu propósito.
- ☐ Perceber que agrego valor e comunicar isso aos outros.
- ☐ Perceber que eu desejo mais do que tenho atualmente.
- ☐ Perceber que eu sou digna de amor e respeito.
- ☐ Conseguir conhecer-me melhor.
- ☐ Acreditar em mim, minimizando minhas dúvidas.
- ☐ Sair da minha zona de conforto e assumir mais riscos.
- ☐ Conseguir conectar-me mais a mim mesma e aos outros.
- ☐ Permitir-me cometer erros sem sentir culpa ou vergonha.
- ☐ Ter mais convicção.
- ☐ Ser menos estressada.
- ☐ Reabastecer-me e ter mais energia.

- ☐ Sentir-me mais leve.
- ☐ Ter um plano para daqui a um ano e para daqui a cinco anos.
- ☐ Descobrir o que quero e agir sobre isso.
- ☐ Ter coragem para perseguir meus sonhos.
- ☐ Aumentar minha habilidade de gerar impacto positivo sobre outras pessoas
- ☐ Deixar um legado duradouro e significativo.
- ☐ Fazer-me ouvir.
- ☐ Conseguir respeito pelo meu ponto de vista.
- ☐ Enfrentar valentões e pessoas agressivas.
- ☐ Aprender como ser uma líder melhor.
- ☐ Descobrir como dizer o que penso.
- ☐ Ser mais assertiva.
- ☐ Aprender a conseguir reconhecimento.
- ☐ Ser mais apreciada.
- ☐ Dar tudo de mim no trabalho.
- ☐ ____
- ☐ ____
- ☐ ____
- ☐ ____
- ☐ ____

INTRODUÇÃO

MAIS UMA TROUXA DE ROUPAS PARA LAVAR ANTES DE EU MORRER

"Uau! Apenas mais um minuto para Nova Iorque!" Eu pensei. "Não posso morrer. Eu ainda não terminei o que preciso fazer". Entrei em pânico. Estava suando e suplicando. Rastejei. "Deus, por favor, dê-me mais uma chance para terminar; eu vou fazê-lo direito. Eu prometo."

Minha histeria se intensificava não porque eu estivesse doente, porque eu fosse jovem e vital ou porque eu ainda quisesse ter filhos. Meu alarme disparou porque eu sabia, bem no meu íntimo, que aquilo simplesmente tinha de ser feito; ainda que eu não soubesse o que era. Tudo o que sabia era que meu tempo se esgotara.

Se você já teve um daqueles pesadelos em que está correndo e correndo – e não importa o quão rápido você corra, não chega a lugar algum –, terá uma boa percepção sobre minha experiência. Além de não saber para onde eu estava correndo, eu nem mesmo sabia por que estava correndo. Exceto que isso não era um pesadelo – era a minha vida.

Era outono de 1994, e eu ingressara como voluntária em uma organização sem fins lucrativos cuja missão era auxiliar as famílias de pessoas com AIDS. Antes de qualquer contato com os indivíduos que precisavam de ajuda, a organização exigia que todos os voluntários recebessem treinamento em "Consciência sobre AIDS" e "Morte e Morrer". Num dos finais de semana de treinamento obrigatório, os vinte e poucos de nós nos juntamos para um exercício de visualização. Pediram-nos que nos imaginássemos quase morrendo de AIDS, e aqueles seriam nossos poucos últimos momentos de vida. Deitados de costas, olhos fechados, escutávamos a voz tranquilizadora de nossa instrutora à medida que ela nos conduzia para a nossa morte. O que estávamos sentindo? O que estávamos pensando? Quem estava conosco? Quantos anos tínhamos?

Ao fim do ritual estávamos todos "mortos". Meus colegas e eu nos amontoamos para discutir nossas introspecções e descobertas. Como foram nossos últimos minutos? No que pensamos?

"Eu queria ter a certeza de que tinha feito a diferença."

"Eu queria que alguém, qualquer pessoa, percebesse que eu havia desaparecido."

"Eu queria deixar algum legado."

"Eu queria ter a certeza de que minha vida teve valor."

"Eu queria mais tempo."

"Eu ainda não terminei; eu tenho mais a fazer."

Previsivelmente, cada um de nós tinha sua própria e única resposta emocional e mental ao saber que morreria em breve.

> *Entretanto, o que nos surpreendeu foi a sensação distinta que cada um de nós experimentou. Ainda que vagamente, sentimos a perda de algo significativo, até mesmo urgente, durante nossa vida; algo como o ponto principal de nosso próprio filme.*

Na verdade, até a realização desse exercício, nenhum de nós considerara que pudesse existir um ponto. No entanto, como em um sonho ruim, cada um reagiu a algo que sentiu estar lá, mas que já não estava mais. A sombra de algo intangível que se retirou hesitantemente, sem nos ofertar algo sólido para nos agarrarmos ou sobre o que articular.

A maioria das pessoas do grupo estava certa de ter postergado seja lá o que fosse por tanto tempo que agora nunca mais o teria de volta. O simples pensamento sobre esta oportunidade perdida dava um puxão nas almas dos meus novos melhores amigos. Como eu, eles não tinham ideia do que aquilo era ou do porquê a falta daquela informação os perturbava tanto; eles apenas sentiam que os perturbava.

Embora os detalhes de nossas vidas (e mortes imaginadas) fossem intensamente pessoais, arrependimento era o plasma que corria através de todos nós. Os arrependimentos expressos naquele dia, pequenos ou intransponíveis, pareceram-nos mais insuportáveis que a dor física que potencialmente teríamos sentido caso realmente estivéssemos morrendo de AIDS. Eram aqueles arrependimentos – não a morte de nosso corpo físico – que estávamos lamentando.

Durante o balanço que se seguiu, ninguém lamentou relacionamentos que tivera; ninguém desejou ter disposto de mais dinheiro, mais brinquedos ou mais coisas. Nenhum de nós expressou desespero porque não viajaria mais, ou não participaria de mais festas, ou que deveria ter colocado mais uma carga de roupas sujas na lavadora.

> *Sobre o que falamos? Cada um de nós se questionou, e estava preocupado, se fizera uma diferença pessoalmente significativa no mundo.*

Estávamos decididamente obcecados pelas coisas que não conseguiríamos mais realizar em nossas vidas. Estávamos perplexos que pudéssemos experimentar pesar por algo que não faríamos em nosso futuro, como se tivéssemos checado a nossa programação de vida e percebêssemos que jamais concluiríamos um trabalho que havíamos começado. Era a potencial perda de oportunidades que nos entristecia. Ouvindo meus novos amigos conclui que poucos daqueles corações se cauterizaram com profundo pesar. De algum modo, as pessoas estão pré-programadas a sentir remorso por resultados concretos ou intangíveis que não sejam executados, completos ou compreendidos.

Os pesares que estão ligados à nossa morte recaem sobre um ou mais dos seguintes critérios:

- algum potencial que não efetivamos;
- alguma promessa que falhamos em cumprir;
- algum plano que não executamos;
- algumas sementes internas que se omitiram de florescer.

O que mais queríamos era ter causado um impacto. Decidimos que esta era a medida que poderia determinar se nossas vidas foram dignas de ser vividas ou se somente ocupamos espaço. Identificamos nosso impacto como aquilo sobre o que estávamos obcecados em nosso exercício. Nós nos perguntamos:

- Nós causamos impacto?
- Qual impacto causamos?
- O movimento para o impacto foi único para nós ou outras pessoas almejavam o mesmo?
- O que cria impacto?
- O que dificulta ou impede o impacto?
- ______________________________
- ______________________________

Partimos no final daquele dia exaustivo levando muito mais perguntas em nossa mente do que inicialmente trouxemos. Todos comprometidos em contemplar suas questões mais profundas para deixar a vida com um grande sentimento de realização quando o momento de cada um chegasse.

Desde aquele dia de outono, em 1994, passei meu tempo com milhares de homens e mulheres em todo o território dos Estados Unidos. Independentemente se fossem funcionários recém-contratados ou executivos consagrados, proprietários de pequenas empresas, mães que trabalhavam fora ou pais que cuidavam da casa, aposentados ou ricos independentes – as questões que surgiram naquele dia tiveram grande extensão. Aquelas conversas, interações e relacionamentos se tornaram o laboratório no qual eu explorei as ideias, atitudes e preocupações das pessoas sobre seu impacto em suas próprias vidas e no mundo ao redor delas.

O que aprendi até agora? Na minha vida eu preferia me imaginar especial ou exclusiva; às vezes, até mesmo extraordinária. E embora isso represente a verdade em algumas partes dela, descobri que quando se trata do impulso para o impacto isso não é importante. Praticamente todas as pessoas que conheço e todos que elas encontram sentem essa ligação de profunda urgência – embora com frequência inconsciente – para impactar seu mundo. E isso nos faz todos especiais.

Ao ajudar milhares de pessoas a descobrir a origem de seu impacto, seu propósito de vida e todos os dons e talentos que sustentam suas jornadas, descobri a fonte do meu impacto. Ao longo dos anos, entendi e aceitei minha missão, meu propósito, minha fonte de realização. Experimentar e vivenciar essas verdades e essa sabedoria permite-me compartilhá-las com vocês.

Cada um de nós é a estrela principal da nossa própria galáxia. Cada um de nós é capaz de gerar um impacto positivo, profundo e sustentável no mundo. Cada um de nós tem um propósito de vida que traz, atrelado a ele, paz, clareza, alegria, amor e produtividade; e cada um de nós pode escolher descobri-lo ou não.

Estas páginas representam o que vim fazer. Estas páginas são o "aquilo" que tanto me desequilibrou, que tanto estremeceu meu núcleo e que tornou minha iminente morte, ainda que imaginária, impensável. Eu vim para fazê-lo. Agora que eu sei o que "aquilo" é, posso realmente fazê-lo.

> *Este livro tem o propósito de oferecer a você o apoio, o incentivo, a habilidade, as ferramentas e a sabedoria de que você precisará para descobrir "porque você faz o que faz".*

Até o final de nosso tempo juntos você saberá, com absoluta certeza:

- a que você veio;
- por que veio fazê-lo;
- como conseguir fazê-lo;
- como o seu mundo impacta você;
- como pode gerar o maior impacto em seu mundo;
- tudo o que precisa saber para ajudá-lo a tornar-se a pessoa mais feliz e bem-sucedida que puder ser.

O quanto este livro é relevante à sua vida? Como você pode ter certeza de que este é um uso valioso de seu tempo?

FATO: Você não tem tempo para não ler este livro.

Por quê? Porque ele é oportuno, tópico, atual e necessário. Este livro não é um luxo fútil; é imperativo para quem está empenhado em conseguir o máximo da vida. Se acha que estou dramatizando, considere isso:

Lá fora no mundo real, onde a produtividade e o lucro conduzem o navio, as pessoas mais felizes, com mais conteúdo, mais bem-sucedidas e mais produtivas são as que causam impacto. Elas sabem por que estão aqui, estão cientes de seu objetivo de vida e estão fazendo uma diferença pessoalmente significativa em suas próprias vidas e na vida daqueles à sua volta.

> *A fraca economia que vivenciamos atualmente dita que a dispensabilidade – bem agora, neste momento – está diretamente ligada ao impacto que você está gerando em sua organização e, em última instância, no seu cliente.*

Agora você deve estar pensando:

- "A economia está em ruínas: estou tão preocupado em não perder meu emprego no próximo mês que não tenho tempo para essa coisa de bem-estar."
- "Entendo que isso é importante, mas estou ocupado demais neste momento."
- "Eu não tenho tempo, preciso descobrir como recuperar minhas recentes perdas de mercado".
- "Quando a minha dívida estiver paga pensarei nisso".

Tudo isso pode parecer verdadeiro num momento estressante; mas se você pudesse olhar a partir de 3000 metros de altura, veria que são poucas as pessoas que estão mantendo seus empregos, sendo recrutadas, recebendo promoções e ganhando grandes bônus, porém, elas se mostram mais distinguíveis que há um ano. Aquelas são as pessoas cuja presença e desempenho geram um impacto positivo tão contrastante nas organizações em que trabalham que se tornaram quase indispensáveis. Você é uma delas?

Dê um passo à frente.

> *As corporações estão perdendo dinheiro agora na proporção direta do impacto – seja positivo ou negativo – que elas geram em seus clientes, e do fato de esses clientes estarem optando por continuar, ou não, comprando seu produto ou serviço.*

Uma das mensagens essenciais deste livro é: Seu impacto é uma das únicas coisas sobre as quais você possui total e completo controle. A pessoa responsável por sua vida e pelo seu impacto está sentada em seu lugar agora mesmo (essa seria você). A promoção que você não consegue reflete o impacto que você causa; o aumento que você recebe reflete o impacto que você gera; a reputação que você conquistou reflete o seu impacto. Você entendeu a ideia.

Estamos mais ocupados do que nunca. Parece que todo dia temos mais a fazer em cada vez menos tempo. A maioria de nós não precisa de mais um item em nossa perpétua lista de afazeres. Tornou-se fácil demais ficar sobrecarregada, cheia de trabalho, oprimida. Escrevi este livro com tudo isso em mente. De maneira a se encaixar ao seu estilo de vida agitado – e na tentativa de reduzir o seu estresse – eu deliberadamente escrevi este livro de modo que a maioria dos ensaios possuíssem entre três e dez páginas – porções fáceis de digerir, que você achará mais enaltecedoras do que demoradas. Assim, você poderá lê-lo do começo ao fim ou aleatoriamente.

Se você tiver uma brecha de dez minutos em sua programação, poderá pular vários ensaios e ler uma rápida seção que a atraia. Talvez você esquadrinhe umas poucas páginas enquanto aguarda por um compromisso. Um voo é um dos poucos momentos sem interrupção em nossa vida que pode ser perfeito para explorar um ou dois exercícios. Ou talvez você prefira planejar algum do "seu" tempo e acessar meu site (www.frominvisibletoinvincible.com)* para avaliações, exercícios, ideias e artigos. Nós também adoraríamos que você se juntasse à nossa comunidade *on-line*. Cadastre-se agora para receber os nossos Solomonismos diários (também conhecidos como Janelas da Sabedoria)** nosso informativo ou blogue. Verei você lá!

Achei divertido e gratificante acordar de manhã, respirar fundo e me perguntar: "O que eu mais preciso ler ou saber hoje?" Com meus olhos fechados, abri aleatoriamente este livro e surpreendentemente descobri que o ensaio que selecionei era exatamente o que eu precisava para me manter centrada e no caminho certo o dia todo. Experimente – você ficará surpresa e encantada com o resultado!

---

*Conteúdo do site em inglês. (N.E.)

**No original, o título descrito é *Windows of Wisdom – WOW*. (N.E.)

Não importa o modo que escolherá para ler este livro, o importante é que você realmente o leia. Tenho coletado evidências de que nossas mentes inconscientes trabalham em parceria com a energia do universo para nos fornecer oportunidades infinitas de vivência e aprendizado, e de amor e crescimento. Pessoalmente, não acredito em acidentes ou coincidências. Portanto, acredito que, se este livro encontrou seu caminho para as suas mãos, ele está exatamente onde deve estar. Parabéns! Sua vida está prestes a se tornar muito melhor do que ela já está.

Aproveite a jornada. Estarei com você em cada passo desse caminho.

CAUSE IMPACTO!

1. Se você pudesse descrever o impacto que causou até agora em sua vida, o que você diria?
2. Como seus colegas de trabalho e/ou supervisores descreveriam o impacto que você causa em sua organização?
3. Como seus clientes descreveriam este impacto?
4. O que você adoraria que eles dissessem?

PARTE I

O QUE É IMPACTO?

ENSAIO 1

IMPACTO É A IMPRESSÃO DIGITAL, NÃO O DEDO QUE A IMPRIMIU

Tudo o que você deixa por onde passa é o seu impacto.

"Tudo o que você deixa por onde passa é o seu impacto". Esse pensamento me tirou de uma piscina de lágrimas numa tarde quando saía do hospital. Eu acabara de dizer adeus à minha querida cliente Elaine Childs-Gowell. Elaine sofrera um derrame, e eu sabia que aquela seria a última vez que eu a veria viva (se é que podemos dizer que alguém em coma ainda está vivo).

Eu poderia ter usado a expressão "último adeus" se estivesse me referindo a qualquer outra pessoa, mas não havia nada de "último" sobre qualquer coisa que Elaine já tivesse feito. Sua bondade amorosa, seu espírito empático, seu bom senso e sua infinita sabedoria irão se manter comigo até que o meu momento final se apresente.

Elaine foi uma enfermeira psiquiátrica que escreveu vários livros e viajou pelo mundo com o propósito de ensinar (cura e xamanismo); ela possuía uma enorme quantidade de títulos honoríficos. Ao ver esta querida mulher deitada em uma maca, com sua força vital substituída por um gotejar de morfina, percebi que mais do que os livros e artigos que ela escreveu, ou as aulas e discursos que ministrou, as marcas que ela realmente deixaria eram sua paixão pelas pessoas e o impacto que causou. Isso era tudo; e era muito.

> *Quando nossa própria hora chega, poucas pessoas se lembram do que dissemos ou mesmo de como o fizemos. O que permanece nos outros é como se sentiam quando estavam em nossa presença, e talvez o que sentiam quando pensavam sobre nós.*

A impressão que permanece é como alguém nos fez sentir sobre nós mesmos; que gosto emocional aquele relacionamento deixou em nossa boca. O tempo corrói os detalhes que causaram o medo ou o delírio que experimentamos. Todos os detalhes desvanecem em segundo plano, e o que resta é o impacto daquele momento – e como ele se lança adiante até o presente.

"*Pense no impacto como a impressão digital, não o dedo que a imprimiu.*"

- Seu impacto não é o que você fez, mas a consequência desta ação.
- Seu impacto não é o que você disse, mas o que resultou da sua fala.
- Seu impacto não é o que você pensou, mas a ação que nasceu a partir de suas ideias.

> *Quando causamos impacto nas pessoas, nos tornamos o catalisador que as ajuda a ativar seus propósitos de vida latentes.*

Alguma centelha se acende dentro das pessoas – somente por terem se ligado a nós – o que as lembra de seu DNA pessoal para a grandeza. Nosso impacto aciona a lembrança de que elas vieram aqui para fazer algo; que elas, também, fizeram uma promessa, e que a fatura chegou.

⌘ ⌘ ⌘

Não me recordo exatamente o que a senhora Claire Tornay me ensinava no quarto ano, mas lembro-me da grandeza de sua crença em mim. Ela foi a primeira pessoa no mundo a me dizer que eu era verdadeiramente esperta, e que eu era capaz de fazer qualquer coisa que eu colocasse em minha mente. Eu agia de acordo com sua fé em mim, como se fosse a Verdade absoluta, com um V maiúsculo. Quando eu estava em sua presença, ficava mais alta, era um bocadinho mais confiante e focava ansiosamente minha atenção nas coisas que eu fazia benfeitas. Não tenho certeza de que qualquer destas coisas fosse efetivamente verdade, mas posso garantir que ela me ensinou que eu estava destinada a coisas grandes, que eu era merecedora de amor e inteligente em minha cabeça e em meu coração. Portas ainda hoje se abrem por causa daqueles sentimentos que a senhora Tornay provocou.

Tenho a mesma lembrança a respeito do meu professor de química, o senhor Dennis Clancy. Numa aula que tivemos no laboratório, minha mente invejosamente desviou-se para as lindas gêmeas da mesa ao meu lado. Elas tinham a altura e o peso ideais para sua idade, eram populares com a turma "da moda" e usavam braceletes de identificação dos bonitões da escola. Acreditando-me sozinha em meu devaneio, ardentemente as encarava enquanto imaginava como seria ser alguns centímetros mais baixa e usar roupas de tamanho menor. Naquela época eu já tinha 1,80 de altura; devo ter nascido maior do que as gêmeas eram no ginásio. (Talvez eu esteja exagerando...)

O senhor Clancy captou meu olhar e, subitamente, disse: "Você tem uma beleza clássica que nunca vai envelhecer." E então me deixou, parada, perplexa com seu comentário. Isso ocorreu provavelmente vinte anos antes de eu perceber que ele lera meus pensamentos naquele dia, e a beleza à qual ele se referira relacionava-se à minha alma – não ao meu tamanho. Vivi muitos dias melancólicos nos quais busquei seu comentário nos bastidores do meu espírito e me agarrei a ele como a um colete salva-vidas, para impedir que eu me afogasse na tristeza e na decepção que escoltavam a depressão da primeira metade da minha vida.

Como você pode perceber, não foi o que a senhora Tornay ou o senhor Clancy realmente fizeram que gerou um diferencial em minha vida. Nem seus comentários ou seus atos influenciaram-me na transcendência de minhas dúvidas ou na transformação do meu potencial em algo que valha a pena legar. Foi a maneira como eles me consideraram que fez a diferença naquele tempo, e continua a fazer até hoje. Ambos me observavam como uma vencedora quando eu segurava o manto de perdedora. Eles me consideraram merecedora quando eu não via em mim traço algum de valor. Eles me perceberam como um tesouro quando eu me sentia um lixo. Eles me viram como ninguém jamais fizera antes. Este era o impacto deles.

⌘ ⌘ ⌘

Algumas pessoas, sem dúvida, fizeram o mesmo por você – esteja você ciente disso ou não. Para alguns foram os próprios pais, avós ou irmãos.

Para outros, um vizinho, um amigo, um merceeiro ou um estranho. A maioria destes atos nunca foi planejada; foram acidentes sutis da natureza cometidos por pessoas que, muito provavelmente, não estavam conscientes do que estavam fazendo – e ignoravam a impressão que deixavam.

Você certamente pensou sobre essas pessoas. Elas às vezes visitam sua mente; você imagina o que o fez lembrar-se delas naquele momento. Pensar nelas traz um sorriso, uma pontada, um sorriso malicioso ou uma lágrima. Está na hora de você contar a alguém sobre o impacto que ela causou em sua vida, em seu coração e em seu sucesso?

Rapidamente – antes que você tenha um momento para censurar-se –, pergunte em voz alta: "Quem gerou o maior impacto na minha vida?" (Sem editar: se você sentiu que foi a rainha da Inglaterra, escreva-o; do mesmo modo, se foi o zelador da escola, um parente ou um amigo cujo nome foi esquecido – escreva-o). Logo abaixo do nome desta pessoa, anote algumas palavras para descrever o impacto que ele ou ela teve em sua vida.

1.Nome ____
Impacto____
2.Nome ____
Impacto____
3.Nome ____
Impacto____
4.Nome ____
Impacto____
5.Nome ____
Impacto____

O que você não sabe, o que você pode nunca saber, é a quem você mesmo causou impacto.

Aquela observação alegre, a mãozinha não solicitada que você estendeu, aquela palavra de incentivo ou comentário, aquela piscada oportuna ou lapso de memória – tudo isso, sem dúvida, deixou sua marca. Ela encorajou ou desencorajou seu destinatário? Ela estimulou alguém ou – muito inadvertidamente – o rebaixou? Ela aumentou o interesse ou diminuiu o ritmo? Será que aquela pessoa se sentiu monstruosa ou heroica, cativante ou paspalha, poderosa ou deplorável?

Embora seja impossível predeterminar precisamente como qualquer indivíduo reagirá a você ou às suas ações, existem alguns detalhes referentes ao impacto que são de sua responsabilidade:

- ***Esteja atento às suas intenções:*** elas são mais significativas que suas próprias ações. Suas intenções se prolongarão no tempo mesmo depois que você partir.
- ***Viva seu propósito de vida.*** Tudo o que estiver de acordo com aquilo a que você veio será ardente, positivo, produtivo e prático.
- ***Demonstre o uso adequado da vontade.*** O que separa você de formas de vida menos complexas é a sua habilidade de raciocinar e fazer escolhas. Então, faça boas escolhas.
- ***Erre para o lado do amor.*** Sempre. Ame-se primeiro, e tudo o mais fluirá harmoniosamente. Embora você possa chegar ao fim da sua vida com alguns arrependimentos, a maneira como você tratou as pessoas não será um deles.

⌘ ⌘ ⌘

Aprendi algumas destas regras com alguém que conheci no trabalho e que se tornou, ao longo de algumas décadas, meu melhor amigo e colega. Chuck Selton é um dos poucos membros da elite da Sociedade da Família Altamente Funcional.* Ele também é o primeiro e único membro daquele clube que conheci pessoalmente. Chuck e sua família são um modelo de família saudável, amorosa e carinhosa. Eu realmente gostaria que eles me adotassem, mas acho que sou muito velha para ser adotada.

Eu poderia continuar por muito tempo falando sobre o sucesso da carreira de Chuck em desenvolvimento de liderança, sobre a profunda influência que seu livro teve sobre a diversidade nos EUA ou sobre o

* No original: Highly Functional Family Society. (N.E.)

extraordinário compromisso que ele tem para com Deus. Tudo isso, entretanto, seria ofuscado pelo impacto emocional e espiritual que ele causa sobre todos os que o conhecem ou que o tenham conhecido indiretamente por meio do seu trabalho.

Ao longo dos anos, tive a oportunidade de conviver com os pais de Chuck, com sua esposa e seus dois filhos. Testemunhar a relação entre as três gerações foi um milagre em minha vida. Lembro-me de quando sua filha, Melinda, jogava basquete no ginásio, com um técnico que era, na época, desencorajador, injusto e, para dizer o mínimo, indiferente. Melinda, líder de nascença, estava farta da atitude dele. Ela decidiu que não importaria como, ela resistiria à dominação do técnico. Seus familiares ficaram ao seu lado, a apoiaram, a incentivaram e a defenderam. Percebe-se facilmente que o verdadeiro amor entre eles é o que os mantém fortes e poderosos como indivíduos, assim como unidade familiar.

Perguntei a Chuck sobre o impacto de seus pais sobre ele. Ele me contou que, quando tinha 11 anos, defendeu um menino impopular que foi verbalmente humilhado na frente de toda a classe, demoradamente, por um professor. Ele se manteve firme e contou para sua mãe sobre aquilo quando voltou para casa. No dia seguinte, Mary Shelton confrontou o diretor da escola e o professor, que foi afastado do ensino fundamental no ano seguinte.

Perguntei a Chuck o que ele ganhara com essa experiência e o que aprendera tendo Mary e Beck como pais. Aqui está o que ele me disse:

- ele podia defender o que era certo mesmo contra os adultos, ainda que fosse jovem;
- ele podia compartilhar sua dor com sua mãe;
- sua mãe usaria sua capacidade para defendê-lo;
- ele teria poder para fazer o mesmo por seus próprios filhos.

Quando ele terminou de partilhar sua história, fiz alguns comentários sobre "a maçã não cair longe da árvore". Ele perguntou o que eu quis dizer com aquilo.

Observei que os ensinamentos de Chuck naquele dia eram idênticos aos que Melinda aprendera ao confrontar o comportamento de seu técnico. Sabemos que um comportamento passado prognostica o comportamento futuro, por isso, agora todos sabemos qual será o impacto dos Shelton sobre sua próxima geração e sobre as seguintes.

Quando me tornei mãe, olhei para os Shelton como modelos de pais ideais. Eu estava determinada a criar minha família com a mesma consciência e os mesmos valores que aprendi com eles. Chuck aprendera sobre a responsabilidade de causar impacto muito cedo em sua vida; podemos apenas imaginar onde seus pais aprenderam os mesmos valores.

⌘ ⌘ ⌘

Apesar de você possivelmente nunca saber qual foi o seu impacto, com certeza causou algum. Porém, é impossível saber de antemão como as pessoas o receberão em suas vidas – independentemente de quão longo ou fugaz seja o seu momento de conexão.

> *Você não é responsável pela sintonia das pessoas, seja ela baseada em amor ou em medo. Você não pode forçar os outros a aceitar o que você aceita ou os dons que você traz.*

A única coisa de que terá certeza no dia em que deixar esta vida é do fato de ter feito dela algo relevante, ou não – porque no fundo de sua alma você sabe que tudo o que irá deixar será o seu impacto. Você é responsável pelo impacto que causa nos outros, e pelo modo como administra o impacto deles sobre você.

CAUSE IMPACTO!

1. O que você percebe nas pessoas que causaram maior impacto em sua vida?
   - *Elas têm algo em comum entre si?*
   - *Que papel elas tiveram em sua vida?*
   - *Como elas causaram impacto em sua vida pessoal ou profissional, ou em ambas?*

2. Como você impacta as pessoas em sua vida?
   - *Como elas se lembrarão de você?*
   - *Como isso difere da maneira como você quer que eles se lembrem de você?*
   - *Qual o papel que você representou na vida deles?*
   - *Como será o seu legado – espiritual, emocional, mental e/ou físico?*

3. Como a organização para a qual você trabalha ou a sua empresa impacta você?
   - *Como você se sente sobre si mesmo quando está no trabalho?*
   - *Você é convidado a colaborar na maioria dos dias? Descreva sua colaboração. É a mesma ou é diferente da colaboração que você quer proporcionar?*
   - *Como os outros recebem seu impacto?*
   - *Existe alguém com quem você trabalha, seja um colega ou um cliente, que se beneficiaria em ouvir sobre o impacto dele ou dela sobre você e sua organização?*

4. O que você precisa fazer e quem você precisa ser para criar uma vida mais positivamente impactante?
   - *O que você precisaria mudar?*
   - *O que precisaria liberar?*
   - *O que precisaria fazer ou ser mais?*

ENSAIO 2

VOCÊ PRECISA ESTAR PRESENTE PARA VENCER

Você nasceu para ser brilhante

O impacto que causamos é a nossa assinatura de vida. É a consequência de nosso nascimento, de nossa vida inteira e de nossa passagem para um outro mundo. É a marca que deixamos no lugar de nossa vida, é o que sobrou e se fossilizou. Nosso impacto é o diferencial que fomos, que fizemos e que deixamos. Não é como nós seremos lembrados, mas a lembrança em si.

Nosso impacto é a resposta às perguntas:
"O que você veio fazer aqui?" e "Você está fazendo o que deveria?"

Nós nascemos para brilhar.

Embutido no fundo de nossa alma, em cada fibra de nosso DNA, está o projeto para a grandeza. Cada um de nós tem sua própria inigualável genialidade, independentemente do fato de podermos repetidamente esquecê-la. É tão exclusivo em cada um de nós quanto nossas mãos, e tão peculiar quanto nossa personalidade. Negar o próprio brilho não o torna menos efetivo, ignorá-lo não causa nada digno de nota e evitá-lo trás dor, miséria e sofrimento desnecessários.

A verdade é que nosso brilho está em busca constante por um lugar para se expressar.

Nascemos para fazer algo, algo único para nós. Nosso impacto só pode ser causado por nós. Não há partilha de trabalho; nem reinterpretação ou aula extra para compensar. É isso aí. Somos os guardiões da nossa mensagem.

Se não a entregarmos ela ficará para sempre no arquivo "nunca executado". O que realmente não seria um problema, a menos que você seja o indivíduo destinado a descobrir a cura para a AIDS, para a fome no mundo, para corações partidos ou para o aquecimento global. Você pode, de fato, estar destinada a dar a luz à mulher que inventará o segredo do equilíbrio trabalho/vida pessoal, ou como eliminar o conceito de multitarefa, ou manter a roupa branca para lavar, branca. Talvez você esteja aqui para remediar o adultério, fabricar chocolate de caloria zero ou vinho tinto que derreta gordura localizada.

Você nunca saberá a dimensão das possibilidades do seu impacto a menos que "acorde" em sua vida. Se decidíssemos ignorar esse fato, a cada dia imaginaríamos: E se? A agonia disso, por si só, pode nos inspirar a ação. Independentemente do que viemos fazer aqui, apesar de nosso propósito de vida ser específico, precisamos estar presentes para vencer. (E ninguém pode ganhar o seu prêmio!)

Temos uma relação paradoxal com o nosso impacto.

> *A maioria de nós não está apenas preocupada em fazer uma diferença no mundo, mas obcecada por isso, pois este é o principal condutor de nossa vida.*

Paradoxalmente, às vezes minimizamos o impacto que realmente geramos em nosso mundo. Ele pode nos fazer sentir inibidos, pois nos torna o centro das atenções. Podemos subestimar nossa importância, nossa pegada e nosso valor porque fomos doutrinados a doar, a contribuir e a agregar valor onde formos.

> *E quando depreciamos nosso diferencial, as pessoas ao nosso redor também o depreciam.*

Então, a mensagem que recebemos, em sua forma mais condensada é: "Quem você é e como é, sem qualquer enfeite ou qualquer extra, não é bom o suficiente."

O que me deixa louca nisso tudo é que eu, pessoalmente, nunca encontrei uma mulher mediana. Nenhuma. Encontrei muitas mulheres que imaginavam ser medianas; achavam-se comuns porque alguém, ou uma longa fila de "alguéns"* disse a elas que eram. Paradoxalmente, quando são reconhecidas, recebem elogios ou quando louvores fluem em seus caminhos, as mulheres casualmente tendem a descartá-los – o que diminui tanto o valor do que é dito quanto de quem os proferiu. Ninguém é vencedor nesse jogo! Então, precisamos reformular nossa maneira de perceber nosso impacto e reescrever as regras com as quais jogaremos.

Como poderíamos reivindicar nossa grandeza utilizando o mesmo fervor com o qual às vezes afirmamos nossa pequenez?

Para muitas mulheres, nosso impacto do dia a dia se resume à roupa estar lavada, às crianças de banho tomado, à família bem-alimentada e às contas pagas. Nosso impacto advém de algo que representamos para os outros, de alguém que fomos para os outros. Este foco de fora para dentro conspira com nossas inseguranças para nos tornar invisíveis. Temos a impressão de não sermos vistas, a menos que estejamos alisando os vincos da vida dos outros. O que podemos fazer sobre isso? Como podemos mudar nosso fator de visibilidade? Podemos nos reconhecer mais! Podemos nos apreciar mais! Podemos nos enxergar através de lentes mais honestas, menos autodepreciativas, mais realistas.

É nosso trabalho causar impacto, e é nosso trabalho defendê-lo com entusiasmo.

Pense no impacto que você quer provocar todos os dias. Pense em como você quer se sentir no final do dia. Tome nota das coisas que ajudam você a tornar-se vitoriosa. Preste atenção quando alguém diz algo que vale a pena lembrar

* A própria autora usou uma expressão que não existe em inglês para dizer "várias pessoas". (N.T.)

– olhe em seus olhos, ouça o que diz, sinta suas palavras e repita-as para si mesma. Faça isso por uma semana e ficará impressionada com o quanto se sentirá invencível!

CAUSE IMPACTO!

1. O que as pessoas que você conhece lhe dizem sobre o impacto que você causa na vida delas?
2. Que desculpas você usa para não fazer diferença em seu mundo?
3. Se você fizesse algo hoje para brilhar mais forte, o que seria?

ENSAIO 3

KATY FEZ, MAS NÓS NÃO FIZEMOS

Se quiser causar impacto precisa permanecer no jogo

"Não seria ótimo se todos tivéssemos autoconfiança para sermos ruins em algo!", disse eu ao pai de Katy enquanto observávamos nossas meninas de 9 anos de idade jogar futebol numa manhã de sábado encharcada.

Todos os olhos acompanhavam Katy enquanto ela perdia mais um gol. Katy era realmente ruim no futebol; nos últimos dois anos, todos assistimos Katy escorregar, tropeçar, atrapalhar-se e cair. Toda feita de tronco e membros magros, o jogo desta preciosa criança não era fácil de assistir.

No entanto, jogo após jogo Katy se recuperava, recobrava sua autoestima e dava-se outra chance. Sua tenacidade era mais que admirável – era merecedora de prêmio! Observá-la semana após semana era uma experiência de aprendizado espiritual para mim – experiência que gerava mais do que uma pitada de constrangimento. "Se eu tivesse a fibra de que ela é feita, o que eu não poderia ter realizado?", perguntava a mim mesma.

Katy demonstrava notável capacidade de resistência e perseverança permanecendo no jogo quando era evidente que outros gostariam que ela se retirasse. A coisa mais corajosa que Katy fez foi permitir-se jogar menos do que perfeitamente. Uma vergonha para o resto de nós, já que não nos permitimos a mesma coisa!

Não se tratava de Katy não perceber que continuava cometendo erros. Isso simplesmente não a incomodava tanto quanto a nós. Ela não tinha os mesmos julgamentos ou noções preconcebidas sobre o seu desempenho que nós tínhamos. Quem disse que ser um "mau jogador de futebol" é uma coisa ruim?

Esse pequeno mecanismo simplesmente não rotulava sua falta de habilidade e experiência como algo ruim, por isso não a impedia de tentar novamente. E mais uma vez. E mais outra.

Para ser justa, Katy não era realmente tão terrível no futebol, nem era um fracasso ou uma perdedora. Em sua mente – onde isso contava mais – ela decidira que era um membro valioso de sua equipe. Essa escolha e atitude fizeram dela um sucesso; éramos nós, adultos, que deveríamos entrar em sintonia com seu pensamento, e não o contrário.

Katy permitiu-se jogar algo de que gostava e sua única intenção era se divertir. Seu objetivo não se relacionava a jogar perfeitamente, então, *voilà*, sucesso!

Se você está lendo sobre Katy e pensando: "Esta é uma história de superação, mas como eu faço isso? Como faço para superar o fato de não ser perfeita? Como faço para superar o que as pessoas pensam?", então eu responderia: "Congratule-se! Você está fazendo as perguntas que a levarão às respostas.

Junte-se a mim nesta breve viagem e imagine um bebê aprendendo a andar. Esse pequeno ser esteve por um bom tempo se arrastando e se puxando. Um dia ele fica em pé sozinho, examinando seus arredores, com o mais delicioso ar de sucesso em si mesmo. Ele conseguiu! Ele subiu a montanha chamada "Estou em pé sozinho, e isso é muito legal. Alguém está assistindo?"

Naquele momento, ele aterrissa violentamente sobre seu traseiro acolchoado. No momento seguinte ele se levanta novamente. Você pode ver o olhar em seu rosto que declara que ele vai tentar. Se prestar atenção, perceberá a concentração dele, enquanto ele comanda sua mente para fazer sua perna mover-se para a frente como fizera antes. Sucesso! Ele faz a mesma coisa com o outro pé, e então consegue. Ele está, por todas as definições, andando. "Uau! Puxa, isso é ótimo!"

A barriga do bebê cai com um baque no chão. Seu rosto desmorona com a perda da dignidade. Sua mente conjura um pensamento semelhante a "É isso aí! Eu tentei esse negócio de andar e falhei – eu sou um total fracasso neste aspecto." Ele faz uma promessa solene de nunca andar novamente.

Cada vez que falhamos alguma pequena parte de nós pode dizer: "É isso aí! Para mim chega!"

Quando nascemos, a vida diante de nós era – metaforicamente falando – comparável ao Mar-a-Lago Club* de Donald Trump, antiga propriedade rural de Marjorie Meriwether Post.** As oportunidades eram tão abundantes que tropeçavam uma nas outras pedindo nossa atenção. "Não" era uma palavra profana, e "Sim" era nossa doutrina. Cada um dos 126 cômodos maravilhosos oferecia o ambiente perfeito no qual cultivar nossos talentos, incubar nossa criatividade e gerar alguma forma de brilho.

Então, a vida aconteceu para nós...

Você tinha 2 anos e pintara o antigo papel de parede de sua avó com o dedo. Você não imagina o que as pessoas grandes disseram a você, mas você sabia que não era bom. Então você decidiu que nunca faria essa experiência novamente; assim, a porta para um dos seus cômodos criativos se fechou, batendo com força.

No jardim de infância, a "tia Ana" determinou que você desenhasse algo alegre, sem perceber que você estava passando por uma fase triste. Ela encaminhou você para o coordenador pedagógico da escola. A desaprovação dela, juntamente com a vergonha de ter levado seu novo lápis de cor preto para um *test-drive*, permanece com você até hoje. Outra porta se fechou batendo com força.

Aos 18 anos você teve seu primeiro grande amor, daqueles que deixam o coração martelando, tiram o apetite, interrompem o sono – até que descobriu que ele estava apaixonado pela sua melhor amiga. Você passou a noite rasgando as páginas de dois diários, amaldiçoando o ar que eles respiravam, enquanto intermitentemente devorava pacotes de biscoitos e o pote de sorvete. "Eu nunca mais vou me deixar apaixonar novamente", você jurou. Então, vomitou. Mais uma porta se fechou – e desta você fez questão de manter distância.

---

* Antiga mansão de 126 cômodos transformada em clube de elite, com 58 quartos, 33 banheiros, doze lareiras e três abrigos antibombas. Mais informações em: www.maralago-club.com. (N.E.)

** Célebre *socialite* estadunidense (1887-1973). (N.E.)

Muitos anos mais tarde, mais nos esquecemos do que lembramos de nossas experiências. Embora tenhamos montes de lembranças alegres e felizes, leves e gratificantes, ricas e recompensadoras, também fechamos muitas portas ao longo do caminho. Fomos levadas em direção a lugares que pareciam seguros, confiáveis, práticos, profissionais, de longo prazo, comprometidos e comprovados.

O que isso nos ensinou? A procurar evidências antes de fazer uma escolha: perseguir o que nos é familiar porque não sabemos o que se esconde sob a invenção.

Fomos ensinadas a procurar a aposta certa, a jogar segundo as regras do jogo, e nunca, nunca, nunca inventar moda.

Podemos agora ver a meia-idade na vastidão à nossa frente ou pelo espelho retrovisor, atrás de nós. Quando nos permitimos um pouco de autoindulgência, olhamos em volta e percebemos que a proporção de portas que fechamos, batemos com força e trancamos é muito maior do que as abertas que sobraram. Temos, sistematicamente – embora talvez inconscientemente –, reduzido nosso espólio "Mar-a-Lago" a uma quitinete. Ela não é bonita. Nunca será espaçosa. Mas é segura, e nós a conhecemos.

Quando percebemos, nos transformamos em prisioneiras involuntárias de uma casa segura que nós mesmas projetamos. A adaptação nos fez sentir espremidas; a complacência atrofiou-se em ressentimento e rebelião; a harmonia estourou em dissonância; e o compromisso arrastou-se para dentro da tapeação.

Um dia algo ou alguém aparece em cena.

Somos lembradas da claustrofobia emocional e mental à qual estamos aclimatadas e de como nos restringimos em nossa própria vida.

É isso aí! Este bairro não é o que deveria ser. Estamos de mudança. Vamos nos aventurar a voltar para a casa metafórica na qual nascemos. "Não", "não pode", "não deve", "porque", "nunca" e todos os derivados serão jogados fora com o lixo da segunda-feira.

Nossa sentença de morte por mediocridade foi substituída. A liberdade pela qual ansiamos nos acena do outro lado da rua. Nós a seguimos – alegres, vivas e desinibidas.

Estamos dispostas, até mesmo ansiosas, a abandonar a perfeição em troca de felicidade. Tornamo-nos mais alegres em nossas escolhas, confiantes sobre nosso conhecimento de que as coisas que supostamente nos trariam contentamento, na verdade apagavam a luz à nossa volta.

Paralelamente, percebemos a encantadora Katy, exatamente quando mais precisamos dela. Ela nos mostra seu sentimento de liberdade diante da vida. Conseguimos ver liberdade, tolerância, aceitação e a perfeição da imperfeição. E nos perguntamos: "Não é ótimo ter autoconfiança para ser ruim em algo?"

Se você está se perguntando como isso funciona no trabalho, vamos gastar alguns minutos falando sobre o seu mundo "real" – aquele no qual você pensa que sua chefe não vai ficar muito feliz se você for menos que perfeita.

Embora seja verdade que sua gerente ficaria encantada (leia-se: aliviada porque ela tomou a decisão certa ao escolher você para o trabalho) se você maximizasse seu potencial, perceba que se ela for uma líder com visão de futuro, então perfeição não é a meta. Uma gerente de sucesso contratou você pelo que você é, e pela promessa que viu em você. Se você fizesse seu trabalho com cem por cento de excelência, você estaria disputando o cargo dela.

A tarefa mais assustadora que enfrentamos é construir nossa autoconfiança – necessária para assumir riscos saudáveis. Se decidimos entrar no jogo, nosso impacto positivo se amplifica e todos saem ganhando.

CAUSE IMPACTO!

1. Em que período de sua vida você teve a coragem de ser ruim em algo?
2. Em que período você se excluiu do jogo porque você não poderia ser perfeita?
3. Alguma vez seu chefe ofereceu colocá-la como responsável por um projeto mas você recusou por não acreditar que estava à altura da tarefa?
4. Existe alguma situação em seu trabalho neste momento na qual você esteja abdicando de sua oportunidade de causar um impacto, por não ser a melhor jogadora em campo?

ENSAIO 4

EU ME AUSENTEI NAQUELE DIA

O que acontece quando você não causa impacto

Nada.

Certo, na verdade, algo realmente acontece:

- Depressão (ver Ensaio 18)
- Ansiedade (ver Ensaio 18)
- Medo (ver Ensaio 20)

PARTE II

POR QUE É IMPORTANTE CAUSAR IMPACTO?

ENSAIO 5

PELO AMOR DE DEUS

Nosso propósito de vida é a essência de nosso impacto e de nossa invencibilidade

- **217 milhões** de visitas no MSN.com para pesquisa do termo "objetivo de vida";
- **101 milhões** de visitas no Google para o termo "espiritual";
- **50 milhões** de pessoas identificam-se como EMNR (Espirituais Mas Não Religiosas);*
- **30 milhões** de cópias vendidas de *Uma vida com propósitos,*** de Rick Warren;
- **3,6 milhões** de indivíduos que descrevem a si mesmos como ateístas ou agnósticos;
- **3,5 milhões** de cópias vendidas de *Um novo mundo – despertar de uma nova consciência*, de Eckhart Tolle, em apenas um mês, depois que Oprah o recomendou;
- **4.300** grupos de fé em todo mundo;
- **92%** das pessoas acreditam em Deus e/ou num espírito universal;
- **89%** das pessoas acreditam em Deus;
- **60%** das pessoas rezam pelo menos uma vez ao dia;
- **40%** das pessoas frequentam serviços religiosos a cada semana;
- **6%** das pessoas consideram a religião não importante.***

Deus está no topo da minha ordem do dia. Na verdade, Deus *é* a minha ordem do dia.

Meu trabalho não é discutir a política da religião ou debater se Deus realmente existe. Eu confio que você negociará o relacionamento entre você e Ele

---

* Em inglês a autora utiliza a sigla SBNR (Spiritual But Not Religious). (N.E.)

** São Paulo: Vida, 2008. (N.E.)

*** Dados baseados na população norte-americana. (N.E.)

como melhor lhe convier. Eu não tenho uma ordem do dia para o que você chama de Deus. Eu entendo Deus como uma força de vida universal, uma energia que permeia todas as coisas. A semente daquela mesma energia divina, um microcosmo virtual, que vive, cresce e se desenvolve dentro de todos nós. Não podemos nos separar dessa fonte, assim como não podemos tirar o branco do arroz.

> *O propósito de nossa vida é descobrir Deus dentro de nós e torná-lo realidade, para colocar Sua intenção em prática.*

Nosso propósito de vida é o veículo por meio do qual podemos expor a centelha de Deus que existe dentro de nós, e cumprir a promessa que isso implica. Esta é a essência do impacto e da invencibilidade.

Para aqueles que não aceitam o termo "Deus", posso oferecer o seguinte: existe um poder, uma força, uma energia ou um espírito que conecta todas as coisas umas às outras. Embora seja maior que cada um de nós, somos parte dela. Veja se essa definição funciona para você, se não, crie uma afirmação pessoal própria, que ressoe profundamente em você.

Um exemplo concreto desta abstração seria imaginar-se parado numa praia. Você enche um copo com água do mar, e embora a água do copo seja do oceano, ela não é o oceano. Obviamente o oceano é grande demais para caber num copo. Ainda assim, o que está no copo é um pedacinho de sua vastidão – uma representação simbólica dele.

Assim é entre Deus e nós. Como o "todo" de Deus não pode estar contido dentro de nosso corpo, uma semente daquela energia é abrigada em nós como uma representação de tudo o que é Deus. Estar "em propósito" é o mais próximo de Deus que chegaremos. É a partir do coração que os verdadeiros líderes nascem. É do Deus em nós mesmos que cultivamos nosso impacto. Existem muitos nomes para esta energia, e embora seja minha preferência pessoal chamá-la de Deus, você pode chamá-la(o) de: Alá, O Onipresente, Ser Supremo, Buda, Luz Maior, Deus, Deus Interno, Poder Mais Alto, Pressentimento, Luz Interior, Sabedoria Interior, Instinto, Intuição, Jesus Cristo, Fonte Espiritual, O Divino, O Universo, Energia Universal, A Verdade, ______________________.

A escolha é pessoal; e é sua, claro. Eu uso vários nomes ao longo deste livro. O importante é que você reflita sobre a noção de que você é parte de algo maior que si mesmo, e que você, e somente você, tem o poder pessoal para acessá-lo, para perceber seu potencial e cumprir seu destino.

Nosso maior desejo é conhecer nosso Deus Interno e nos unirmos a ele; não necessariamente acreditar nele, mas conhecê-lo com a mesma segurança que sabemos a cor de nossos olhos. Por quê? Porque é assim que fomos concebidos! Assim como procuramos comida quando estamos com fome e dormimos quando estamos cansados, estamos programados para procurar permanentemente pela totalidade e inteireza espiritual e emocional. Espiritualmente falando, a Lei da Identificação afirma que "algo tem de se tornar ele mesmo". Assim a boleta tem de se tornar o carvalho. Estamos destinados a nos tornar mais do que quem devemos ser, mais de nosso Deus Interior.

Uma fome profunda pulsa na alma de alguém que busca; e atualmente somos uma sociedade voraz. Espiritualmente voraz, verdade seja dita. Cada coisa significante que fazemos é objetivada por esta ânsia espiritual. Consciente e inconscientemente buscamos experiências emocionais como uma maneira de nos comprometer com aquela semente de Deus dentro de nós, semelhante à maneira como uma criança experimenta chamar a atenção de um pai com seu comportamento. Aquele comprometimento nos prende a Deus quando estamos no meio de uma tempestade pessoal. Essa ligação com nossa alma nos mantém firmes em tempos de exaltação. Essa confiança em nosso núcleo íntimo nos mantém resolutos ao nosso propósito de vida quando as distrações nos dissuadiriam.

"É O QUE NOS TORNAMOS COMO RESULTADO DA EXPERIÊNCIA, NÃO A EXPERIÊNCIA EM SI, O MAIS VALIOSO."

NANCY D. SOLOMON

Os acontecimentos em nossa vida podem ser alegres, apaixonados, amorosos e felizes; ou podem ser ocasiões de medo, raiva, ressentimento, dor e todos os seus derivados distantes e sombrios. Não importa, o valor é o mesmo; retornar ao nosso interior para nos tornarmos um só com a luz maior, e nos mantermos coerentes com nosso lado espiritual. Algumas pessoas criam conflitos apenas para se aproximar de Deus. Todas as vezes que fiz isso acabei me perguntando: "Por que não ir direto a Deus? Por que criar um drama como uma desculpa para chegar até Ele?"

Na prática, você pode estar dizendo a si mesma: "Isso é loucura! Eu não queria romper com meu namorado"; "Eu não escolhi ser demitida"; "Não foi minha ideia perder meu plano de aposentadoria nessa crise econômica que estamos passando!"

Não foi?

Em duas palavras: sim e não.

Embora não sejamos responsáveis diretos pela criação de algum acontecimento específico, somos responsáveis por nossa reação ao acontecimento. E essa reação, para ser muito clara, está intrinsecamente ligada às experiências emocionais e espirituais necessárias para satisfazer nosso propósito de vida.

> *Nós inconscientemente buscamos por experiências que nos trarão o repertório emocional e espiritual apropriado ao nosso específico propósito de vida e jornada (ver Ensaio 6).*

Às vezes dizemos que nosso coração nos dá um "puxão", quando sentimos o impulso intuitivo para seguir uma direção em vez de outra, nossas intuições superam nossas mentes, e parece que somos empurrados em uma direção que não tínhamos pensado seguir. Esse é o nosso GPS (God Positioning System [Sistema de Posicionamento de Deus]) nos guiando de volta ao nosso propósito de vida. Ser um com O Universo é nosso estado natural.

Novamente, esta pode não ser a definição normal para todos, mas é natural. Você pode estar pensando: "Certo, mas o que isso tem a ver com meu impacto?"

Tudo!

> *A moeda universal do espírito é a emoção.*

Considere isto: todo ser humano experimenta a emoção. É uma das poucas coisas comuns a todas as pessoas. O evento físico é transitório e sua lembrança desvanece com o tempo, mas a emoção que acompanhou o evento é mantida. Não está certo de que isto é válido para você? Pense novamente, agora, em qualquer evento em sua vida inteira; e não o altere. Agora, lembre-se da emoção arquivada com essa experiência.

Experiência____

Emoção____

Fazemos o que fazemos pelo que sentimos.

Você percebe como isso é poderoso? Você pode não se lembrar dos detalhes do acontecimento, mas lembra de como se sentiu. Por quê? Buscamos as experiências principalmente pelas emoções que nos causaram. Os eventos são uma centrífuga para nossos valores, que se traduzem em sentimentos. Seu vizinho de 98 anos de idade não comprou aquela pequena Corvette vermelha porque ela tem um ótimo consumo de combustível por quilômetro; ele a comprou pelo sentimento que ela lhe traz. Do mesmo modo, você não aceitou o seu trabalho só por causa do salário. Você o aceitou por causa da expectativa sobre como você se sentiria diante daquele determinado conjunto de responsabilidades, e de como o salário faria você se sentir sobre si mesma. Você se casou com seu cônjuge por causa da maneira como se sentia em sua presença. Você comprou aqueles sapatos de salto 12 centímetros por causa da maneira como se sentiu quando os experimentou. Você abandonou o objeto do seu vício porque não gostava da maneira como ele a fazia se sentir sobre si mesma.

Parece familiar? Aqui estão alguns exemplos:

- Eu guardo dinheiro porque quero me sentir segura.
- Eu aceitei um trabalho numa grande empresa porque quero me sentir confiante.
- Eu me casei com meu marido porque quero me sentir estável.

Vamos personalizar isso para você:

Parte I

Pegue três exemplos de sua própria vida.

Eu ______________________porque queria me sentir______________
Eu ______________________porque queria me sentir______________
Eu ______________________porque queria me sentir______________

Parte II

Dê uma olhada em seu(s) padrão(ões) e anote o(s) tópico(s) comum(ns). À medida que completar este exercício constatará que certas motivações são mais fortes do que outras. Você perceberá padrões aos quais, até agora, pode ter atribuído um rótulo negativo. Por exemplo: "eu sou neurótica"; "eu vou de um vício para outro"; "eu continuo entrando em relacionamentos com pessoas indisponíveis"; "eu faria qualquer coisa para evitar mudanças".

Um tópico comum em minha vida é ______________________________
Um tópico comum em minha vida é ______________________________
Um tópico comum em minha vida é ______________________________

> *Você irá descobrir que esses padrões não têm nada a ver com "o que há de errado com você", mas com o que está certo com você!*

Suas experiências de vida não são apenas previsíveis; elas são espiritualmente determinadas e seu componente mais importante para gerar impacto. Esses tópicos conectam a linha pontilhada entre você e seu propósito de vida e, portanto, entre você e seu impacto. Em vez de olhar para seus padrões através de uma lente rotulada "estou péssima", observe-os através de uma lente chamada "Estou me aproximando do meu Deus Interior" ou "Isso é perfeito" ou "Eu sei claramente o que não quero".

Viver a vida a partir do ponto de vista do que está certo conosco nos ajuda a perceber nosso brilho, a contribuição que representamos, nossos dons e talentos e as coisas que nos fazem sentir mais felizes e alegres. Existem poucas oportunidades individuais mais poderosas do que ser capaz de reformular todos os eventos de nossa vida como ocorrências que foram projetadas para nos apoiar, nos encorajar e nos aproximar de nossa fonte divina.

> *Sua capacidade de reformular suas experiências desta maneira irão torná-la invencível.*

CAUSE IMPACTO!

1. Quais são alguns dos tópicos comuns em sua vida?
2. Como eles se transferem para o seu trabalho?
3. Como esses tópicos impactam sua vida?
4. Como eles impactam seus relacionamentos?
5. O que está certo com você?

ENSAIO 6

O MOTIVO POR TRÁS DE SUAS AÇÕES

O ciclo do impacto

Parabéns! Você finalmente chegou à vida para a qual passou vinte e tantos anos na escola se preparando. Você conferiu diversos dos importantes afazeres da vida, adquiriu uma boa variedade de experiências – algumas ótimas, outras esquecíveis – e, ultimamente, andou se perguntando o que está fazendo e o motivo pelo qual está fazendo isso.

Como você tombou de "Eu amo meu trabalho" para "Meu trabalho é razoável; não sei como torná-lo melhor ou mesmo se é o que eu quero fazer!" Ótimas questões merecem respostas poderosas!

Obviamente, você sabe "o que" fazer em sua vida; é a profissão que você escolheu ou aquela que escolheu você. O seu "o quê" poderia ser uma advogada, administradora, professora ou instrutora de ginástica. Vou me desculpar antecipadamente por dizer isso: "E daí?" Isso mesmo, "e daí!"

O seu "o quê" não é essencial para o seu sucesso, para a efetivação do seu propósito de vida ou para a intensificação de seu relacionamento com a sua sabedoria interior, com Deus. É apenas seu veículo – ainda que, culturalmente, o seu "o quê" a defina.

> *É imperativo que você compreenda profunda e completamente "porque você faz o que faz". A razão é a experiência emocional e espiritual necessária à sua vida, é o seu propósito de vida. Veja a Figura 6.1.*

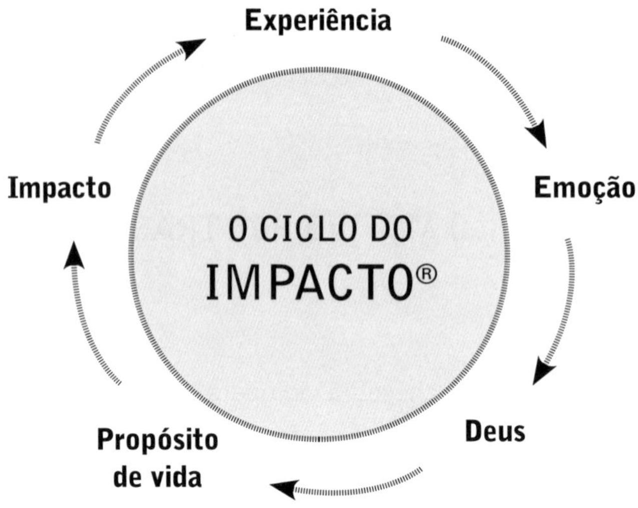

Figura 6.1 O Ciclo do Impacto resume as relações entre o que nós fazemos e porque nós o fazemos.

Nossas emoções, enquanto moeda universal do espírito (veja Ensaio 5), são o meio pelo qual nos ligamos a Deus – ao Universo. Também são o condutor para a luz maior dentro de nós – o nosso Deus Interior. As emoções são a linguagem mais eficaz para a comunicação entre duas pessoas, ou entre as pessoas e uma empresa. A oração é ativada pelas emoções que lhe são atribuídas.

1. Temos uma experiência de vida por seu conteúdo emocional.
2. As emoções fornecem uma oportunidade para entrarmos em contato com nosso âmago e nos tornarmos mais íntimos de nós mesmos, emocionalmente e espiritualmente
3. Esta autoconsciência estimula nossa sabedoria interior, nosso Deus Interno, e nos ajuda a acessar a nossa própria espiritualidade. Essa espiritualidade se correlaciona direta e profundamente com o nosso propósito de vida (o que viemos fazer aqui).
4. Quando estamos cumprindo nosso propósito de vida criamos impacto positivo.
5. O ciclo começa novamente com a próxima experiência.

Você percebe o padrão aqui? Mais uma vez, as emoções são a moeda universal do espírito. Tudo o que fazemos, como seres humanos espirituais, é para a experiência emocional, que serve a Deus, que serve ao nosso propósito de vida, que, quando tudo estiver dito e feito, resulta em nosso impacto.

"BUSCAMOS AS EXPERIÊNCIAS EXCLUSIVAMENTE PELO VALOR EMOCIONAL QUE ELAS NOS FORNECEM."

NANCY D. SOLOMON

Não podemos supervalorizar nossas emoções, assim como o valor emocional de uma experiência não pode ser exagerado. As coisas mais vivas para nós são as que nos retornam maior vibração emocional (positiva ou negativa), e uma medida igual de satisfação espiritual.

Pense nisso por um minuto. Não importa o que você faz, onde você o faz ou como o faz. Porque fazê-lo é tudo o que realmente importa! Considere isto: se o objetivo final da viagem de sua vida é uma aventura emocional e espiritual específica, então você pode fazer qualquer trabalho, em qualquer lugar do mundo, por qualquer quantidade de dinheiro, contanto que esteja vivenciando essa experiência emocional e espiritual – aquela que se alinha ao seu propósito de vida. Qual a implicação disso? O que acontece em nossa vida quando adotamos esta perspectiva? As portas para as oportunidades globais se abrem rapidamente! Em vez de uma ou duas oportunidades de emprego ou mudança de carreira, existem, literalmente, centenas que podem nos ajudar a satisfazer o resultado emocional que buscamos. Lembre-se: você não estará mais procurando por um emprego, você estará procurando por um estilo de vida emocional e espiritual.

Ao lembrar-se das pessoas que lhe causaram impacto, você se lembra do que elas fizeram ou de como se sentiu sobre o que elas fizeram e como você se sentiu sobre elas? Os sentimentos sempre precedem os eventos. Por quê?

Porque somos, antes de qualquer coisa, criaturas em busca de emoção: qualquer ideia em contrário seria como discutir banalidades.

⌘ ⌘ ⌘

"Viemos nos tornar quem fomos destinados a ser. As experiências que vivenciamos são o veículo que nos conduzirá até lá."

Nancy D. Solomon

O que acontecerá se ignorarmos, negarmos ou minimizarmos nosso espírito? É uma prática comum tentar preencher esse vazio com algo diferente da energia divina. Podemos recorrer a comer fora de controle, beber além dos nossos limites ou nos exercitar a ponto de total esgotamento. Adquirimos esses hábitos na esperança de que os excessos abafem nossa voz interior. E quando adquirimos hábitos, eles nos moldam. Nunca conheci alguém que atingisse sucesso com tal substituição, nem nunca encontrei alguém a quem a refeição ou o exercício trouxessem a mesma paz interior, felicidade ou satisfação de vida que acompanha Deus.

Algumas pessoas afirmam que não há lugar para Deus no mundo dos negócios. Eu acho que não há qualquer negócio em qualquer lugar sem Deus. Percebi, em minha empresa de *coaching*, que as pessoas recorrem a mim apenas nas raras ocasiões em que lhes faltam habilidades estratégicas ou táticas para se destacarem no trabalho. Na maior parte do tempo, talvez 90% a 95%, as pessoas entram em contato comigo por causa do que sentem em seus trabalhos – não para discutir o que elas estão fazendo, mas como se sentem sobre o que estão fazendo. Essas pessoas estão vivendo fora de seus propósitos. Meu trabalho é ajudá-las a perceber isso e porporcionar-lhes um roteiro de retorno às suas trajetórias pessoais.

Vejamos Laurie, uma alta executiva de uma das maiores empresas de telecomunicações dos Estados Unidos; embora fosse apaixonada por seu trabalho e tivesse quebrado todos os recordes de vendas em sua empresa, ela não se sentia satisfeita nem completamente feliz. Casada havia dez anos com um homem que adorava, os dois ainda não tinham conseguido ter filhos, e Laurie se sentia bastante desapontada sobre isso.

Laurie passou os primeiros meses de *coaching* investigando porque "estava fazendo o que estava fazendo". Ela percebeu que se sentia mais segura trabalhando setenta horas por semana do que em pensar sobre a perspectiva de tornar-se mãe. Sua própria mãe sofrera uma doença mental e a infância de Laurie fora um fluxo interminável de dramas.

Laurie descobriu que a verdadeira origem de sua dissonância estava entre seu desejo de ter um filho e seu medo de realizá-lo. Em vez de enfrentar isso de frente, Laurie se aplicara ao trabalho, o que a mantinha a uma longa distância emocional da maternidade. O trabalho de *coaching* de Laurie revelou que seu propósito de vida era "prestação de cuidados". Fazia todo o sentido, como cuidadora da própria mãe durante toda a juventude e como a executiva responsável pela força de vendas da empresa inteira, ambas as atividades lhe permitiram combinar sua perspicácia nos negócios à sua inteligência emocional. Não foi à toa que ela se sobressaiu. Houve um tempo em que o trabalho de Laurie satisfazia seu propósito de vida de prestar cuidados. Mas essa época passara há muito tempo, e sua sabedoria interior agora a chamava para uma expressão espiritual profundamente mais satisfatória.

Laurie passou meses tentando identificar a sabedoria de sua voz interior. O que dizia aquela voz? Seus amigos achavam que ela enlouquecera por sequer considerar deixar o trabalho, pois seu pacote de remuneração mensal equivalia à soma anual dos salários deles. Ela deveria ouvi-los?

Mas Laurie sabia, no fundo do coração, que seu trabalho não lhe oferecia propósito, seu coração a estava conduzindo à maternidade. Contudo, quanto mais ela ignorava este chamado, mais horas ela dedicava ao escritório. Orientei Laurie a manter sua carga horária em cinquenta horas por semana por um mês. Sugeri que se ela momentaneamente parasse de se esconder a verdade se revelaria.

Acompanhemos a viagem de Laurie em torno do Ciclo de Impacto:

- **Experiência:** algo não estava muito bem, ou, pelo menos, não perfeitamente bem em sua vida. Dissonância e incômodo com seu trabalho "ideal".
- **Emoção:** o medo de se tornar mãe colidia com seu medo de não se tornar mãe.
- **Deus:** ela se concentrou em seu eu espiritual, orou e meditou sobre seu dilema. Isso reacendeu sua vida espiritual e sua crença profunda em Deus – algo de que ela tinha se afastado ao longo dos anos.
- **Propósito de vida:** ela descobriu que seu propósito de vida era "cuidar", mas o veículo que estava utilizando para executá-lo não era adequado àquele período de sua vida.

O que aconteceu? Alguns de vocês enquadrarão isso como uma ocorrência aleatória num mundo casual. Outros provavelmente concordarão que assim que Laurie atingiu clareza de pensamento e foi capaz de articular seus verdadeiros desejos, o universo entrou em sincronia com seus planos e proporcionou-lhe o que desejava e precisava para cumprir seu propósito de vida.

Em uma noite, inesperadamente, Laurie e seu marido receberam a ligação de uma agência de adoção sobre uma mãe adolescente em seu oitavo mês de gravidez. Laurie e seu marido estavam interessados em adotar a criança? Bem, eles estavam e o fizeram! E surpresa – seis meses mais tarde a família recebeu outra ligação de outra agência e, até onde sei, Laurie e seu marido agora têm duas criancinhas, com apenas seis meses de diferença.

- **Impacto:** Laurie tornou-se mãe, duas vezes!

Embora inicialmente estivesse dividida sobre o que fazer com sua carreira, os dois bebês de Laurie tornaram sua decisão clara como cristal. Em êxtase por ouvir seu coração e por encontrar seu caminho, Laurie agora é uma mãe dedicada e trabalha em casa. Quando estranhos perguntam sobre a idade dos bebês, ela ri e alegremente dá os créditos a Deus.

CAUSE IMPACTO!

1. Quais experiências emocionais você tem vivenciado repetidamente ao longo de sua vida?
2. Como essas experiências impactam sua vida e seu trabalho?
3. Você sabe por que faz o que faz – seu propósito de vida?
   - *Como conhecer seu propósito influencia sua vida?*
   - *Se você não sabe o seu propósito, o que imagina que poderia ser diferente em sua vida se soubesse?*

ENSAIO 7

QUANDO A VIDA CHAMAR, RESPONDA!

Seu propósito de vida é sua ordem do dia

Há muitas coisas que fazemos apenas por fazer. A vida não deveria ser uma delas.

Todos nascemos com um propósito de vida, uma razão de ser. Assim como vamos à padaria com a intenção de comprar pão e vamos à escola com a intenção de nos educar, chegamos à idade adulta com o único objetivo de cumprir nosso propósito de vida. Nosso propósito é o *checklist* de nossa vida, nossa missão como seres humanos; é o objetivo em torno do qual o resto de nossa existência está estruturado. Ele está profundamente ligado ao nosso espírito, às nossas emoções, à nossa mente e ao nosso físico; ele funciona como um dispositivo que nos faz retornar ao nosso "lar" (interior), pré-programado para nos reconduzir ao nosso Eu autêntico, divino.

Assim como um animal pode ter um microchip implantado sob sua pele para ser encontrado caso se perca, nosso propósito serve como um GPS (God Positioning System [Sistema de Posicionamento de Deus]), nos guiando pela vida e nos mantendo em nosso caminho. A ausência ou a suspensão da percepção consciente de nosso propósito de vida – ou as formas pelas quais nos extraviamos de casa – disparam um sinal interno para nos ajudar a corrigir o curso. Este "dispositivo" nos lembra de quem somos sempre que esquecemos; algo que pode ocorrer com bastante frequência.

> *Nosso GPS é similar a uma bússola, cuja agulha aponta perpetuamente para nosso potencial de impacto.*

Nossa vida representa a chance única de realização de um trabalho específico; esse trabalho é nosso propósito, nossa promessa, nosso acordo e compromisso.

Fizemos esse juramento com Deus antes de nascer. Não há como renegociar o acordo. Não podemos trocar por outra tarefa que consideremos ser melhor; voltar atrás não é permitido. Não existem dois trabalhos idênticos, então, se não ocuparmos o cargo, ele permanecerá vago por toda a eternidade. Ninguém pode nos substituir e não é permitido partilha ao trabalho espiritual. Nosso objetivo permanece o mesmo ao longo de toda a nossa vida.

Embora nossos compromissos de vida sejam acordados antes de adentrarmos esta encarnação, seu gerenciamento está sujeito às escolhas conscientes que fazemos agora. O gesso pode ter sido derramado, mas ainda tem de secar; podemos conscientemente escolher a impressão que deixaremos nele – o nosso impacto. Nosso propósito de vida evolui como nós, harmonizando-se ao nosso crescimento, passo a passo. Ele se expande conforme amadurecemos. Ele também nos adverte quando nos tornamos complacentes por muito tempo.

Não superestime o conhecimento de seu propósito de vida.
Nota: Ao conhecer seu propósito de vida você adquire a certeza absoluta de que causará impacto.

E isso não é tudo; considere o seguinte: não temos apenas um propósito de vida, mas dois – um global e um pessoal. E embora cada um seja distinto por seu próprio direito, os dois se encaixam perfeitamente ao longo de nossa vida. Nosso propósito pessoal se refere ao desenvolvimento de nossas habilidades de modo a nos tornarmos capazes de, finalmente, cumprir nossos propósitos globais. Ao nosso propósito global concerne nossa contribuição para com os outros seis bilhões de pessoas no mundo. (Isso é discutido mais adiante, no Ensaio 8.)

⌘ ⌘ ⌘

Nosso propósito é a extraordinária mensagem de nossa vida – o tema geral segundo o qual vivemos. Conhecer e viver nosso propósito nos dota de sentido completo e absoluto. É o fundamento dos nossos sucessos, e, como tal, seu cumprimento é imperativo para nossa felicidade e satisfação; isso também tange à busca de uma nova carreira, à melhoria de nosso desempenho no trabalho, ao reforço de nossa competência como pais, e assim por diante. Imutável e permanente, nosso propósito é a força motriz que impulsiona cada coisa importante que fazemos, independentemente de espellhar ou não nossa intenção.

Nosso propósito não representa apenas nosso eixo; nós o somos em todos os seus níveis.

Viver nosso propósito nos inspira e compele a traduzir nosso potencial em algo real e independente; é aí que reside o impacto de nossas ações. Embora ninguém esteja livre das pancadas e contusões ou das rejeições e dos fracassos da própria vida, observá-la a uma distância de 3 mil metros de altura nos descortina perspectivas mais abrangentes do que as circunstâncias e os eventos imediatos. Afinal, não há nada como um pouco de altitude para nos motivar a continuar abrindo caminho através da lama da vida, se percebermos que ela não ultrapassará nossa cintura.

(A recusa em acreditar na existência de um propósito de vida não o torna menos verdadeiro, assim como a descrença na lei da gravidade não impede os corpos de cair. Isso se aplica igualmente a você, se você é niilista* por natureza sua função pode ser, simplesmente, a de criar um contraste com quem vive sob princípios morais e espirituais.)

Uma vez esclarecidos sobre nosso propósito, a vida se torna muito mais simples (embora não necessariamente mais fácil) para nós. Adquirimos um senso de perspectiva, direção e orientação em nosso processo de tomada de decisão, independentemente da força e da abrangência dessas decisões.

Em um cenário ideal, tudo o que se refere ao propósito é adicionado à nossa lista de afazeres, e o que não se encaixa no propósito é descartado sem cerimônia.

---

* Indivíduo que considera que as crenças e os valores tradicionais são infundados e que não há qualquer sentido ou utilidade na existência. (N.E.)

Assim como na gravidez – uma condição em que ou você está ou não está, sem meio-termo – nós estamos no propósito ou estamos fora dele.

Digamos, por exemplo, que seu propósito de vida seja conexão. Você perceberia sentido em qualquer ação envolvendo sua habilidade de contato. Isso pode incluir a conexão com pessoas, grupos, negócios ou ideias, como:

- construção de relacionamentos (conectar-se com indivíduos);
- meditação (conectar-se consigo mesmo);
- um negócio baseado em referência (conexões b2b);*
- mediação (conectar partes opostas) etc.

Digamos que se apresente uma ocasião na qual você perceba pouca oportunidade para utilizar seu talento para conexão. Há grande probabilidade, caso decida se arriscar e envolver-se assim mesmo, de você perder seu precioso tempo; ou de sua experiência não terminar bem e, no final, você desejar nunca ter se comprometido.

Por que tanto alarde sobre esse negócio de propósito de vida? Porque não há nada mais importante que isso! Ponto final.

Como sistema operacional de nossa vida, é impossível ser simultaneamente poderosa e estar fora do propósito. Nosso poder é liberado somente quando vivemos dentro dele. Pense numa mangueira de jardim com vários nós apertados e torções. A água pode gotejar através dela, mas o fluxo é severamente restringido por aqueles nós, impossibilitando o jorro. É isso que acontece conosco quando não estamos cientes do nosso objetivo na vida.

Vale a pena mencionar que é possível estar fora do seu propósito e ter uma vida perfeitamente normal. Mas normal não é meu objetivo; e espero que também não seja o seu. Não há nenhuma maneira de saber os números exatos,

* Negócios b2b – business to business: operações de compra e venda, de informações, de produtos e de serviços por meio da internet ou da utilização de redes privadas partilhadas entre duas empresas, substituindo assim os processos físicos que envolvem as transacções comerciais. (N.E.)

mas meu palpite é que 90% a 95% da população em geral esteja vivendo fora de seu objetivo de vida agora, ou esteve em algum ponto de suas vidas. Isso simplesmente faz parte da condição humana, para não mencionar o fato de que partes de nossa cultura estão relativamente inconscientes e descomprometidas, e passam a impressão de que estão empenhadas em permanecer assim.

Você provavelmente descobrirá, como meus clientes, que quando escolhe incluir itens incompatíveis com o seu propósito à sua agenda (talvez seu ego tenha pesado na decisão?), a vida se torna mais complicada, caótica e confusa, mais parecida com uma forma de "inferno socialmente aceitável".

⌘ ⌘ ⌘

Em nome da transparência (e para acentuar este ponto), estou prestes a compartilhar com você esta única e mais humilhante experiência de toda a minha carreira profissional. Meu principal motivo, caso esteja se perguntando, é, de algum modo, egoísta. Depois de pensar muito sobre o risco que acompanha este tipo de exposição, decidi – já completa e publicamente mortificada – que eu poderia, assim, ter certeza de que foi por uma boa causa. Em outras palavras, eu não queria que esta oportunidade se perdesse; se ao partilhar minha experiência eu puder poupar-lhe uma humilhação semelhante, prefiro fazê-lo.

No início dos anos 1990, eu mudara para o noroeste dos Estados Unidos. Esgotados o tempo, o dinheiro e as ideias para lançar-me em minha nova carreira, eu estava – para dizer delicadamente – ansiosa para começar algum negócio. Certo, talvez eu estivesse desesperada no dia em que concordei em fazer algo sobre o que eu não tinha absolutamente nenhum conhecimento – falar a um grupo de cem mulheres sobre a indústria da pesca. Sim, a indústria da pesca.

Agora, se você estiver sentada aí pensando: "Espere um minuto. Nancy não fala sobre a indústria da pesca. Nancy fala sobre capacitação, coragem, liderança, fixação e impacto" – bem você está absolutamente certa! Aí residia o problema: aceitar esta tarefa foi o exemplo típico da loucura, e um evento que permanece em minha memória – e espero nunca esquecer (esperançosamente evitando sua repetição).

Eu poderia, neste momento, mencionar que a apresentação seria gratuita, e que, como me fora prometido, seria para mim uma grande exposição. A exposição que consegui, no entanto, não foi do tipo que eu pudesse usar em meu favor. (Você verá porque em breve.)

Apenas algumas semanas antes do evento comecei a pesquisar sobre a indústria da pesca, um tópico sobre o qual eu não sabia absolutamente nada (a não ser cozinhar e limpar camarão). Na verdade, eu tinha tanto a aprender sobre meu tópico quanto sobre fazer um discurso: pesquisei alguns livros da biblioteca sobre como fazer um discurso; já que isso, também, fora recentemente adicionado ao meu repertório de talentos.

Reuni os dados numa espécie de apresentação e, no dia marcado, fomos para o restaurante onde o evento ocorreria. Arrastei meu então namorado comigo para que ele pudesse filmar toda a produção, assim poderia incluí-la ao meu portfolio (a ignorância é de fato feliz). Estou dando tapas em minha testa enquanto relato isto.

Então lá estava eu, minutos antes da hora do *show*, quando percebi, num *flash* ofuscante, que eu não tinha a menor ideia do que estava fazendo lá – e que num momento ou dois, cem outras pessoas estariam se convencendo da mesma coisa. Não estou brincando quando confesso que, enquanto estava no banheiro (suor escorrendo pelas minhas axilas, se acumulando no cós da minha saia enquanto meus joelhos batiam um no outro fazendo barulho), calculei todas as possibilidades para sair correndo pela porta e me jogar na frente de um caminhão em alta velocidade sem o risco de continuar viva sofrendo com uma lesão permanente. De verdade.

Aproximei-me do palco como um robô – o suor ainda vertendo, os joelhos ainda batendo – e fiz meu discurso. No segundo em que deixei o púlpito eu já não poderia lhe repetir uma única palavra que dissera durante aquela hora. A amnésia apagou qualquer recordação; em minha memória, uma única pessoa se voluntariou durante o momento de perguntas e respostas – um homem embriagado que se desviara da rua e entrara ali por acaso. Nervosa como estava, não percebi que ele não fazia parte daquilo, e realmente respondi à sua pergunta incoerente (ninguém inventa isso). Várias mulheres me disseram que eu fiz um ótimo trabalho – ou elas não estavam ouvindo ou estavam dispostas a fazer realmente qualquer coisa para me animar.

Voltei para casa com meu namorado e bebi meu peso em vinho.

No dia seguinte, liguei para a cliente que me convidara a falar. Na linguagem menos atrativa e diplomática possível ela compartilhou suas opiniões sobre minha apresentação. Nada do que ela disse poderia ser impresso.

Pare de rir! Soa patético, não é? Se for possível, a experiência real foi ainda pior que a minha descrição. A palavra "catástrofe" vem à mente. Até hoje não posso passar por aquele restaurante sem que meu estômago revire angustiado, tão traumático fora aquele evento para mim.

O que eu aprendi? Em primeiro lugar, nunca, nunca, jamais, concordar em fazer algo incongruente com seu propósito de vida; por qualquer razão ou por qualquer quantia de dinheiro. Descubra qual é o seu propósito e nunca se afaste dele. Estou falando sério!

Descobrirá também que o desespero traz mais do mesmo; tudo o que fizermos com base em nosso ego (medo, escassez, falta, raiva etc.), decididamente não funcionará. Portanto, não o faça.

CAUSE IMPACTO!

1. Quais aspectos da sua vida estão fluindo sem problemas agora?
2. Onde você se encontra em relação ao seu propósito de vida?
   - *Qual impacto você está atingindo nessas áreas?*

3. Que aspecto de sua vida precisa voltar aos trilhos?
   - *Como você pretende conseguir isso?*

4. Quando esteve fora do propósito em sua vida, o que você percebeu sobre si mesmo?
   - *Sobre sua vida?*
   - *O que outros notaram sobre você?*

ENSAIO 8

IMPRIMA A SUA MARCA

Sua marca é seu propósito de vida

Baryshnikov. Niemeyer. Oprah. Mandela. Klink. Obama.

Em alinhamento; em contribuição, em propósito. Todas essas pessoas resumem o significado de seus campos de atuação e demonstram seus dons de uma maneira inesquecível, influente e icônica. Eles não apenas fazem seus trabalhos, eles são seus trabalhos. A simples menção de seus nomes instantaneamente reproduz suas marcas no primeiro plano de nossas mentes, e mostram o ponto importante que é:

> *Nossa marca é nosso propósito de vida.*

Para ser exata: nossa marca é a manifestação física, mental, emocional e espiritual de nosso propósito de vida. É o que literalmente significam os valores e as ações que outros associam a nós. Quer saber qual é o propósito de vida de alguém? Enuncie sua marca.

O propósito de vida está no âmago de todo enorme esforço que atingiu sucesso. Dê outra olhada nos nomes no início deste ensaio; não existem ambiguidades ou mediocridades sobre qualquer um deles. Você também não apresenta nada de prosaico quando está no seu propósito e vivendo sua paixão. As pessoas verdadeiramente realizadas levam um verdadeiro sentido de propósito a seus trabalhos. Sim, eles querem ganhar a vida, e se aproximam de seus negócios diários com os mais elevados objetivos em mente – para contribuir, educar, ajudar as pessoas a se tornarem financeiramente estáveis, servir a comunidade, e muito mais. Eles amam o que fazem, e não o fazem, de modo algum, apenas pelo dinheiro.

O propósito também está no cerne da maioria dos movimentos sociais e culturais. O movimento do potencial humano, os programas de capacitação pessoal, o treinamento efetivo e ambas as disciplinas religiosa e espiritual são construídos sobre os princípios do propósito de vida.

Ocorre-me que daqui a cem anos, Bill Gates não será necessariamente lembrado por ter fundado a Microsoft. Nossos tataranetos podem não perceber sua participação em revolucionar a indústria da alta tecnologia, e o impacto que teve sobre a globalização mundial. Os livros de história trarão textos descrevendo a Fundação Gates como uma instituição empenhada em ajudar a curar o mundo de muitas das mais devastadoras doenças, como a malária, a aids e a tuberculose. Bill será louvado pelos programas que elevam as oportunidades das nações em desenvolvimento de atenuar a fome e a pobreza. Nos Estados Unidos, as gerações futuras o conhecerão como o homem cujas organizações sem fins lucrativos fazem notáveis progressos melhorando o sistema de ensino público e garantindo que os alunos sejam preparados adequadamente para a universidade.

Pense no seguinte: o propósito de vida de Bill Gates não é maior, melhor ou mais importante que o seu. Ele apenas está fazendo seu trabalho. Talvez a única coisa que o diferencie de muitos de nós seja o grau de seriedade que ele aplica ao seu propósito, e a amplitude que ele escolhe para materializá-lo. Obviamente, sua escala é exponencialmente muito maior que a da maioria de nós e, portanto, também o é seu impacto.

Nossa marca pessoal é uma ideia poderosa, clara e positiva, que vem à mente das pessoas sempre que elas pensam sobre nós.

Nossos amigos, colegas e familiares sabem nossa marca pessoal apenas por nos conhecer. Não podemos negligenciar isso, pois trata-se de opiniões autênticas, que resistem ao teste do tempo.

Nossa marca pessoal é a promessa do valor – intelectual, moral etc. – que as pessoas receberão pelo tempo que passarão em nossa companhia. Ela informa aos clientes potenciais o que eles podem esperar ao fazer negócios conosco, e por isso é tão poderosa comercialmente. Os acionistas de uma organização ou mesmo seus empresários – e muitos de nós nos incluimos nessas categorias – vendem a seus clientes e compradores a contribuição de seus colaboradores, não seus empregos.

Somente quando estamos conscientes de nosso propósito podemos realmente "realizá-lo". Se não o conhecemos, não somos capazes de guiar nossa vida; simplesmente continuamos em movimento, sem direção. Então, nada válido é de fato realizado, e nós mais ocupamos espaço no planeta do que causamos impacto. Quando vivemos nosso propósito, quando nosso trabalho representa uma extensão dele e quanto o objetivo maior de nosso trabalho se alinha àquele propósito, demonstramos mais uma vez nossa marca pessoal.

Então por onde se começa? O que se pode fazer para criar e desenvolver a própria marca pessoal? Nada. Você não precisa fazer nada: seja apaixonada, capaz e autêntica ao máximo. Isso exige muita coragem! Você começa a ser sua marca com sua família, na sua comunidade e no trabalho. Você passa a liderar sua marca onde estiver. Sua marca o leva diretamente à sua invencibilidade, porque ela é você em seu sentido mais puro.

⌘ ⌘ ⌘

"Nossa vida é nosso melhor testemunho."

Nancy D. Solomon

A fim de compreender qualquer conceito, é preciso conhecer seu sentido oposto. Por exemplo, se queremos saber o que "acima" quer dizer, necessitamos experimentar "abaixo". Para saber o que "direita" significa, precisamos entender "esquerda". Se quisermos saber o que "abundância" significa, saber o que é "escassez" nos seria útil. Da mesma maneira, para entender o conceito de poderosa, uma experiência funcional de impotência será o catalisador para nosso aprendizado.

Independentemente de qual seja nosso propósito, para "realizá-lo" precisamos experimentar todo o seu espectro: partindo de seu ponto escuro, em linha reta, ao longo de todas as suas variações de cinza, diretamente à sua versão mais clara. Isso concerne especialmente ao nosso propósito pessoal.

Aqui está um exemplo concreto da teoria: se o seu propósito pessoal é "poder", então, por toda a sua vida você poderá dançar muitas valsas com a "impotência", com o "mau uso do poder", com o "abuso de poder", bem como com a "capacitação". Em outras palavras, nunca conseguimos fazer apenas as coisas boas, não conseguimos parecer sempre bons para o mundo; precisamos nos enfiar na lama de modo a viver uma aventura plena, rica e completa de nosso propósito.

Um número concentrado dessas experiências contrastantes pode ocorrer a partir de nossa juventude até a metade dos trinta anos. Encontramos pessoas ao acaso, nos envolvemos em relacionamentos e em dinâmicas familiares e junto a colegas, e nessas ocasiões todos os cenários possíveis envolvendo poder nos são apresentados. Considere isso seu laboratório de aprendizagem personalizado. Pense nisso: que melhor modo existe para aprender a assumir total responsabilidade sobre nosso poder pessoal do que nascer numa família que nos torna impotente a cada passo do caminho?

A intenção de nosso propósito é sempre nos mostrar quão poderosos somos, onde nosso potencial se encontra e como gerar o máximo de impacto positivo.

De modo a aplicarmos esse conceito a nós mesmos – para enfatizar sua importância em nossas vidas – voltemos àquela pessoa hipotética cujo propósito pessoal é o poder. O propósito global daquela pessoa pode ser a "liderança". A relação entre todas as facetas do poder e todas as facetas da liderança é óbvia, não é? Você pode imaginar o número de configurações possíveis entre estas duas ideias, dados os múltiplos aspectos que cada uma contém? Praticamente incalculável considerando a gama de possibilidades, certo?

Você percebe que, antes de podermos criar impacto na área de liderança (nosso propósito global), primeiro precisamos obter um entendimento abrangente sobre nossa relação com nosso poder pessoal? Compreende que somente quando obtemos um domínio relativo de nosso poder atingimos a preparação pessoal necessária para integrá-lo à vastidão da teoria da liderança, e levar essa miríade de possibilidades para o mundo?

Juntemos todos os ingredientes agora.

Seu propósito pessoal pertence exclusivamente a você. Você não pode se enfiar à força no propósito de outra pessoa ou fazer da ideia de alguém o seu propósito e esperar ser feliz e bem-sucedido. Se, por um nanossegundo, você pensar que é a exceção nesta regra, por favor, leia o Ensaio 1, no qual me ofereço como "garota-propaganda" para mostrar o que acontece quando trilhamos o caminho de alguém em vez do nosso.

Seus objetivos são realmente seus?

Assim como influenciamos a vida, ela também nos influencia. Essa reciprocidade pode nos confundir bastante quando ainda não sabemos exatamente qual é o nosso propósito e ainda precisamos definir nossa marca pessoal. A exposição às ideias de nossa família de origem, da sociedade, da mídia, de nossos colegas e de outros pode interferir na evolução de nossos próprios objetivos e aspirações; e distinguir o que queremos do que os outros querem para nós pode se tornar um grande desafio.

Não é incomum ser arrastada pelo ímpeto dos sonhos daqueles que nos amam. Independentemente de este resultado não ser intencional por parte deles, determinar nosso futuro é nossa responsabilidade. Culpá-los por nos influenciar indevidamente equivale a culpar o sapato que nos provocou uma bolha.

A preponderância dos objetivos que os outros desejam para nós e que aprendemos a desejar por nós mesmos é de natureza externa: a casa, o trabalho, o dinheiro, o relacionamento, as férias etc. Essas metas culturalmente sancionadas não são permanentes. Podemos ser despedidos do trabalho; as férias acabam; o relacionamento pode terminar em divórcio; o dinheiro pode ser perdido no mercado financeiro. Todas essas aspirações dependem de possuirmos ou de realizarmos algo.

Os objetivos perenes que nos sustentam, por outro lado, são os internos. Eles, não por acaso, são idênticos àqueles que cultivam nosso propósito de vida. Objetivos internos – ou como prefiro chamá-los, "objetivos elementares" – são baseados em nossos desejos espirituais e/ou emocionais. Ao satisfazermos estes objetivos somos recompensados com sentimentos de paz, amor, alegria, contentamento e equilíbrio.

Assim como o nosso propósito representa o motivo por trás de nossas ações, um objetivo interno é "aquele por trás do objetivo". Talvez realmente desejemos aquelas férias para relaxar, aquele relacionamento para sermos felizes ou aquele emprego para nos tornarmos bem-sucedidos; tudo o que finalmente nos deixará satisfeitos.

Em minha opinião, quando paramos de nos perguntar por que queremos algo descobrimos que o objeto de nosso desejo não é exatamente "o que" queremos, mas, sim, o sentimento que "aquilo" nos provoca – esse é o nosso objetivo principal.

Pergunte a si mesma porque você quer o que quer.

- Qual é o objetivo por trás do seu objetivo?
- Que emoções você valoriza?
- Que estado espiritual você busca?
- Alguém lhe disse que ter uma casa de seis quartos faria você parecer alguém bem-sucedida?
- Ensinaram a você que o tamanho do diamante no anel que ele lhe desse corresponderia ao tamanho do amor dele por você?
- O escritório com elevador exclusivo é sua ideia de sucesso ou é simplesmente algo que ouviu que deveria desejar?

Não é meu trabalho ou meu desejo desencorajá-lo de estabelecer objetivos materiais. Eu amo minhas coisas tanto quanto qualquer pessoa ama as próprias. Como muitos de vocês, tenho uma longa lista de objetivos escritos e toda a intenção de alcançá-los. Então, por favor, senhoras – entendam que eu não estou lhes dizendo para se livrarem de suas ambições ou reduzirem o tamanho de sua lista de compras.

Leia estas palavras como um incentivo para aumentar as suas expectativas, para elevar sua ambição e para aumentar o seu desejo de conseguir mais sendo você mesma.

Reflita sobre isso: quando você fantasia sobre o lar perfeito, no bairro perfeito, na cidade perfeita, existe apenas um número limitado de locais que irão satisfazer sua imagem mental. No entanto, se o objetivo por trás de seu objetivo associar-se a ser feliz, satisfeita, segura e equilibrada, então há uma infinidade de lugares que podem lhe proporcionar essa experiência emocional. O universo está simplesmente esperando você alcançar essa realização para conspirar em favor de seu "bem maior", para lhe proporcionar o que você deseja.

E se quiser realizar ambos os seus objetivos interno e externo, mais poder você terá! Inicie pelo interno, com o emocional, com a experiência espiritual. Por quê? Porque independentemente de onde estiver, ele estará contigo! E ninguém – e nada – poderá tirar isso de você.

CAUSE IMPACTO!

1. Em linguagem clara e concisa, anote a sua marca pessoal.
2. Como a sua marca impacta seu relacionamento com seu trabalho?
3. Se você não tem uma ideia clara sobre sua marca, converse com três pessoas que a conheçam bem e peça a elas que definam sua marca para você. (Isto é, como eles a veem?)
4. Faça uma lista de seus objetivos internos e outra de seus objetivos externos:
    - *Qual é o padrão ou o tema que une os dois?*
    - *O que você precisa mudar para viver mais no propósito de sua vida, se houver algo?*

ENSAIO 9

NÃO EXISTEM VÍTIMAS[1]

O poder da escolha

Lucy era vice-presidente de um banco público, mas foi demitida quando o setor financeiro começou a enfraquecer. Lucy é uma mulher brilhante, com facilidade para lidar com as pessoas e que avançara rapidamente em sua área. Ela caminhava para nogócios maiores quando sua carreira bateu de frente com uma economia em queda livre.

Embora fosse uma banqueira que "deveria" ter previsto aqueles dias chuvosos, para os quais havia poupado, eles acabaram se tornando a estação das monções. Ela foi pega com um fluxo de caixa negativo de tamanho considerável que logo a fez chafurdar em dívidas. Por mais que tentasse, simplesmente não conseguia um emprego semelhante ao que executara anteriormente, nem mesmo próximo disso. Após seis meses, Lucy estava literalmente disposta a fazer qualquer coisa para voltar a trabalhar.

Numa tarde chuvosa, um amigo de um amigo de um amigo telefonou para contar-lhe sobre um trabalho em publicidade que seria perfeito para ela; a única ressalva era que Lucy precisava comparecer à entrevista dali a uma hora. A vaga fora publicada na semana anterior, eles tiveram uma entrevista cancelada e precisavam urgentemente preencher o cargo. Eufórica com a oportunidade, Lucy correu a se vestir, reuniu seus documentos e pôs-se a caminho.

Após cinco minutos dirigindo, quase saindo da rodovia em direção ao centro de Seattle, seu carro começou a falhar. Então parou. Oh, não. "E agora!" Lucy gritou. Ela mentalmente revisou sua situação: sem emprego, sem dinheiro, sem confiança – e nove minutos para chegar à sua entrevista, sob

---

[1] Infelizmente, existem milhões de mulheres por todo o mundo que são vítimas apenas por pertencerem ao sexo feminino. O título deste ensaio não se refere a estas mulheres – a elas enviamos muito amor. "Não existem vítimas" se refere às circunstâncias em que temos escolhas viáveis para mantermos a perspectiva de vítimas ou de invencíveis. (N.A.)

chuva forte e sem um carro. Para complicar as coisas ainda mais, na pressa para chegar a tempo, ela esquecera o celular.

Com seu carro estacionado no estreito acostamento, Lucy percorreu a lista de opções de que dispunha: correr pela chuva; caminhar pela chuva; e rezar para conseguir sair da rodovia em segurança. O que ela poderia dizer a seu chefe em potencial?

A batida em sua janela a assustou tanto que ela soltou um grito. Ela estava tão envolvida em seu dilema que não vira um homem bem-vestido, que dirigia uma Mercedes de modelo recente, se aproximar do carro dela, com um guarda-chuva na mão. Ele parecia seguro o suficiente, Lucy pensou; então ela abriu a janela e, chorando de soluçar, contou-lhe sua situação. Sem hesitar, ele entregou-lhe o celular que tinha no bolso e sugeriu que ela entrasse em contato com o entrevistador para dizer-lhe que possivelmente chegaria alguns minutos atrasada. O homem se ofereceu para levá-la à entrevista e chamar um reboque. Desconsiderando os conselhos da infância que recomendavam que não entrasse em carros de estranhos, Lucy aceitou a bondosa oferta.

Quatro minutos depois, eles estacionaram em frente ao edifício onde a entrevista de Lucy ocorreria. Ela chegou na hora certa. Conseguiu o emprego!

O que veio à sua mente enquanto lia a história de Lucy? Você a considerou uma pessoa instável? Ou inepta porque não conseguia chegar a uma entrevista de trabalho sem drama ou atraso? Você se perguntou se esses foram os motivos de sua demissão? Você imaginou que ela tinha um desejo inconsciente de falhar ou de sabotar a si mesma? Você concluiu que ela era incapaz?

Ou...

Você achou que ela foi simplesmente incrível e pessoalmente poderosa porque, apesar da situação aparentemente desesperadora, ela foi capaz de "magicamente" criar o que ela precisava num momento de crise – uma carona segura, um telefone celular e um reboque? Que sentimentos isso desperta em você? Quais foram seus pensamentos e julgamentos?

Seja qual for sua opinião sobre a situação de Lucy, ela é exatamente o que você pensaria sobre si mesma em circunstâncias semelhantes – quando você está sob estresse ou quando sua autoconfiança está em férias. Como discutimos no Ensaio 29: "vemos a vida como somos", através das lentes que escolhemos. E escolha é a palavra-chave aqui.

> *Poder – como coragem, propósito, impacto e invencibilidade – é uma escolha. Não há vítimas!*

Se você escolher perceber a vida através da lente de seu poder pessoal, então não importam as circunstâncias, as influências externas, os resultados ou os detalhes triviais que seu ego possa imaginar, você se sentirá poderosa naquela situação.

É aqui que entra a mágica: como qualquer crença, o poder pessoal funciona como um músculo: quanto mais você o exercita, mais forte ele se torna. Isso significa que enquanto você exercita seu poder pessoal, executa escolhas que reforçam sua invencibilidade e confia em sua capacidade de tomar decisões congruentes com seu propósito de vida, seu poder pessoal cresce exponencialmente.

Se, por outro lado, você optar pela lente de impotência pessoal, falhar e errar em tudo, cada coisa que você fizer e o resultado que alcançar (ou não alcançar) poderá ser diminuído ou desconsiderado porque você escolheu representar-se como um desastre. Neste caso, adivinhe? Todos que você encontrar a verão desta maneira, porque você emitirá uma vibração que diz: "Eu sou um verdadeiro caos. Cuidado, sou contagiosa."

CAUSE IMPACTO!

1. Cite um momento em que você vivenciou uma situação desafiadora e encontrou sucesso (seja qual for a definição de sucesso para você).
    - *Reescreva o evento segundo a lente de uma vítima.*
    - *Agora reescreva o evento segundo a lente do poder pessoal.*

2. Qual é a diferença entre as duas histórias?
3. Como você pode aplicar esse aprendizado a uma situação em curso na sua vida profissional ou pessoal?
4. Você viu Lucy como vítima ou vencedora? Por quê?
5. Pense numa situação em sua vida que a faz sentir fora de controle.
    - *O que você pode fazer para alcançar o controle na situação?*

ENSAIO 10

O HOMEM É A CABEÇA, MAS A MULHER É O PESCOÇO!

O poder masculino e o feminino

O termo "poder pessoal" é, provavelmente, uma das expressões mais usadas, menos compreendidas e mais mal-aplicadas de nosso vocabulário. Por quê? A maneira como definimos, aplicamos e interagimos com o poder pessoal uns dos outros é inconsistente por causa da transição que ocorre em nossa comunidade global. O "poder" é a moeda usada para avaliar essas transações.

Quando pensamos sobre o poder pessoal, normalmente a imagem que vem à mente é de uma pessoa impondo seu poder sobre outra. Por exemplo: "A Regra de Ouro: aquele que faz o ouro faz as regras." Embora eu não esteja insinuando que você ou eu concordemos com este paradigma cultural, ele, no entanto, é uma representação exata do cotidiano de muitas sociedades. Como mulheres, isso significou tradições patriarcais impondo "poder sobre" nós. Ele nasceu do ego, do intelecto e do material e representava o objetivo, o racional e o político.

Esta forma masculina de poder é a antítese de quase tudo que se associa a mulheres, incluindo nossa constituição biológica e a maneira como socializamos. O poder pessoal feminino é o "poder com" e exclui a demonstração de superioridade e o "poder sobre".

> *O poder pessoal é a nossa habilidade de acessar nossos recursos internos e externos a fim de apoiar nossa maior e melhor utilidade.*

Desconsiderando definições extravagantes, se a resposta for "poder pessoal", então a questão deve ser, "Você pode conseguir o que quiser ou precisar se lhe for conveniente?"

"Poder pessoal" pode parecer um conceito complexo e monumental. É fácil reconhecê-lo nos outros, embora difícil percebê-lo em nós mesmas. Ele é particularmente ambíguo para as mulheres: embora reconheçamos rapidamente quando estamos nos desautorizando, temos um ponto cego para aqueles momentos em que mantemos solidamente nosso poder e nos afirmamos. Nós, às vezes, simplesmente não nos permitimos ver o quanto somos ótimas!

Para ilustrar: você já notou como é fácil reconhecer e apropriar-se de um erro, mas o quanto é desconfortável tomar igual medida de crédito quando se sobressai? Quantas vezes por dia você pede desculpa? Mas com que rapidez você recusa os agradecimentos e a gratidão dos outros? Este é o ponto!

Experimentamos um sentimento de poder quando estamos no controle de nossa vida: quando estamos saudáveis, ganhando uma renda abundante, em relacionamentos carinhosos e trabalhando numa carreira que nos satisfaz. Sucesso e felicidade supostamente são acompanhados de poder pessoal. Fomos ensinadas que ele nos ajuda a alcançar nossos objetivos, influenciar pessoas, comunicar com eficácia, controlar nosso destino e manter a influência sobre nosso meio ambiente. Essas são as formas masculinas de poder pois se referem a coisas que "adquirimos" ou "realizamos" no mundo físico.

Isso, entretanto, é a menor parte da fórmula. O poder no nível físico é vulnerável às pessoas e às circunstâncias, pois estas se concentram além de nosso domínio controlável. No minuto em que nosso mundo se altera por razões que estão além de nossa influência, este tipo de poder pessoal pode também se vaporizar. Nosso trabalho pode findar, a economia pode falir, nosso relacionamento pode acabar e o dinheiro pode terminar, ou algo assim. Isso se chama: "viver de fora para dentro", e representa um encontro com o desastre.

Viver esse modelo masculino nos torna suscetíveis a concentrar nosso poder em fatores cujo controle se situa além das possibilidades que buscávamos.

A beleza e facilidade de viver sob/a partir de um paradigma feminino reside no fato de que ele é interno; é nossa conexão com nosso Eu e com Deus, e esta relação é sagrada e pura. À medida que aprofunda seu compromisso com seu

Deus Interior, enquanto se torna mais e mais intima dos níveis mais profundos de suas emoções e espírito, você começa a perceber que, desde que mantenha seu Eu, estará segura e em paz. Embora um infinito número de fatores possa mudar a aparência de sua vida, sem o seu consentimento não há nada nem ninguém que possa causar impacto em sua sensação de bem-estar.

⌘ ⌘ ⌘

Alguns anos atrás assisti a um cavalheiro que herdara dezenas de milhões de dólares. Aos seus quase 40 anos ele estava, segundo ele próprio, totalmente sem objetivo. Ele tinha capital para fazer o que quisesse de sua vida, e ainda assim sofria de ansiedade aguda e depressão. A principal razão de ser tão infeliz é que não ganhara dinheiro por conta própria; ele nunca descobrira o que era capaz de criar, ele nunca lutara por seus objetivos. Como seres humanos, sentimos desejo de descobrir o quão longe podemos chegar. Se nunca somos impulsionados aos nossos limites, nos tornamos desesperados em nosso empenho para prová-los de outras maneiras.

Este modelo masculino de "poder sobre" continua a falhar na produção dos resultados que promete. Agora mesmo, enquanto você está sentada lendo estas palavras no relativo conforto de sua vida, existem 143 milhões de órfãos no mundo, 37,3 milhões de pessoas vivendo na pobreza somente nos Estados Unidos e 37,4 milhões de pessoas no mundo estão vivendo como refugiados. Eu não diria que este é um sistema que está funcionando, você diria?

O que nos faz voltar à questão da transição. O pêndulo está balançando em outra direção – rumo a um quadro feminino.

No entanto, não vamos comemorar ainda; embora estejamos em processo de distanciamento desse modelo masculino, ainda não estamos adentrando um modelo feminino.

Nós precisamos de alguns aspectos de ambos. No hilariante filme *Casamento grego*, as "garotas" chamam a atenção para o fato de que embora "o homem seja a cabeça, a mulher é o pescoço". Isso, claro, significa que, embora o homem pense que é ele que está no comando da família, é a mulher que o conduz na direção que deseja que ele vá; isso demonstra quem está realmente no comando.

Estamos cada vez mais prontas para as qualidades femininas que têm sido tão desvalorizadas em nossa cultura. Precisamos reforçar mutuamente o poder que caracteriza as relações femininas. Precisamos da harmonia e do equilíbrio que são a liga do modelo feminino. Estamos coletivamente exaustas por pensar em tudo, esconder em nossa cabeça e excluir nossa necessidade crucial de acessar a energia feminina que possuímos. Subordinadas frequentemente à nossa necessidade de prover atenção e carinho, à perpetuação de modelos que nos distanciam de nosso propósito, temos evoluído para uma cultura neurótica, insatisfeita e desequilibrada. Nós realmente não queremos continuar neste caminho, não é?

Ao mesmo tempo em que sentimos a necessidade de uma atividade centrada no coração, também precisamos de estrutura, o recipiente sólido que o masculino fornece. Esta é uma conversa "e", não uma "senão/ou". Uma vez que o feminino, o coração, sinta ou intua algo (qualquer coisa), precisamos que nossa parte masculina saia e vá realizá-lo; uma coisa após outra. Uma equipe. O feminino sente; nossa parte masculina executa; a cabeça e o pescoço.

Aqui está um exemplo concreto: sua voz interior, sua intuição, lhe diz: "É hora de encontrar um novo lar!" Claro que você pergunta várias vezes à voz, porque não acredita na possibilidade de ela estar certa; o senhorio acabou de renovar seu contrato e você está estabelecida ali com sua família. Duas semanas depois de receber esta mensagem de seu interior, seu senhorio avisa que a casa na qual você está vivendo precisa ser desocupada. Você estava certa, afinal de contas. Você se apressa para encontrar um novo lar. O feminino recebeu a mensagem. O masculino executa a mensagem procurando uma nova casa.

Assim como apenas dez por cento de um *iceberg* aparece acima da água, se existisse um dispositivo para medir o poder pessoal, descobriríamos que apenas dez por cento de nosso poder pessoal estão visíveis em termos concretos. Esta é a medida masculina de nosso poder. O saldo de noventa por cento que não se vê vive dentro do indivíduo, e é feminino.

Ser cerebral é um grande atributo, desde que você também inclua o feminino em sua imagem de vida. Ser emocional, sensível e centrado no coração é uma maneira fácil de viver, desde que você mantenha o masculino em você para assegurar seus "pés no chão". Precisamos de ambas as nossas partes colaborando entre si para um propósito comum: o poder pessoal.

Se somos pessoalmente poderosas e possuímos aquele poder, somos capazes de acessar cada molécula de força pessoal, de integridade, de coragem, de confiança, de fé, de honra e assim por diante, segundo nossa vontade e necessidade. Os recursos internos são representados pelo que não é tangível, pelo que com frequência é chamado de caráter pessoal. Embora evidenciemos nossos recursos internos, não podemos enxergá-los visualmente. Ter poder pessoal também significa sermos capazes de acessar recursos externos que apoiem nossa maior e melhor prosperidade. Este é o aspecto físico do poder – as coisas que podemos realmente ver, que resultam do cultivo de nosso poder interno.

A transição que vivenciamos atualmente não é fácil. O modelo masculino de liderança é o único a que tivemos acesso por centenas de anos. Não gostamos da nova maneira de fazer as coisas porque precisamos nos ajustar à medida que avançamos; o que significa que temos de confiar em nós mesmos. Confiar em nós mesmos nos desafia a contestar nossas crenças. Desafiar nossas crenças pode nos levar à derrota. A coisa toda pode ser bastante confusa e desconfortável.

Nota: A dinâmica entre seu interno masculino (a parte de você que realiza as tarefas) e seu interno feminino (a parte de você que sente emoções e intui o que precisa ser realizado) é uma réplica exata de seu relacionamento com o seu parceiro. Isso é algo para se pensar!

CAUSE IMPACTO!

1. Em que aspectos de sua vida você está se sentindo poderosa agora mesmo?
2. Em que aspectos de sua vida você está se sentindo com pouco poder?
3. Como estas coisas impactam sua capacidade de realizar seu trabalho com máxima eficiência? E em sua casa?
4. O que precisaria acontecer hoje para você entrar em equilíbrio?
5. O que percebe em seu caminho que a impede de equilibrar-se?

PARTE III

O QUE ENFRAQUECE O IMPACTO?

ENSAIO 11

SE VOCÊ NÃO SABE AONDE ESTÁ INDO, COMO SABERÁ SE CHEGOU?

Serpenteando pela vida

Eu: O que você quer?

Ela: O que quer dizer?

Eu: O que você quer?

Ela: Hã? (A confusão toma rapidamente seu rosto.)

Eu: O que você quer?

Ela: Eu não entendi a pergunta. (Pânico irrestrito substitui a confusão.)

Eu: Ok, eu vou perguntar-lhe de outra maneira: o que você quer? (Risos ao fundo.)

Ela: Eu simplesmente não entendo o que você quer dizer! (A frustração agora inunda seu rosto.)

Eu: Sim, eu entendo.

O riso vem de trás, e a irritabilidade de quem está à minha frente.

Deixe-me fornecer algumas informações. É sábado de manhã, e o segundo dia de um treinamento de três dias que conduzo, intitulado *Mulher, Coragem, Liderança®* (*Women, Courage, Leadership™*), por uma boa razão. O treinamento é realizado nas dependências da empresa de um dos meus clientes favoritos, cujo nome é sinônimo de *software*. Trinta e cinco das mulheres mais inteligentes com quem já tive o privilégio de trabalhar estão sentadas, em forma de "u", com canetas e blocos nas mãos, ansiosamente esperando pelo que irá acontecer. Aquele legendário alfinete poderia ter caído, pois certamente seria ouvido; o ambiente estava tão tenso que me virei para o grupo para lembrá-las de respirar.

Para criar perspectiva é importante saber que essas mulheres foram cuidadosamente selecionadas para participar deste retiro com base em uma série de critérios rigorosos, incluindo seu nível profissional, sua proximidade ao status *high potential,** e a recomendação de seus gerentes. O comparecimento era voluntário; e, como tudo o mais nas organizações de *status* elevado, a competição foi surpreendente.

O convite para o treinamento foi enviado por e-mail para 480 mulheres desta organização, e todas as vagas foram preenchidas em 27 minutos. Nos 45 minutos seguintes, outras 180 mulheres foram colocadas em uma lista de espera – essas mulheres da alta tecnologia estavam famintas por atenção de baixa tecnologia.

> *Elas estavam apostando três dias de suas vidas que aquele curso lhes daria a oportunidade de ampliar seus poderes pessoais, encontrar seus propósitos de vida e perseguir um pouco de paixão.*

Elas queriam encontrar seus próprios caminhos, manter sua autenticidade e caminhar com graça e dignidade.

Mas, voltando ao cenário do grupo, fiquei parada na frente destas mulheres pensando comigo mesma: "*Houston, we have a problem.*"** Isso não era, de modo algum, o que eu planejara para aquele segmento do programa. Nós supostamente deveríamos estar nos concentrando no que de fato estava atrapalhando aquelas mulheres de conseguir o que queriam; e, não, "começando do zero", tentando decifrar que tipo de empecilho poderia ser. Entretanto, após dezoito anos realizando este tipo de treinamento me tornei mais flexível que a Mulher-elástica. Então, coloquei minha agenda de lado e me concentrei na delas.

Virei-me para uma das mulheres que estava sentada no que todas denominariam "cadeira-elétrica" naquele dia e perguntei: "Como você quer que sua vida se pareça? Como você quer se sentir sobre ela? Quais são os seus sonhos?"

Essa mulher maravilhosamente bem-sucedida, com múltiplos talentos, e alto QI, finalmente entendeu minha pergunta. Tristemente – com os ombros caídos e os olhos lacrimejando – ela disse: "Eu não sei, eu não sei o que quero."

---

* Profissional de alto potencial para crescimento dentro da empresa. (N.E.)

** "Houston, estamos com um problema." Frase proferida por Jack Swigert, astronauta da nave Apolo 13, ao observar luzes de advertência se acendendo no painel de controle da nave. Desde então a frase tem sido utilizada para informar, de maneira informal, o surgimento de imprevistos. (N.E.)

"Como é que você não sabe o que quer?" Perguntei-lhe baixinho, enquanto, para ser sincera, lia-se no balão de pensamento sobre minha cabeça: "Você tem 36 anos. Como você chegou até aqui sem saber o que queria?" Compaixão, preocupação, confusão. Aqueles eram meus sentimentos, não os dela.

Olhei ao redor e vi 34 mulheres segurando a respiração, olhares congelados na maioria dos rostos. Lia-se no balão de pensamento sobre a cabeça delas: "Por favor, querido Deus, não deixe que Nancy me chame a seguir."

Percorri a sala perguntando às outras a mesma questão. "O que você quer?" Rosto após rosto repetia: "Eu não sei." Algumas estavam envergonhadas, outras bravas, algumas confusas; ninguém neutra. Às vezes, alguma das mulheres me dizia exatamente o que tinha em mente para si mesmo. Aqueles eram os momentos em que eu soltava a respiração.

Você deve estar pensando: "Você seriamente acredita que essas mulheres não sabiam o que queriam?" Embora elas certamente tivessem, em algum momento de suas vidas, feito essas perguntas a si mesmas, aquilo fora há um bom tempo, e, com base em suas respostas, em seus olhares e na sensação geral da sala era óbvio para mim que a maioria daquelas mulheres não estava criando a própria vida, elas as estavam procurando.

Sim, é possível que elas não quisessem partilhar seus pensamentos íntimos com suas colegas; que, por mais que gostassem umas das outras, no final das contas, ainda eram concorrentes. Talvez estivessem preocupadas com a quebra de confidencialidade, ou que uma mulher usasse o sentimento da outra tornando-a refém. Mas eu não acredito nisso. O clima emocional na sala dizia mais do que eu conseguiria explicar. Você realmente precisaria estar lá.

Você concorda que se não sabe o que quer suas chances de consegui-lo são proporcionais a ganhar sozinha na loteria ou a ser atingida por um raio?

Como discuto neste Ensaio, se você não sabe aonde está indo, como vai saber quando chegou? E é exatamente neste impasse que a maioria daquelas mulheres se encontrava.

A pergunta "Por que você não sabe o que quer?" está subordinada a outra: "O que você quer?" (sem julgamento, sem humilhação). Apenas como "o que você quer para jantar?" é acessório a "Você está com fome?" Como tudo na vida, a mudança começa ao se perguntar as perguntas certas.

Desconsiderando o relógio, eu então circulei pela sala com uma pergunta singular: "Por que você acha que não sabe o que quer?" Como se todas elas tivessem feito o mesmo pedido do cardápio, duas respostas me foram dadas:

- "Ninguém nunca me perguntou isso antes."
- "Eu nunca me fiz essa pergunta."

Eu não estou inventando isso.

Foi a minha vez de ficar chocada em silêncio; e, deixe-me esclarecer, eu raramente fico sem palavras. A questão pendente diante de mim era: algo acontecera a essas mulheres em seu caminho para a escada coorporativa (ou, alguma coisa que poderia se referir a este assunto, à cultura); ou algo crítico deixara de acontecer? Suspeitei das duas alternativas.

Minha cabeça girava com perguntas. Poderia ser verdade que essas mulheres realmente carecessem de visão para suas vidas? Ou seria mais justo dizer que sua visão fora fechada e trancada?

- Isso fora tirado delas?
- Será que elas simplesmente não podiam alcançar sua visão?
- Alguma coisa ou alguém as teriam dissuadido de seus sonhos, e assim suas esperanças se recolheram na obscuridade?
- Essa visão teria simplesmente atrofiado por falta de exercício, ou elas nunca tiveram uma?

E o que implicava esse desligamento? Quais eram as consequências de ter um grupo de tamanho considerável, desvinculado das questões "O que eu vim fazer aqui?" e "Estou conseguindo realizá-lo?"

Plantei-me solidamente no meio da sala, enquanto as mulheres esperavam que a líder (que seria eu) fizesse alguma coisa, qualquer coisa, para corrigir aquele problema inconveniente chamado "Super *Software* Company com uma população de mulheres altamente talentosas que não sabem o que querem de suas vidas". (Realmente me ocorreu naquela hora que talvez aquele grupo específico deliberadamente se inscrevera para o treinamento porque elas sabiam que não sabiam o que deveriam saber.) O fato particularmente desconcertante era que essa empresa tem a reputação de ser um verdadeiro laboratório de inovação, uma placa de Petri* para a criatividade.

- Por que aquelas mulheres deram mais atenção à promoção de seus negócios do que a si mesmas?
- Por que cuidavam mais do que vestiam que do valor de seus talentos?
- Por que gastavam mais tempo com seus planos para o jantar do que com seus planos de vida?

Naquele momento, havia muitas perguntas e pouquíssimas respostas. A "Super *Software* Company" inicialmente me trouxera com o único propósito de determinar porque seus talentos femininos estavam deixando a organização imediatamente antes de promoções a cargos de liderança.

> *A empresa estava investindo pesadamente em seus talentos latentes que, justamente quando estavam para alcançar seus objetivos, deixavam o jogo.*

A "Super *Software* Company" estava jogando recursos incalculáveis, tempo e energia num buraco negro. Eles queriam saber por que essas mulheres estavam migrando para outras empresas e o que poderiam fazer sobre isso.

Decidi desprezar o manual do treinamento em favor da exploração do motivo que estava levando aquelas mulheres a serpentear por suas vidas e, se fosse o caso, descobrir como elas poderiam resolver seus problemas.

---

* Recipiente circular e muito raso, geralmente de vidro ou matéria plástica, usado em laboratório para o cultivo de microrganismos. (N.E.)

Demos voltas e voltas a tarde inteira, desabafando, explorando, descobrindo, criando e, então, inventando quando não sabíamos mais o que estávamos fazendo. Dediquei o dia a ajudá-las a reordenar as ruínas culturais de suas vidas, de modo que pudessem encontrar os cacos de si mesmas que haviam perdido ou empregado de maneira incorreta.

O que aprendi? Que sob a retórica que diz o contrário – por trás da confiança e da bravata – aquelas mulheres eram como quaisquer outras com quem já trabalhara. Elas tinham, de fato, uma visão; e elas tinham, de fato, um sonho. Elas fizeram uma promessa a si mesmas, e fecharam um contrato que ainda iria expirar. Todas essas coisas estavam latentes, esperando que elas alcançassem autoconfiança, dessem permitissão a si mesmas e recebessem o apoio carinhoso e a orientação que lhes permitiria lembrar a que elas vieram. Elas precisavam apenas de um ambiente que abraçasse e apoiasse sua subjetividade. Elas precisavam dar a si mesmas permissão para serem mais do que seus próximos projetos, maiores que a promoção do ano seguinte e que a pessoa que elas fingiam ser.

Rotulei aquele dia como "Missão Possível!" E foi!

Quando o retiro terminou eu me perguntei se as mulheres na "Super *Software* Company" eram uma anomalia. Elas representavam um caso isolado, ou tal ausência de autoconsciência era generalizada (ainda que não verbal) na área corporativa? Imaginei isso porque as mulheres representavam menos de 20% do quadro de funcionários daquela empresa. Poderia existir algo naquela cultura corporativa que as impedia de se envolver profunda e significativamente. Tal possibilidade ainda pode ter sido reforçada pela teoria de que certo tipo de mulher, com uma inclinação à terminação masculina do espectro energético, e com um conjunto de habilidades estereotipado (embora não necessariamente exato) atribuído aos homens, é atraído para a indústria da alta tecnologia. (Senhoras, não deixem essa afirmação lhes perturbar. Essas médias meramente indicam que esse tipo de afirmação é mais frequentemente verdadeira; e, claro, essa hipótese não se aplica necessariamente a vocês ou a alguém que conheçam).

Depois do treinamento, fui de um lugar para o outro com meu trabalho, viajando para várias partes do país, conduzindo meu próprio estudo não científico *ad hoc* sobre as mulheres e seus comprometimentos pessoais. Em poucos meses, as evidências irrefutáveis eram:

> *Mulheres que não sabem o que querem (ou, se sabem, não têm ideia de como alcançá-lo) podem ser encontradas em todos os cantos do mundo.*

Descobri que, frequentemente, se elas sabem o que querem, então é "algo palpável", como: um relacionamento ou uma casa; um relacionamento ou uma promoção; um carro ou um homem ou um relacionamento. (Vocês não estão sozinhas: a confirmação desse estereótipo me irrita também!) Isso não significa que não existam mulheres que saibam o que querem; simplesmente demonstra que há mulheres demais (desnecessariamente) desnorteadas em relação a isso.

CAUSE IMPACTO!

1. Como o fato de não saber o que quer impacta suas escolhas de vida?
2. O que você quer para sua vida pessoalmente?
    - *Profissionalmente?*
    - *No próximo ano; em cinco anos; em dez anos?*

3. Como você acha que saber o que você quer impacta sua organização? Sua família?
4. Se você tivesse participado deste retiro, quais as duas perguntas que você teria feito àquelas mulheres?

ENSAIO 12

O "EU"* ESCONDIDO EM INVISÍVEL

Vida despercebida

Claudia: Eu entrei na concessionária decidida a comprar um carro. Trouxe meu marido comigo, assim ele poderia escolher a cor e chutar os pneus. O vendedor passou por mim como se eu fosse invisível. Dirigiu-se ao meu marido, supondo que ele estivesse comprando o carro. Fui embora com meu talão de cheques.

Susan: Sou a única mulher em nossa empresa de engenharia. Eu estava em uma reunião com oito dos meus colegas. Dez minutos depois, estávamos tentando descobrir uma solução para um problema de longo prazo e de alto custo. Soube imediatamente o que precisávamos fazer. Ofereci meu ponto de vista e expliquei os motivos pelos quais precisávamos executar X, Y e Z, mas ninguém parecia me ouvir. E simplesmente continuaram. Uma hora mais tarde, reapresentei a mesma solução; eu a embalei sem paixão e apresentei apenas os dados. Não resolveu. Três horas mais tarde, Parker regurgitou minha ideia como se fosse sua, e a multidão foi à loucura. Por dentro, eu também adorei. Aquela era minha ideia genial! Mas, ao mesmo tempo, senti como se nem mesmo existisse. Se eu tivesse levantado minha voz para ser ouvida, teriam dito que eu era sensível demais. Eles não têm ideia do quanto deveriam estar felizes por eu não estar armada!

Vanessa: Por cinco anos eu disse ao meu marido que eu não estava feliz com a nossa vida sexual: ter intimidade uma vez a cada duas

---

* No original, em inglês, o *"I"* escondido significa "eu". É um trocadilho que não faz sentido em português. (N.E.)

semanas não era o suficiente para mim. Toda semana tínhamos a mesma conversa. Ele me dizia que eu era louca por sexo; eu dizia a ele que sexo duas vezes por semana não me qualificava como uma candidata à reabilitação por vicio em sexo. Depois de cinco anos, decidi ir embora. Você deveria ter visto seu rosto! Ele estava chocado – como se aquela fosse a primeira vez que ele me ouvira dizer que eu precisava de mais contato físico. Tão inocente... Ele disse que eu estava sendo incompreensiva, histérica, inacessível e muito exigente. Não posso deixar você imprimir o que respondi a ele.

(Sua História) ____

____

____

____

____

____

⌘ ⌘ ⌘

Invisível.

Qualquer explicação é supérflua. Pergunte a qualquer mulher sobre isso, na verdade, pergunte a cada mulher sobre isso. Ela exuberantemente acenará sua cabeça, sinalizando interesse, compaixão e condolências. A esta altura da vida, ela já enfrentou essa situação tantas vezes e de maneira tão persistente que decidiu aceitá-la, exauriu-se ou está lutando com cada fibra de autorrespeito que ainda lhe resta. Render-se? Nunca! Algumas de nós preferem comer cacos de vidro na vitrine de uma loja de departamentos – nuas.

Existem dois tipos de invisível: o tipo com o qual concordamos, e o tipo que adotamos por iniciativa própria. Ambos nos tornam impotentes e diminuem nosso impacto.

A distinção é tão sutil, tão imperceptível, que a maioria das mulheres nem mesmo está ciente de sua existência. E mesmo que estejam conscientes dessa diferença podem estar cegas para o fato de que têm uma escolha – elas podem perpetuar ou desfazer o mito da invisibilidade. Não percebemos que temos o que dizer sobre o assunto, ou mesmo que existe um assunto sobre o qual temos o que dizer. Quando crescemos num lar com um fogão a lenha, nos tornamos imunes ao cheiro da fumaça. Quando somos criados em uma sociedade que torna as mulheres invisíveis, é necessária uma forte ruptura em nossa vida para percebermos isso, e para percebermos que há uma alternativa. Sempre temos escolhas a fazer; nem sempre em relação ao que acontece na vida, mas sempre no modo como pensamos sobre o que aconteceu e que na atitude que tomaremos em relação ao fato.

⌘ ⌘ ⌘

"Invisível" por acordo: aceitação, consentimento, aquiescência e endosso.

É evidente. É patente. Alguém, um grupo ou organização diz ou faz algo que nos influencia ou impacta de uma maneira que nos confere invisibilidade. E o que as mulheres fazem? Nada. Aceitamos o que nos é dado: é isso. Esquecemos que quando não dizemos nada sobre uma injustiça, consentimos – como um voto silencioso. A diferença aqui é meramente técnica. Inadvertidamente concordamos com uma cultura que nos subordina – que nos trata como "não tão bom quanto", "menos que" ou "outros" – quando esse tipo de situação acontece e escolhemos não fazer nada a respeito.

> *Quando não dizemos e/ou fazemos nada em defesa dos nossos valores, princípios, sexo e de nós mesmas – e em vez disso toleramos a exploração – estamos, em essência, concordando e aceitando o* status quo.

Então, silenciosamente consentimos em nosso papel delegado e diluído, minimizando nossa importância, ficando quietas e autocensurando o que dizemos. E quando abandonamos nosso poder, passamos essa mesma tocha para as próximas gerações de mulheres – aquelas para as quais nós deveríamos servir de modelo.

1. Escolhemos aceitar pagamento desigual em nossos empregos.
   - Não queremos que ninguém pense que somos baderneiras; e, afinal, pelo menos nós temos um emprego.
2. O nome de outra pessoa aparece em nossa apresentação de *slides* durante a conferência nacional de vendas e escolhemos não trazer o assunto à tona.
   - Seria tão insignificante; afinal de contas foi um esforço de equipe...
3. Um parente decide nos usar como "alvo" durante a ceia de Natal.
   - Não dizemos nada aos nossos pais. Apesar do molho derrubado sobre a sua cabeça, isso não é realmente grande coisa, porque seu parente tem "problemas".
4. Somos passadas para trás numa promoção que merecíamos.
   - Não reclamamos porque o sujeito que foi promovido tem 3 filhos.
5. Mantemo-nos num relacionamento abusivo.
   - Ele só abusa de nós emocionalmente quando bebe, em feriados nacionais e às quartas-feiras. Ah, e quando a mãe dele liga. Além disso, o que ele fará sem nós?
6. Não discutimos quando confrontadas com um problema cuja responsabilidade não era nossa – apenas nos resignamos
   - O confronto é tão desagradável: vai parecer que não somos parte de uma equipe, que somos mulheres amargas ou mulheres amargas que não fazem parte de uma equipe.
7. ____
   ____
   ____

"INVISÍVEL" POR INICIATIVA PRÓPRIA: COMEÇAR, INSTIGAR E LANÇAR

Algumas mulheres não fazem ou dizem nada para se impor ou para conseguir o que querem. Elas não reivindicam nada; não exigem nada. Trata-se de uma total ausência de atividade em benefício próprio, o que contrasta com a aceitação da invisibilidade simplesmente por tolerância (embora possa ocorrer sobreposição entre a iniciativa por nossa invisibilidade, ou a concordância com ela).

> *Concordar com a invisibilidade significa esquivar-se da responsabilidade de responder a algo que alguém fez (ou costuma fazer); iniciar a invisibilidade significa furtar-se a responder ou a agir diretamente no próprio interesse.*

Uma coisa é quando alguém a ignora em uma reunião; outra é quando você ignora a si mesma.

Quando iniciamos nossa invisibilidade, o fazemos em resposta a uma crença essencial de que não somos dignas "daquilo", não merecemos "aquilo"; não somos dignas de amor, portanto, não podemos ter "aquilo", ou não somos ___________________ o bastante (inteligentes o bastante, educadas o bastante, bonitas o bastante e assim por diante). Essas crenças essenciais são explicadas em detalhes no Ensaio 25. Escolhemos nos tornar indignas até mesmo de ocupar espaço; sentimos que deveríamos pagar uma taxa pelo ar que respiramos. Nós não elevamos nossa voz em protesto nem vocalizamos nossas preferências. Vestimos camisetas velhas estampando dizeres como "Capacho", e ainda nos achamos divertidas. Vemos algo que queremos e não fazemos nada para consegui-lo.

1. Não pedimos o que queremos.
   - Isso seria egoísta.
2. Não fazemos nada para obter reconhecimento na empresa.
   - Não queremos parecer egocêntricas, ou parecer mais do que na verdade somos, ou como se estivéssemos disputando uma promoção (o que é a verdade)
3. Nós não votamos: de qualquer maneira é só um pequeno voto.
   - Lembrete: não votar também é votar (Sem voto = sem voz = sem escolha.)
4. Não falamos em uma reunião de *brainstorming* quando temos brilhantes ideias para contribuir.

    - Não queremos parecer tão brilhantes, e a apresentação significa muito mais para Louise.
5. Deixamos de defender nossa causa quando surge uma promoção.
    - Phil precisa dela mais do que nós.
6. Somos solicitadas a apresentar uma justificativa para o orçamento que precisamos para o novo projeto.
    - Renunciamos aos dólares em vez de apresentar a justificativa, porque não somos muito boas em apresentar um argumento racional, embora saibamos até os nossos ossos que é a coisa certa a fazer.
7. Nós nos oferecemos para ceder nossas reservas.
    - Em vez de tirar aquelas férias num *spa* com nossas amigas da faculdade, deixamos nossos maridos comprarem uma nova vara de pescar. Afinal, nós fomos ao *spa* há apenas doze anos, antes do nascimento de nossos quatro filhos, e ele trabalha duro todos os dias como supervisor na empresa.
8. ____

   ____

   ____

Qual "eu" invisível você é?

Você é o "Eu" que consente na invisibilidade das mulheres, ainda que involuntariamente? Você é o "Eu" que inicia a sua própria invisibilidade? A maioria de nós já visitou ambas as arenas uma vez ou outra. Em raras ocasiões encontrei-me parada no meio do caminho observando um lapso momentâneo de razão; e lá estava eu, novamente, na posição de vítima, perdendo um direito de escolha que nem percebera existir.

Talvez você tenha aprendido, a duras penas, que ser visível é perigoso, assustador ou representa uma ameaça; talvez isso a torna muito responsável, vulnerável ou poderosa; talvez seja algo que você quer mudar? As mulheres não planejam encorajar a invisibilidade. É sistêmico.

É generalizado. É inevitável. E até que alguém nos mostre, a maioria de nós dificilmente a percebe; ou, se o fazemos, nós apenas a assumimos como um fato indiscutível, assim como a morte ou os impostos. Marque quantas alternativas quiser:

- ☐ Você merece ser honrada?
- ☐ Você merece respeito?
- ☐ Suas contribuições são dignas de serem ouvidas?
- ☐ Você tem substância?
- ☐ Você tem graça?
- ☐ Você tem sabedoria?
- ☐ Você traz valor ao mundo?
- ☐ Você merece ser amada?

Por que fazer essas perguntas? Porque é importante que você responda "sim" a todas elas, assim outras também o farão. Somos vistas somente se nos virmos primeiro. Seremos ouvidas somente se estivermos dispostas a ouvir a nós mesmas. Causaremos impacto somente se nos considerarmos valiosas. E é uma escolha. Como tudo o mais, precisamos decidir quem "'Eu' serei em meu mundo". Não escolher significa que alguém escolherá por nós. Isso não está bom para você, está?

CAUSE IMPACTO!

1. Como você garante sua visibilidade no mundo?
2. No que o fato de ser uma mulher invisível interfere no que você quer realizar hoje?
3. Se você fosse visível em todos os aspectos da sua vida, quem precisaria ser, e o que precisaria fazer?

ENSAIO 13

ISSO NÃO É UM CAPACHO, SÃO AS MINHAS COSTAS!

Egoísta, "eu primeiro" ou abnegada

QUANTAS AVÓS JUDIAS SÃO NECESSÁRIAS PARA TROCAR UMA LÂMPADA?
NENHUMA. "NÃO SE PREOCUPE COMIGO.
VOU ME SENTAR AQUI, NO ESCURO E FICAR CEGA."

Minha mãe, já em pleno trabalho de parto, antes de eu nascer, retardou sua ida ao hospital para que pudesse fazer ovos mexidos para o café da manhã de meu pai. Não estou brincando. Ela deu à luz a mim duas horas depois. Ela ri amargamente quando conta essa história e exclama: "Aquele homem era tão egoísta, que no dia em que você nasceu..." Minha pergunta é a seguinte: Ele era egoísta ou ela era abnegada?

A partir da minha postura de "não há vítimas", minha mãe tinha uma escolha a fazer no momento que seu marido perguntou pelo café da manhã. Honestamente, aquele momento ocorreu anos antes quando ela aceitou pela primeira vez aquele tipo de comportamento por parte dele. Algum deles é culpado? Não! Eles são apenas responsáveis pela dinâmica com a qual ambos concordaram.

Por milhares de anos, fomos socializados para subjugar e reprimir nossas necessidades em deferência a, bem... quase todo o mundo. Assim como o solo desse país não mais contém os nutrientes necessários para nos manter saudáveis porque o usamos excessivamente, nós mulheres temos nos excedido no departamento da "doação" com escassas oportunidades de "autorrejuvenescimento".

Em algum lugar ao longo do caminho, muitas mulheres são ensinadas que colocar-se no topo da lista de suas próprias prioridades é uma atitude egoísta, egocêntrica, absorvida em si mesma, desatenciosa, negligente e incongruente com o estereótipo do que significa ser uma mulher. Infelizmente, essas mulheres passaram realmente a concordar com essa conclusão e a perpetuar o mito da autonegligência. Não vou aborrecê-la com a metáfora da máscara de oxigênio, mas a maioria de nós precisa ser ocasionalmente lembrada de que o mundo é tão saudável, e a sociedade é tão educada, quanto suas mulheres. Mulheres desunidas e descompromissadas produzem mais do mesmo.

A autonegligência ganhou, nos últimos anos, a reputação de um culto.

⌘ ⌘ ⌘

Existem algumas distinções fundamentais que precisam ser feitas entre mulheres egoístas e abnegadas. No Ensaio 25 exploramos o tema central das feridas e como elas insidiosamente governam nossa vida quando não expostas e não cicatrizadas. Os sentimentos de egoísmo e abnegação brotam, essencialmente, do mesmo tipo de ferida: eu não sou o bastante.

Pessoas egoístas são aquelas que estão principalmente preocupadas com seus desejos e suas necessidades, e não levam qualquer outra pessoa em consideração. Tudo é verdadeiramente sobre eles mesmos o tempo todo. Por quê? Em sua essência, essas pessoas se sentem como se não fossem o bastante, por isso nunca haverá o suficiente de algo para preencher o buraco ou o vazio dentro de si. Tudo o que vem ao seu alcance, seja tempo, atenção, objetos, dinheiro, qualquer coisa, é agarrado em desespero. A mentalidade das pessoas egoístas é centrada na falta e na escassez – o mundo não é o bastante porque elas não são o bastante. Este conceito é mais amplamente analisado no Ensaio 13, onde exploramos nosso mundo físico externo como uma expressão tridimensional de como nos sentimos sobre nós mesmas.

Como mencionei anteriormente, a mulher abnegada também sofre com a mesma ferida de "eu não sou o bastante". Ela acredita que é tão carente e tão deficiente como ser humano que se ela não estiver constantemente fazendo algo valioso e útil para os outros, então ninguém irá mantê-la por perto. Todos conhecemos mulheres que tropeçam em si mesmas para fazer algo por nós e, previsivelmente, elas normalmente se excedem.

Pode ser a mãe que oferece aos filhos carona de ida e volta todos os dias durante um mês, sem esperar por retribuição. Pode ser a "mãe" do escritório que traz bolo três vezes por semana, e sempre se lembra dos seus favoritos. Poderia ser a mãe que permite que sua família sempre receba, receba e receba, enquanto ela continua a dar, dar e dar, sem que o fim disso apareça. Esta mulher, num nível inconsciente, acredita que se ela parar de fazer coisas boas para todos, ninguém vai querer saber dela; ninguém perceberia nela qualquer valor como ser humano, porque ela própria não encontra nenhum valor em si mesma.

Por último, existe a nossa melhor amiga, "Cheia de si", também conhecida como "Eu primeiro". Essas são as mulheres saudáveis, felizes e bem-ajustadas, na maior parte do tempo. Na maior parte do tempo? Sim. Não existe pessoa que, num determinado momento, não escorregue para o modo abnegado ou egoísta. O contraste é necessário para nos manter poderosas. A senhora "Eu primeiro" garante que tomou o café da manhã porque ela tem um dia cheio pela frente e ela sabe que se não estiver em sua melhor forma pode terminar o dia acabada – nenhum veículo funciona sem combustível suficiente. A senhora "Eu primeiro" tem limites bastante saudáveis, ela sabe o que funciona para ela e o que não funciona. Às vezes ela altera seus próprios limites, e ela está ciente de quando ela o faz e do porquê o faz.

A senhora "Eu primeiro" se sente desconfortável em dizer "não" a alguém quando aquela pessoa precisa dela, mas está disposta a negar a ajuda assim mesmo. Ela tem tamanha autoestima que se permite "quebrar as regras" por capricho. Talvez ela já tenha sido um capacho, mas percebera o que a motivava a doar-se de maneira inadequada. Ela se sentiu mal por ter sido tão carente e igualmente mal por causa de todos os que tiraram vantagem dela. Em vez de aproximá-la dessas pessoas, sua atitude a distanciou ainda mais, pois ela própria não respeitava a si mesma, nem os outros o faziam. Ela então elevou sua autoestima, progrediu e percebeu que era "o bastante", e agora está cercada de pessoas que compartilham sua saudável opinião sobre si mesma.

⌘ ⌘ ⌘

Há um mundo de diferenças entre um indivíduo que tem necessidades e um indivíduo necessitado. Todos temos necessidades – espirituais, emocionais, mentais e físicas. Isso é saudável e normal, e não deve ser apenas esperado como também desejável. Vivemos muito mais quando reconhecemos e cuidamos de nossas necessidades.

A categoria dos "necessitados" é inteiramente diferente daquela saudável que aspiramos. Pessoas carentes são dependentes, maçantes, concentradas em fatores externos e desprovidas de infraestrutura emocional para cuidarem de suas próprias necessidades. Uma mulher carente pode não sentir-se capaz de cuidar de si mesma, então ela procura outras pessoas para fazerem isso por ela. Você a identificará como um "sugador de energia" – simplesmente estar em sua presença a exaure e a enfraquece.

Os egoístas e os abnegados são conhecidos mais por seus impactos negativos do que por qualquer outra definição.

> *Não há lugar para você em um relacionamento com uma pessoa egoísta porque ela ocupa todo o espaço. Há espaço demais num relacionamento com uma pessoa abnegada porque ela não ocupa espaço algum.*

Em ambos os relacionamentos você se sentirá muito sozinha ou recorrerá ao comportamento "cuidador". É a mulher "eu primeiro" que está no objetivo de sua vida, é pessoalmente poderosa e tem mais impacto positivo.

As mulheres egoístas ou abnegadas podem não ser necessariamente as estrelas do escritório. Sua política teoricamente oculta é absolutamente óbvia. Suas colegas percebem que essas mulheres não são autênticas, e que estão perdidas; elas se sentem manipuladas por este tipo de comportamento e têm consciência de que o objetivo delas é se sentir bem sobre si mesmas e não ser generosas ou doadoras. Elas estão cientes de que seus gestos e gentilezas não têm nada a ver com o desejo genuíno de ajudá-las e apoiá-las.

O fato de ser um capacho abnegado ou uma egoísta egocêntrica não é tão significativo quanto o que você faz com essa informação a seu respeito. Poucas pessoas são completamente "eu primeiro" o tempo todo. Nossa principal responsabilidade neste caso é perceber em que direção nos inclinamos quando estamos estressadas, assim estaremos preparadas para essas situações em nossa vida.

CAUSE IMPACTO!

1. Quais circunstâncias em sua vida afloram a mulher abnegada em você?
    - *O que você nota sobre essa tendência em você?*

2. Quais circunstâncias em sua vida afloram a mulher egoísta em você?
    - *O que você nota sobre essa tendência em você?*

3. Quais circunstâncias em sua vida afloram a mulher "eu primeiro" em você?
    - *O que você nota sobre essa tendência em você?*

ENSAIO 14

NÃO SE CONTENTE COM O ÚLTIMO PEDAÇO DA TORTA

Colocando-se em último lugar

Um homem entra em uma sala com uma única ideia em mente: comida. Ele passa pela sala, vira-se para seus amigos e família e diz: "Estou com fome. Vou pegar algo para comer". Fim da história.

Uma mulher entra na mesma sala. São cinco da tarde. Como sempre, ela esteve insanamente ocupada e simplesmente esqueceu de se alimentar. Desde que acordou, as 6 horas da manhã, ela já lavou três trouxas de roupa suja, foi à mercearia, pegou a roupa na lavanderia, deixou cada uma das três crianças em suas respectivas atividades, foi para o escritório, respondeu 470 *e-mails* e, basicamente, resolveu cada problema que cruzou seu caminho, exceto a paz mundial. Ela está morrendo de fome. Seu estômago está roncando. Ela está um pouco rabugenta e abatida. Ela pergunta: "Alguém está com fome?"

Ele está com fome. Ele consegue algo para comer. Ela está com fome; ela se oferece para alimentar a todos. Porque fazemos isso? Não é só uma questão de boas maneiras; vai muito além disso. Nenhuma notícia nova aqui: as mulheres foram criadas para se concentrar nos "outros", e nossa fisiologia, convenientemente, reforça este fato. Fomos ensinadas a cuidar dos outros, cuidar dos problemas, cuidar de tudo, cuidar – ponto final.

> *Em nenhum lugar foi dito ou está escrito que deveríamos simplesmente cuidar dos outros e, ao mesmo tempo, negligenciar, ignorar e negar nossas próprias necessidades. Essas coisas nós aprendemos sozinhas.*

Muitos anos atrás, quando eu passava pelo processo de adoção de minha filha, tive uma conversa com minha mãe que sucintamente caracteriza a luta que muitas mulheres enfrentam hoje em dia na tentativa de ter suas necessidades atendidas.

Eu: Entrevistei babás a tarde toda.

Mamãe: Para que você precisa de uma babá?

Eu: Bem, você sabe, para quando quiser sair de casa, ir à ginástica, à manicure, cuidar de mim mesma...

Mamãe: Você agora é mãe. Você não tem direito a necessidades!

Há uma piada ali em algum lugar, mas eu ainda não a encontrei.

⌘ ⌘ ⌘

Sociologicamente, as mulheres ainda são as guardiãs do ninho e as protetoras das relações. Apesar de termos avançado nos setores tradicionalmente masculinos como tecnologia, medicina, física quântica, e assim por diante, a única coisa que tem resistido ao longo do tempo é o papel das mulheres na família. Embora nossa presença no mercado de trabalho tenha mudado drasticamente, nossas responsabilidades no lar não se reduziram em um único centímetro; nossos deveres domésticos são espantosamente semelhantes aos de cinquenta anos atrás. Ao garantir um emprego fora de casa, o que mais temos feito é simplesmente adicionar outro trabalho de período integral àquele que já tínhamos – exceto que o externo vem com um salário.

Nossa autoestima está ligada à qualidade de nossos relacionamentos, tanto pessoal quanto profissionalmente. Em lugar algum isso é mais verdadeiro do que nos relacionamentos com nossos familiares – eles precisam de nós e nós precisamos nos sentir necessárias. Como seres centrados nas relações, reunimos, incessantemente, aqueles à nossa volta. Nós verificamos como estão nossos amigos; agimos como mães para as gerações mais jovens com as quais trabalhamos; medimos a temperatura emocional de qualquer grupo aleatório em que estejamos; e nos tornamos amigas das mulheres que fazem o mesmo. Assim como o ditado diz que "quando mamãe está feliz todo o mundo está feliz", é igualmente exato dizer que "quando todo o mundo está feliz, mamãe está muito feliz – ela fez bem o seu trabalho!"

Tem sido instilada de maneira recorrente na maioria das mulheres a ideia de que é egoísmo cuidar das próprias necessidades antes das dos outros. Desde tenra idade, a maioria de nós foi ensinada a não mostrar o próprio poder. Somos encorajadas a nos ajustar, a evitar fazer "onda", a acomodar os desejos dos outros acima dos nossos, a ser modestas em nossas autoavaliações e a manter uma tampa sobre nosso ego. E nunca é certo cuidar de nossas necessidades de modo prioritário, pois corremos o risco de parecer mal-educadas, pouco femininas e egoístas. A tendência a evitar chamar a atenção – diminuir a luz de nosso brilho e desviar a atenção positiva – é um fator importante de nossa invisibilidade. Fazer a escolha consciente para mudar as coisas em nós mesmas nos catapultará à invencibilidade.

⌘ ⌘ ⌘

> *O maior desafio que as mulheres deparam quando cogitam a ideia de liderança é que ela parece contradizer nosso modelo de relacionamento: "Você não pode fazer parte do grupo que está tentando liderar."*

A fim de nos tornarmos líderes eficazes, temos de, literalmente, sair do grupo e seguir sozinhas. Consequentemente, nos tornamos "as outras", o que, involuntariamente, faz de nós: traidoras, "cheias de nós mesmas", vaidosas, arrogantes, e assim por diante. Ser uma líder, com frequência, nos força ao choque contra o paradigma cultural feminino de colaboração e inclusão; algo que no clube das mulheres equivale à traição.

Ah, e eu já mencionei que nunca deveríamos mostrar aos homens o quanto somos inteligentes? Você sabia que algumas mulheres ainda estão ensinando esse absurdo às suas filhas?

Em minha linha de trabalho, repetidamente deparo mulheres com raiva, frustradas ou resignadas porque não estão obtendo o reconhecimento que merecem no trabalho, e são, posteriormente, negligenciadas para promoções.

> *Na verdade, a falta de reconhecimento é uma das principais razões que levam as mulheres a deixarem seus empregos nos EUA, ao dobro da taxa dos homens.*

No escritório e em casa, presume-se nossa a responsabilidade de cuidar dos outros, de fornecer reconhecimento àqueles que nos rodeiam e renunciar à nossa própria necessidade de atenção. Fomos condicionadas a pensar que assumir o próprio reconhecimento é negá-lo a outros – o que para a maioria de nós é tão impossível quanto pegar o último pedaço de torta ou gastar o último dólar na carteira com nós mesmas. Vivemos com medo de que a obtenção de reconhecimento ou elogios nos cheguem à custa de outra pessoa; muitas mulheres preferem deixar passar uma oportunidade em vez de serem rotuladas como egoístas.

Junte a esta mistura anos de treinamento nos quais fomos ensinadas a não nos destacar, a não defender nossas ideias e a não ser notáveis. Exigir atenção para nós mesmas também quebra a regra "centralizar a atenção nos outros". Assumimos, incorretamente, que a atenção voltada a nós nega a atenção a alguém – como se existisse uma quantidade finita de atenção em circulação. Se pensar sobre isso, verá que esta é uma mentalidade de "escassez", de "falta".

Aqui está o dilema: como alguém saberá que fizemos um ótimo trabalho se estamos relutantes ou somos incapazes de compartilhar a informação que os levará a essa conclusão? Como podemos expressar nossa ambição, anunciar nossas realizações e colher os prêmios que o reconhecimento traz permanecendo fieis à nossa feminilidade e celebrando-a?

A resposta? Muito cuidadosamente, conscientemente e poderosamente.

Tendemos a sacrificar nossos próprios sentimentos, desejos e ambições para que outros não se sintam mal. Penso em como isso é realmente estúpido. Por que nossos sentimentos são menos valiosos que os de outra pessoa? É o martírio? É como dizer que nós podemos aceitar o desapontamento, a rejeição e os resultados inesperados – nossa mãe, nossa amiga, nossa colega, nossa vizinha ou nosso parceiro não pode. Isso é realmente bastante arrogante de nossa parte. Se há um colete salva-vidas e o barco está afundando, as pessoas saudáveis irão reivindicar o colete. Isso se chama vontade de viver.

⌘ ⌘ ⌘

Há não muito tempo, uma colega assistiu a um de meus treinamentos de final de semana. Na conclusão, ela me disse que, embora toda a informação representasse uma mudança de vida para ela, o que realmente a deixará admirada fora conhecer meu enorme coração e minha capacidade de empatia – especialmente dada a minha reputação de ser extremamente ambiciosa e uma verdadeira lutadora. Oh!

Fiquei espantada tanto por sua sinceridade quanto por sua satisfação. Eu tremo em pensar que essa colega profissional não conseguia (ou não sabia) equiparar minha capacidade de comprometimento emocional e a minha ambição por autorrealização. Como a maioria dos norte-americanos, ela é da opinião que aspirar fama, fortuna ou posição é absolutamente incongruente com o fato de ser feminina e orientada para relações.

Será que ela quis dizer que eu precisava escolher? Eu poderia ser feminina ou ambiciosa, mas não poderia ser os dois; ou, pelo menos, não ao mesmo tempo? E quanto à minha assim chamada reputação – eu verdadeiramente acredito que nós a conquistamos e que somos responsáveis por ela; então, se eu pareço muito ambiciosa, é porque sou, bem, muito ambiciosa. Eu estabeleço projeções bem altas para meus objetivos, porque tenho muita coisa a fazer antes que minha vida acabe. Eu nunca, nem por um instante, abandonei minha feminilidade durante minha busca pelo sucesso. Na verdade, eu atribuo meu sucesso em grande parte à esta característica. É mais provável que esta colega não estivesse nem mesmo consciente do que disse. As tendências culturais são assim; estão tão enraizadas em nós que nem as percebemos. E isso justamente é o que as torna tão perigosas.

A questão sobre o fato de a ambição ser ou não aceitável em mulheres já foi respondida. A questão para a próxima geração é "O que faremos sobre isso?" Como podemos desempenhar nosso potencial, exceder nossas próprias expectativas e celebrar nossa feminilidade?

Em última análise, esta é uma conversa sobre mulheres, sobre nosso poder pessoal e nossa relação com nós mesmas. Quando nos sentimos desconfortáveis e temerosas sobre nosso próprio poder, preferimos sacrificá-lo a favor dos que nos rodeiam a aprender a assumir responsabilidade por ele. Suspeito que tememos descobrir que ninguém irá querer jogar conosco quando demonstrarmos nossas capacidades – que afastaremos as pessoas nas quais investimos tanto tempo e carinho para conhecer.

Contemple este raciocínio: não há nada de nobre em diminuir-se, encolher-se e ser insignificante. Não há nada de invejável sobre alimentar nossas famílias e não a nós mesmas. Nunca houve um momento mais perfeito para repensarmos nosso trabalho como modelo para as próximas gerações de mulheres e meninas. Que impacto desejamos como mulheres, mães, filhas, executivas, donas de casa e profissionais? Para os futuros papéis como modelos femininos, queremos legar a escassez, o medo, a invisibilidade, o enfraquecimento e a carência? Ou o impacto, a invencibilidade, a coragem e a liderança?

O que é tão emocionante sobre este momento da história é que somos uma das primeiras gerações de mulheres a conscientemente escolher nosso legado, assim como estamos deliberadamente escolhendo nosso impacto. A fim de realizar essa obrigação com integridade, no entanto, devemos primeiramente viver o legado. Você está pronta para o desafio?

CAUSE IMPACTO!

1. Em que áreas de sua vida você mais negligencia a si mesma?
   - *Por que se negligencia nessas áreas?*

2. Se você tivesse de cuidar de si mesma como se fosse sua melhor amiga, o que faria?
   - *Quando começará a fazê-lo?*
   - *Como pode se tornar responsável por esse plano?*

3. O que você precisa mudar para se posicionar e tornar-se notável em sua vida?
   - *O que poderia realizar profissionalmente como resultado dessa mudança?*

ENSAIO 15

ENCOLHER PARA SE ENCAIXAR

Minimizando-se

Levante a mão se já lhe disseram que você era "demasiadamente" qualquer coisa. Coloque uma marca ao lado do *feedback*[1] que recebeu dos outros.

- ☐ Grosseira demais
- ☐ Animada demais
- ☐ Alta demais
- ☐ Moderna demais
- ☐ Tímida demais
- ☐ Ingrata demais
- ☐ Esperta demais
- ☐ Franca demais
- ☐ Grande demais
- ☐ Política demais
- ☐ Medrosa demais
- ☐ Controversa demais
- ☐ Ousada demais
- ☐ Pequena demais
- ☐ Intensa demais
- ☐ Honesta demais
- ☐ Baixa demais
- ☐ Preguiçosa demais
- ☐ Segura de si demais
- ☐ Galanteadora demais
- ☐ Velha demais
- ☐ Complicada demais
- ☐ Insolente demais
- ☐ Sofisticada demais
- ☐ Gorda demais
- ☐ Elegante demais
- ☐ Exigente demais
- ☐ Espiritual demais
- ☐ Estúpida demais
- ☐ Agressiva demais
- ☐ Comunicativa demais
- ☐ Bonita demais
- ☐ Sensível demais
- ☐ Tenaz demais
- ☐ Jovem demais
- ☐ Entusiasmada demais
- ☐ Sombria demais
- ☐ Invencível demais

---

[1] O *feedback* pode ser uma "crítica destrutiva" disfarçada. O *feedback* honesto apoia e incentiva nossos objetivos. A crítica, por outro lado, se refere ao gatilho emocional de alguém, que dispara quando esta pessoa está ao seu redor e a torna responsável pelos sentimentos dela. Em nome do *feedback* ela faz você parecer errada, e não se sente diminuída. *Feedback* é bom. Crítica destrutiva é ruim. (N.A.)

- ☐ Boa demais
- ☐ Verdadeira demais
- ☐ Mal-intencionada demais
- ☐ Talentosa demais
- ☐ Rápida demais
- ☐ Complacente demais
- ☐ Arrogante demais
- ☐ Peculiar demais
- ☐ Invejosa demais
- ☐ Ultrajante demais
- ☐ Bem-sucedida demais
- ☐ Fora de moda demais
- ☐ Sensível demais
- ☐ Difícil demais
- ☐ Sensual demais
- ☐ Doente demais
- ☐ Dissimulada demais
- ☐ Cerebral demais
- ☐ ____________________
- ☐ ____________________
- ☐ ____________________
- ☐ ____________________

Parabéns! Aquelas dentre vocês que passaram a vida inteira sem se "encaixar" – inconformadas, desajustadas e insatisfeitas – argumentando, discordando, não cedendo; sem dissimular, sem se disfarçar, sem tentar agradar o mundo inteiro e sem reduzir sua própria importância, obtiveram sucesso em encontrar o caminho para algo (este livro) que celebra você e sua ousadia. Ser você mesma requer muita coragem e um alto nível de invencibilidade. E você alcançou a ambos!

Para quem ainda não conseguiu lidar com isso, bem-vinda do mesmo modo. Você está no caminho! Afinal, jamais pediríamos a você que se juntasse a nós apenas para "se adequar".

Pense por um momento sobre "encaixar-se". A quê? Refiro-me a um molde, uma percepção que alguém, ou um grupo de pessoas, decidiu como apropriado para você. Você conhece essas pessoas? Você respeita essas pessoas? Você quer imitar essas pessoas? Exatamente o que pensei. Não, não e não. E porque você se importa com a opinião delas? Ah, para obter sua aprovação! Talvez você queira repensar isso.

Você já reparou como a faixa de comportamento feminino aceitável é estreita? Claro que sim! Mulheres são:

- ambiciosas demais ou não o suficiente;
- agressivas demais ou não o suficiente;
- colaborativas demais ou autônomas demais;

- fortes demais ou fracas demais;
- masculinas demais ou femininas demais;
- "lado esquerdo do cérebro demais" ou "lado direito do cérebro demais";
- inteligentes demais ou burras demais;
- jovens demais ou velhas demais;
- assertivas demais ou complacentes demais;
- confiantes demais ou inseguras demais;
- ameaçadoras demais ou insossas demais;
- genéricas demais ou especificas demais;
- voltadas demais para os negócios ou voltadas demais para a família;
- detalhistas demais ou generalistas demais;
- direcionadas demais ou desinteressadas demais;
- sensatas demais ou sensíveis demais;
- ______________________________;
- ______________________________;
- ______________________________;
- ______________________________.

No ano passado tive o privilégio de falar durante um evento de capacitação de mulheres. Estávamos conversando sobre mulheres serem "demais" e uma das participantes deu um pulo em seu assento, com alegria, para compartilhar sua história. Terri era vice-presidente de um banco norte-americano, e após apenas um ano na organização, ela portava a maior carteira de clientes na instituição – a especialidade dela eram indivíduos de elevada renda. Ela contou que seu gerente recentemente conversara com ela e lhe dissera que ela era animada demais. Dá para imaginar? Em minha opinião, se ela estava quebrando recordes durante uma crise econômica, ele deveria ter lhe dado um carro ou alguns dias num cruzeiro, em vez de pedir que se acalmasse. Seria preciso perguntar a ele o que estava acontecendo na vida dele para que "animação" representasse um problema.

Claro, Terri não está sozinha! Em julho de 2007, a Catalyst* divulgou um estudo, "*The double-bind dilemma for women in leadership: damned if*

---

* Organização criada em 1962 cujo foco é a expansão das possibilidades femininas. Mais informações em www.catalyst.org/page/88/history. Site em inglês. (N.E.)

you do, doomed if you don't" [O dilema duplamente constrangedor das mulheres na liderança: condenada se fizer, sentenciada se não fizer], no qual são explorados os estereótipos do sexo na liderança corporativa. O estudo concluiu que independentemente do quanto as mulheres liderem, sempre disporão de opções limitadas, conflitantes e frequentemente desfavoráveis que as deixarão num dilema "duplamente constrangedor e sem possibilidade de sucesso". A Catalyst observou que:

1. As mulheres líderes nunca são vistas como "adequadas", ou seja, são muito tolerantes ou muito duras.
2. Espera-se que mulheres líderes satisfaçam padrões mais elevados do que os homens.
3. As mulheres líderes são vistas como competentes e rudes quando adotam uma liderança estereotipada masculina, e são consideradas carismáticas, mas desprovidas das valorizadas habilidades de liderança quando adotam um estilo estereotipado feminino.

Estes resultados demonstram a necessidade premente das mulheres em definir sua liderança a partir de sua perspectiva única.

> *Não precisamos liderar como homens. Não precisamos liderar como mulheres. Precisamos liderar como nós mesmas, e a única maneira de fazê-lo é sem tentar "encolher para se encaixar".*

Devemos ser quem somos de uma maneira que seja conveniente para nós e para as organizações a quem nos reportamos. Isso requer duas habilidades vitais e relacionadas: autoconfiança e convicção, as quais aumentam progressivamente com o tempo e a prática.

Existem dois requisitos para uma mulher se tornar invencível:

1. Não encolher para se encaixar
2. Progredir sempre, aprimorando quem você já é.

No quesito "não encolher para se encaixar", lembro-me de uma breve conversa entre minha mãe e eu sobre a que horas eu deveria chegar à casa de tia Rose para um feriado judaico. Disse à minha mãe que eu não estaria presente à confraternização naquele ano. Ela ficou horrorizada. "Você não vai?! Todos irão comentar!" Minha resposta a ela foi: "Todos vão falar de mim de qualquer jeito, independentemente do que eu faça. Se eu não for, pelo menos um de nós estará feliz". Ela disse: "Oh!"

Chega um momento na vida de toda mulher em que ela percebe que a escolha de como vai viver o resto de seus anos depende totalmente de sua visão e de suas preferências pessoais. Você chegou a este momento em sua vida.

A verdade? Você nunca, nunca, nunca vai se encaixar! E "isso é motivo de comemoração, não um pedido de desculpas". Você nunca fará ninguém completamente feliz: não é responsabilidade sua, é deles. Portanto, a única pessoa que pode ser absoluta e categoricamente feliz com quem você é, com o que faz, e com cada mínimo e delicioso detalhe sobre você, é você mesma!

Encaixar-se requer que nos humilhemos, concordemos, nos tornemos inautênticas e menos poderosas do que somos. Encaixar-se implica mudar alguns aspectos que nos esforçamos tanto para revelar apenas para que os outros não se sintam desconfortáveis ao comparar-se conosco (por sentirem-se diminuídos pela comparação). E se realmente conhecemos essas pessoas, e se é desejo delas que nos encolhamos para nos encaixar, então devemos nos perguntar se essas pessoas são, realmente, o tipo de amigos que deveríamos ter.

Basta dizer que para que nos encaixemos pedirão para abrirmos mão de uma parte preciosa de nós mesmas, aquela que passamos a maior parte da vida cultivando. Somos solicitadas a fazer isso para que outras pessoas não precisem expandir sua visão sobre si mesmas e sobre o mundo. Somos convocadas a fazê-lo para que outras pessoas não tenham de renovar suas próprias perspectivas. Somos induzidas a tomar esta atitude porque, em sua maior parte, as pessoas estão desmotivadas para o crescimento pessoal, e abandonar suas expectativas ultrapassadas lhes é muito difícil.

As pessoas que desejam mudar nosso modo de ser para se manterem confortáveis não estão confortáveis consigo mesmas, o que significa que, no minuto em que você mudar, elas irão querer que você mude novamente. Exaustivo! Repita comigo: *bye bye!*

Agora, o segundo ingrediente da nossa fórmula de invencibilidade é a parte fácil e divertida! Você deve relacionar tudo o que ama sobre si mesma, tudo pelo que é elogiada, que faz de você um sucesso e que a torna feliz e multiplicar por dez – torne-se efervescente sobre isso, porque você é tudo isso!

"Consiga mais sendo você mesma."
Nancy D. Solomon

Esta parte exige que você remexa profundamente seu baú pessoal e garimpe todas as joias às quais pode ter renunciado ao longo dos anos para satisfazer a todos, mas não a si mesma. Isso significa que você se tornará mais íntima de si mesma e mais comprometida com sua vida, e que terá mais escolha sobre seu impacto. Significa que você é perfeita exatamente como é, e que a única coisa que precisa fazer é permitir que o mundo descubra o segredo guardado em você. Prazer em conhecê-la!

CAUSE IMPACTO!

1. Em que área(s) de sua vida lhe disseram que você precisa "encolher para se encaixar" para adequar-se?
2. Existe um tópico frequente quando olha para a lista "demais" no começo deste ensaio?
3. O "*feedback*" é preciso e construtivo ou é reflexo de algo mais?
4. Como pode utilizar a sabedoria deste exercício para aumentar sua invencibilidade?
5. O que imagina que aconteceria se você se permitisse ser quem é o tempo todo?
6. Como poderia usar seu poder pessoal para mudar esta situação?

ENSAIO 16

EU NÃO ACREDITO QUE ELA FEZ ISSO!

Mulheres e relacionamentos

"CLARO QUE NÃO CONTEI A ELA.
NÃO QUERIA QUE ELA PENSASSE QUE SOU UMA INTROMETIDA."

"EU NÃO QUERIA MAGOÁ-LA."

"EU NÃO MENTI SOBRE O MOTIVO QUE A FEZ PERDER O CONTRATO.
APENAS OMITI PARTES DA HISTÓRIA, ASSIM ELA NÃO SE SENTIRIA MAL."

"QUE BEM FARIA CONTAR A ELA O QUE REALMENTE ACONTECEU?
DE QUALQUER MANEIRA NÃO HAVIA NADA QUE ELA PUDESSE FAZER A RESPEITO."

As mulheres são ótimas nos relacionamentos. Fim da história.

Ou será que não?

E se existisse um capitulo raramente lido que contasse uma história bastante diferente? Uma que tivesse uma interpretação desagradável, e uma conclusão menos familiar? E se aquela passagem não contada falasse de conluio, traição e fingimento? E se a boa impressão detalhasse as indiscrições dos mesmos relacionamentos aos quais somos famosas como protetoras?

Como terminaria a história, então?

O estereótipo é que os relacionamentos são a razão de ser das mulheres. Isso, entretanto, pressupõe incorretamente que nossa identidade seja sinônimo de relacionamento. Assim como "supostamente" queremos ter filhos, também supostamente somos ótimas em nos relacionar e conectar, assim como em amar, nutrir e cuidar. Ambos os sexos presumem que nós mulheres nos revelaremos publicamente gentis, atenciosas, compassivas e colaborativas.

Ignorando a convenção popular, é provável que o número de mulheres a quem tal descrição não se aplicaria seja igual àquele a quem ela se aplicaria. Todas conhecemos mulheres que podem ser traiçoeiras, condescendentes, ameaçadoras, repulsoras e maldosas; mulheres que, em sua escalada pela liderança, pisam naquelas que estão logo abaixo em vez de apoiá-las a subir também enquanto elas próprias sobem. Podemos imaginar por quê. Eu mesma já fiz parte do time que sofreu nas mãos de superiores mais de uma vez, e me senti mais desanimada e desiludida do que irritada ou aborrecida.

Também não é inédito para nós o uso pessoal dessas etiquetas, não é? Sejam elas merecidas ou não; quando nos apresentamos como fortes, poderosas, invencíveis e influentes, ou quando a autonomia supera a colaboração, e o "não" veta o "sim"; quando não nos encaixamos, ou escolhemos nos destacar, levantando a mão para o reconhecimento ou expondo nossa ambição. Quando fazemos qualquer coisa diferente do "comportamento feminino aceitável", a resposta de nossas pares é, inevitavelmente: "Eu não acredito que ela fez isso!" A exclamação delas significa uma de duas alternativas:

A. "Estou tão orgulhosa de você por quebrar o molde, estabelecendo um novo padrão para o resto de nós." Ou,
B. "Como ousa sair das fronteiras invisíveis e violar o acordo tácito entre as mulheres. Agora que você fez isso, outras esperarão que eu também seja excepcional."

O que nossas amigas não percebem é que foi mais difícil fazer do que assistir.

> *A razão pela qual esta dicotomia nos choca é o fato de nossa reputação para o relacionamento estar possivelmente em flagrante contraste com a realidade.*

Muitos dos traços de personalidade exaltados pela nossa cultura* são idênticos àqueles que atrapalham ou interferem em nossa busca pela liderança. O resultado final é que nossas ferramentas mais poderosas são transformadas

* A autora se refere à cultura norte-americana. (N.E.)

em nossas maiores armas. Assim como um bisturi é usado na sala de cirurgia para salvar vidas, um instrumento similar pode ser usado na rua para tirá-las. Vivenciamos a mesma "faca de dois gumes" em torno de questões delicadas pelas quais somos famosas. Nossas habilidades nos relacionamentos são extremamente benéficas para nos ajudar a desenvolver alianças de longo prazo, sustentáveis, que culminam em elevado impacto positivo e resultados mensuráveis – tornando-as, assim, uma ferramenta notável. Entretanto, essa fidelidade quase religiosa para com o relacionamento é o mesmo dispositivo que frustra nossos esforços de liderança.

A armadilha está no fato de que a expectativa que a sociedade desenvolve em torno de nosso papel nos relacionamentos é exatamente o que atravessa nosso caminho quando os riscos da liderança são maiores.

Como isso acontece? Pense em quão desafiador é dar um passo à frente, avançar ou declarar abertamente a própria opinião sem sequer suspeitar que os sentimentos de alguém possam estar em risco: impossível! Neste cenário, a dinâmica de relacionamento que, há pouco, contribuiu para a colaboração e a construção de uma equipe, agora transforma esta mesma habilidade em uma arma inconsciente nos impedindo de buscar as promoções ou posições de liderança para as quais nos preparamos.

"Você não pode fazer parte do grupo que quer liderar". De acordo com esta máxima, podemos fazer parte de um grupo e sermos consideradas colaboradoras ou nos elevar a uma posição de poder – que nos separaria do grupo – tornando-nos intrusas ou "outras". Alguém pode dizer que, desta maneira, o feitiço virou contra o feiticeiro.

Quero oferecer um exemplo que se repete diariamente em toda a área corporativa dos EUA e em pequenos negócios: um novo grupo de profissionais mulheres se une para trabalhar num projeto. Inicialmente, todas jogam limpo. Os relacionamentos são formados, as alianças são construídas, o fluxo de conversas se desenvolve e todo o grupo parece ser uma boa e grande família feliz. As mulheres se unem como SuperBonder® e se divertem com sua habilidade de "captar", entender umas às outras e agir de modo diferente (leia-se

– melhor, mais maduras, menos agressivas) do que os "caras" o fazem. Então, eis que, algumas crises (grandes ou pequenas, reais ou supostas) ocorrem e aumentam o potencial para que alguém tenha seus sentimentos feridos.

A situação pode envolver uma mulher assumindo a liderança sobre outra; uma promoção ou um rebaixamento; talvez alguém tenha perdido um cliente, se indisposto com ele ou até o desapontado, e assim cometeu o imperdoável erro de decepcionar o grupo. A culpada agora é considerada a "outra" ou "tóxica" porque ela teve a audácia de romper (involuntariamente ou não) o *status quo* e despedaçar a ilusão de que todo o grupo estava jogando muito bem junto.

Isso é incomum? Não. É um desafio? Sim. Alguém precisa dar a notícia devastadora de que o cofre foi violado, e que sentimentos desagradáveis vieram à tona. Ninguém, e quero dizer ninguém mesmo, quer esse trabalho.

> *Não existe uma mulher que tenha a coragem suficiente para apontar o dedo para outra, exigir prestação de contas e dizer palavras não tão agradáveis que farão ambas se sentirem bastante desconfortáveis. Pelo menos não em público.*

Aqui estão as possibilidades para essa situação:

A. ninguém diz nada e todo o grupo espera que a situação seja esquecida ou que a agressora perceba, de algum modo, por osmose, o erro que cometeu e peça desculpas antes de qualquer acusação;
B. todas falarão sobre essa mulher pelas suas costas, mas diante dela agirão como se nada tivesse acontecido. O resto do grupo irá, num momento posterior, observar coletivamente que é impossível acreditar que "ela nem mesmo percebeu o que fez". Neste ponto, a pobre mulher agora se torna socialmente rebaixada ao *status* "não é uma de nós" e está relegada à categoria de incorrigível. Ninguém irá nem mesmo almoçar com ela, exceto quando quiserem sugar alguma fofoca.
C. Ela é rebaixada, em tempo real.
D. Alguma alma corajosa toma seu partido e a coloca a par da situação.

> A mulher sofre a humilhação de saber que todas têm falado dela esse tempo todo, mas que ninguém estava disposta a lhe falar a verdade frente a frente. Esta mulher agora se sente desmoralizada, desvalorizada, minimizada, traída e envergonhada, sem possibilidade de recuperação. Ela deixa a organização e, ao redor do bebedouro, suas ex-colegas comentam que não entendem porque ela saiu ofendida.

Tenho testemunhado essa sequência de eventos inúmeras vezes, e tenho treinado mulheres que se encontram em ambos os lados. O resultado? Ninguém ganha. No final do dia, todos foram, desnecessariamente, expostos.

Na maioria dos casos, um pouco de coragem teria surtido mais efeito. Detalhes como quem seria a traidora ou a traída podem variar, mas o fato bastante consistente é a falta de habilidade ou de vontade de uma mulher dar um *feedback* pertinente, honesto e sem malícia a outra. Poucas mulheres estão dispostas a dizer a verdade quando se trata de dar uma notícia que irá, de alguma maneira, provocar sentimentos negativos, de infelicidade ou indesejáveis. Somos especialistas em dizer a coisa certa e agradável; em elogiar, reconhecer, reclamar e lamentar, desde que nada disso perturbe os sentimentos de ninguém. Algumas de nós somos peritas no comportamento passivo-agressivo.

Não é raro observar profissionais do sexo feminino que baseiam seu trabalho em conectividade, traindo a si mesmas em nome de alguns relacionamentos, enquanto se subjugam em outros. Essas mulheres com frequência não estão conscientes do que estão fazendo, e acabam com um enorme ressentimento contra aquelas "amigas" que testemunharam sua autodestruição e não fizeram nada para intervir. "Como pôde permitir que eu fizesse isso comigo mesma?"

Esse enfraquecimento epidêmico está matando nosso espírito feminino coletivo, depreciando nossas pretensões de liderança e nos tornando o pior tipo de hipócritas. Vemos nossas irmãs imitarem nosso comportamento e não dizemos nada porque "não queremos ferir seus sentimentos", ou, ainda mais abominável, nós o vemos, mas em nossos esforços para impedir seus progressos, nos agarramos firmemente aos nossos pensamentos. Que feio!

Então o que transparece quando os aspectos em que sobressaímos têm a dupla função de, ao mesmo tempo, nos deter e de suspender nosso poder pessoal?

Mas o que acontece quando nosso maior atributo se torna nossa maior responsabilidade? Quando a maior vantagem de nossa melhor ferramenta fere nosso poder, transformando-se em uma arma sinistra?

Nada de bom, posso afirmar.

⌘ ⌘ ⌘

Quando as qualidades que se tornaram sinônimo de mulheres líderes são as mesmas que, inconscientemente, usamos para nos enfraquecer, involuntariamente nos desqualificamos para os papéis que buscamos. Então nos pegamos imaginando porque não estamos recebendo o reconhecimento devido ou porque estamos estagnadas em nossa carreira e em nossa vida.

Para abraçarmos nossa própria integridade, devemos nos familiarizar intimamente com a maneira como usamos, abusamos ou fazemos uso indevido de nossas habilidades de relacionamento, e com o modo como isso influencia nossa habilidade de impactar o mundo de maneira poderosa e com sucesso. Devemos cuidadosamente investigar maneiras de preservar nossos relacionamentos sem nos tornarmos capachos. Precisamos aprender a falar nossa verdade sem pretensas fraquezas ou artifícios. Talvez, ainda que mais difícil, devamos aprender a falar alto e claro por nós mesmas, acreditando que nossas colegas farão o mesmo.

Quando reduzimos nosso poder para que alguém se sinta confortável, ou quando diluímos ou alteramos nossas opiniões por medo de represálias, estamos, em essência, "brincando de Deus".

Manipular as circunstâncias (por omissão ou concessão) de modo que os outros não tenham de lidar com seus potenciais sentimentos conduz à ideia de que acreditamos que essas pessoas não são capazes de lidar com eles. Em última análise essa atitude diz: "Eu crio minha própria realidade, mas não confio em sua capacidade para criar a sua. Como receio que você não consiga lidar com seus sentimentos, altero a situação para você não ter de lidar com a verdade." Este é um primo bem distante da invencibilidade que merecemos, e do impacto positivo do qual podemos nos orgulhar.

Clichês à parte, somos guardiãs das nossas relações. Esse dom traz uma responsabilidade: a verdade. O impacto é produzido a partir do nosso relacionamento com nós mesmas. Somos nossa personalidade. Nossa reputação se refere ao que os outros pensam de nós. Não queremos, realmente, contribuir para disseminar uma imagem negativa do que significa ser uma mulher, queremos? Realmente não desejamos viver o tipo de situação em que nos perceberíamos dizendo: "Não posso acreditar que eu disse isso!", queremos?

CAUSE IMPACTO!

1. Se você tivesse de mudar algo sobre como se relaciona com outras mulheres, o que seria?
    - *Como isso alteraria a maneira como você impacta seus relacionamentos?*
    - *Como isso alteraria a maneira como os relacionamentos a impactam?*

2. De que maneiras poderia ajudar outras mulheres a subir a escada corporativa dentro de sua organização?
3. Quais relações estratégicas precisa cultivar em sua organização?
4. Como uma possível orientação proporcionada por você às mulheres que a seguem impactaria positivamente sua organização?
    - *Como isso impactaria você?*

ENSAIO 17

SUA MENDIGA INTERIOR

Dinheiro e poder

Há rumores de que você e eu temos um medo mortal de nos tornarmos mendigas.

Pare de rir. Claro, nós já sabíamos disso! Eu me incluo entre as muitas mulheres financeiramente esclarecidas, educadas, influentes e profissionais que abrigam essa mesma inquietação. Nós a mantemos em um lugar secreto, bem ao lado da nossa síndrome do impostor. (Trata-se de uma conversa paralela.) Vivemos esse medo a cada dia de nossa vida, não é? E antes que se tornasse nosso era o medo de nossas mães, e das mães delas.

É um gasto curioso de energia, você não acha? Aqui estamos nós, preparadas para ter bebês, negociar contratos, colaborar com nossos colegas, crescer em postos de liderança, gerenciar grandes equipes, e – no fim do dia – lavar aquela última trouxa de roupa suja. Nós fazemos essas coisas sem hesitação ou ambivalência.

> *No entanto, quando se trata de finanças pessoais, muitas de nós nos percebemos sem respirar, mergulhadas em uma piscina de medo.*

Nós nos corroemos. Reabrimos cicatrizes. Sofremos. Postergamos. Evitamos. Negamos. Fazemos qualquer coisa, menos administrar nosso dinheiro. Uma advogada outro dia me disse que, talvez, apenas dez por cento de suas clientes do sexo feminino estejam financeiramente preparadas para deixar sua família numa situação segura caso venham a falecer. Isso não é bom!

⌘ ⌘ ⌘

Em 2006, a Allianz North America, uma companhia de seguros de vida, encomendou um estudo intitulado "The Allianz women, money and power" [As mulheres da Allianz, o dinheiro e o poder] em uma tentativa de compreender a relação única que nós mulheres temos com nossas finanças. Aqui está o que eles descobriram:

- 48% das mulheres que ganham 100 mil dólares ou mais por ano temem se tornar mendigas;
- 46% de todas as mulheres temem se tornar mendigas;
- 90% de todas as mulheres se sentem financeiramente inseguras;
- 3% do conteúdo editorial das revistas femininas é dedicado ao tema finanças pessoais.

Uau! Cinquenta por cento das mulheres está mortalmente apavorada com a ideia de, em algum momento, descobrir seus bolsos vazios – e de que não terão um meio para enchê-los novamente. Sabemos que isso é um pensamento irracional. Sabemos que somos pessoalmente poderosas e que se já conseguimos empregos, compramos uma casa, ou qualquer outra coisa antes, então somos capazes de consegui-los novamente. No entanto, ainda nos recolhemos à noite temendo o pensamento de acordar sem dinheiro, sem casa e sem poder.

O estudo da Allianz revelou que nossa ansiedade se deve a um significante número de influências sociais. Por exemplo:

- as mulheres vivem quase um terço de sua vida durante a aposentadoria;
- as mulheres não podem mais contar com o Seguro Social;
- as mulheres vivem, em média, sete anos mais do que os homens;
- as projeções da taxa de divórcio excedem cinquenta por cento;
- falta às mulheres educação financeira (poucos pais investem tempo ensinando independência financeira às suas filhas – dezoito por cento das mães e quatro por cento dos pais o fazem).

Cada uma dessas preocupações culturais é gerada pela confiança financeira que as mulheres depositam nas mãos "do homem de sua vida", seja ele seu marido, seu pai ou até mesmo o governo.

Existem muitos fatores que impedem as mulheres de assumir sua total responsabilidade financeira e a de suas famílias. Obrigações familiares mais extensas, bem como salários desiguais estão no topo de uma lista muito longa. Esses desafios continuam a ser endereçados às mulheres.

Essas condições sociais, entretanto, não impedem que você tome as medidas ao seu alcance para ser a guardiã de suas finanças. Sua renda anual pode não dispor de seis dígitos, mas talvez você possa reservar mensalmente alguma porcentagem de seu salário. Talvez você não possa confiar na Previdência, mas isso não significa que não possa confiar em si mesma. Talvez sua família tenha falhado em lhe proporcionar uma educação financeira, mas ao ler estas palavras você pode perceber que é perfeitamente capaz de preencher as lacunas do seu aprendizado.

⌘ ⌘ ⌘

A legitimidade e o impacto das conclusões deste estudo são inegáveis. Mas elas não representam toda a história. As questões são muito mais profundas e orgânicas do que esses fatores sociológicos podem sugerir. Por mais válidos que sejam, esses pontos são sintomas de um fenômeno mais sistêmico e abrangente: a relação que as mulheres têm com seu poder pessoal.

Dinheiro é poder. Entretanto, os elos dessa corrente podem não estar conectados: você pode ser poderosa e não ter dinheiro. Você também pode ter montes de dinheiro e não ser influente. Independentemente de você e eu concordarmos com esse paradigma, ele é um fato global da vida.

Você já se perguntou por que tantas mulheres têm um relacionamento complicado, emocionalmente saturado com suas finanças? Exatamente pelas mesmas razões que lutamos incessantemente com nosso poder pessoal (ver Ensaio 24).

Você vai avançar muito em direção a tornar-se invencível quando completar o exercício sobre dinheiro e poder no Quadro 17.1. Olhe para uma coluna de cada vez, (comece com dinheiro) e tique o quadro que melhor a descreve. Depois faça o mesmo com a coluna do poder pessoal (ocultando a coluna do dinheiro com um marcador de livros). Use seu instinto e não pense sobre as afirmações ou em sua resposta sobre elas.

- Que padrão você vê com o dinheiro? E com o seu poder pessoal?
- O que o padrão diz sobre você mesma?
- Sua relação com um, ou com ambos, é estável, sólida e confiável?
- Ele muda de direção o tempo todo dependendo do que está acontecendo?
- Que impacto esse padrão tem em sua vida e na sua carreira?
- O que você gostaria de mudar?
- Como este impacto mudará sua vida?

"O QUE FAZEMOS COM NOSSO DINHEIRO É O QUE FAZEMOS COM NOSSO PODER."

NANCY D. SOLOMON

Quadro 17.1 Dinheiro e poder pessoal.

	Dinheiro	Poder pessoal
Eu o tenho intermitentemente.		
Eu invejo quem o tem.		
Eu o desperdiço.		
Eu o utilizo mal ou abuso dele.		
Eu tenho limites saudáveis em torno dele.		
Eu gasto mais do que guardo.		
Comparo o meu com o dos outros.		
Eu deixo outros o tirarem de mim.		
Eu o guardo, gastando o mínimo possível.		
Parece que não consigo segurá-lo.		

As implicações? Se você quer viver sua aposentadoria em grande conforto, se quer um casamento saudável, se quer ser autossuficiente – qualquer coisa que quiser está vinculado à relação essencial que você tem consigo mesma e com seu poder pessoal. É aí que reside o segredo para banir para sempre aquela mendiga que vive dentro da sua cabeça.

Precisamos prometer a nós mesmas que estas explicações não poderão ser transformadas em desculpas para nosso comportamento – apenas porque um estudo relata que nos sentimos ameaçadas pela possibilidade de nos tornarmos mendigas, não implica que temos de nos sentar e deixar nossa vida nos levar. Esse estudo deve ser percebido como um alerta, um verdadeiro boletim que indica onde precisamos centrar nossos recursos emocionais e mentais. Vamos usá-lo desta maneira.

Assim que tomamos consciência de que usamos essas explicações para nos esconder – fingir que não somos autenticamente tão poderosas quanto realmente somos –, essas "razões" são transformadas em mecanismos que diminuem nosso poder, nosso propósito e nossa paixão. E, nesse ponto, elas são apenas justificativas pouco convincentes para não causarmos um impacto positivo.

Não implementamos as condições culturais ou os estereótipos com os quais fomos criadas. Entretanto, somos responsáveis por perpetuá-los. Nenhuma de nós pode mudar todas as situações da própria vida; mas realmente temos controle sobre nossas reações a essas situações. Ao reforçarmos nossa ligação com nosso poder intrínseco, os mesmos fatores, descobertos no estudo da Allianz, podem continuar a nos influenciar, mas reagiremos a eles e nos comportaremos diferentemente como resultado de admitirmos nosso poder.

> *Este é o lado mais violento da questão e o lado mais violento de todos os problemas que enfrentamos:* ***admitir nosso poder pessoal equipa-nos para causarmos um impacto positivo em nossa vida e no mundo.***

Mesmo a mais periférica visão das mulheres na sociedade mostra que as meninas – que irão se tornar mulheres que participam de estudos como o da Allianz –, ainda são criadas sob o mito do príncipe encantado. A maioria de nós continua a ser doutrinada sob a ideia de que se formos bastante pacientes, magras, complacentes, e sexys, ______________________________, *ele*, finalmente, aparecerá.

Quando seu cavaleiro chegar, pode ser que esteja dilacerado e em farrapos. Talvez tenha uma ideia controversa com relação a fidelidade, um problema com bebida ou seja viciado em tóxicos. É possível que tenha superado quatro casamentos, o que, coitado, não deixou-lhe tempo ou energia para arrumar um emprego. Não importa, ele preenche a exigência mais básica, mesmo que sua armadura esteja manchada ou inexista: ele está respirando. E dadas as alternativas – que você será totalmente reponsável por sua própria saúde financeira – ele parece extremamente bom.

Barbara Stanny escreveu vários livros importantes sobre esse assunto. Meus favoritos são: *The secrets of six-figure women: surprise strategies to up your earnings and change your life* (HarperCollins, 2002) [O segredo da mulher de seis dígitos: estratégias surpresa para aumentar seus ganhos e mudar sua vida] e Prince Charming isn't coming: how women get smart about money (Penguin, 2007) [O príncipe encantado não virá: como as mulheres tornam-se espertas sobre o dinheiro].

Humor e sarcasmo à parte, cada uma de vocês que lê essas palavras já experimentou sua própria versão da história ou conhece uma mulher muito próxima que a experimenta. Temos sido induzidas a olhar ao nosso redor a fim de encontrarmos nosso valor. Muito do nosso mérito é calculado pelas aparências, pela imagem que apresentamos ao mundo; o parceiro com quem estamos; a casa em que vivemos; o carro que dirigimos; nossa descrição do trabalho; ____________________; e todos os outros assuntos relacionados à impressão que nossa vida transmite. Nota: Embora esta seja uma conversa sobre dinheiro e poder, quero enfatizar que nossa saúde e nossos amigos determinam nossa riqueza, não o saldo de nossa conta-corrente. Eu sei que já sabemos disso, mas um lembrete gentil é sempre bom.

Você está tão atônita quanto eu sobre o fato de apenas três por cento do conteúdo editorial das revistas femininas serem dedicados a finanças pessoais? Isso significa que dedicamos mais tempo a aprender como depilar com cera, puxar com pinça e tingir nossos cabelos do que planejando os 33% de nossa vida que viveremos com a aposentadoria. Isso demonstra que gastamos mais tempo procurando descobrir como lidar com nosso amante, nosso chefe, nossa mãe e nossos filhos do que buscando uma solução para sair do vermelho no cheque especial.

O mais alarmante é que, apesar de nosso "brado feminista", continuamos levando nossos dez reais diretamente à banca de jornal onde compramos a literatura que perpetua os estereótipos femininos negativos, nos adverte sobre questões ambientais – como o odor desagradável das axilas – e, ao mesmo tempo, nos lembra de que podemos ter tudo. Fim da conversa fiada.

⌘ ⌘ ⌘

Então, qual é a dinâmica estimulada por este foco externo, ao repudiar nosso poder pessoal?

Essa é a GRANDE questão!

Pensamos que a quantidade de dinheiro que ganhamos, economizamos ou gastamos apareceu magicamente em nossa vida sem nosso envolvimento. Alguém ou algo o entregou em nossa porta. Qual é a consequência infeliz de internalizar este conceito?

> *Se não estamos cientes de nosso papel nisso – se não somos responsáveis pelo que "magicamente" apareceu em nossa vida – então essas coisas podem facilmente desaparecer também sem a nossa participação.*

Em outras palavras: se nós não "possuímos" o poder que criou o dinheiro, então não nos sentimos responsáveis por ele. (Pense: valorizamos mais um *workshop* de desenvolvimento pessoal quando pagamos por ele). Se não sentimos nenhuma responsabilidade relacionada ao ganho do dinheiro, então também não temos nada a ver com seu desaparecimento. E *voilà* – nos tornamos mendigas!

Eu lhe garanto que somos muito menos propensas a sucumbir ao *status* de mendigas quando construímos nossa riqueza interior – os recursos internos de que precisamos para termos plenos poderes. Ler este livro é um passo poderoso nesta direção. Fazer os exercícios do final de cada ensaio ajudará você a internalizar essa sabedoria. Aqui estão algumas ideias práticas, de forma abreviada, para ajudá-la a efetuar alguns depósitos em sua conta de invencibilidade:

- Cerque-se de pessoas que já disponham do que você deseja. Neste caso, saúde financeira e liberdade. Faça perguntas que lhe trarão força para capacitar-se. Se você não sabe que perguntas são essas, pergunte a seus novos amigos quais perguntas eles fizeram a si mesmos. Tome nota cuidadosamente.
- Você aprendeu a dançar salsa, a cantar e a costurar, isso significa que você é esperta o suficiente para aprender a ler um balanço e uma demonstração de lucros e perdas. Acredite, é mais fácil do que conviver com seus parentes. Você definitivamente pode lidar com isso!
- Já que não é mais segredo o fato de muitas mulheres terem uma relação menos do que ideal com o dinheiro, muitos recursos fabulosos se tornaram disponíveis. Livros, aulas e seminários irão ensiná-la e ajudá-la a construir uma nova rede de amigos financeiramente astutos. Minha sugestão? Presenteie-se com um exemplar do livro de Mikelann Valterra (diretor fundador do Women's Earning Institute), *Why women earn less: how to make what you're really worth* (Career Press, 2004) [Porque as mulheres ganham menos: como ganhar o quanto você realmente vale]. Veja bem, isso é poder pessoal!
- O seu patrimônio líquido não é a sua autoestima. Sua autoestima vale muito mais que qualquer número em sua conta bancária. Faça um inventário pessoal de suas crenças, valores e objetivos com o mesmo entusiasmo que você tem para comprar sapatos *on-line* ou pedir comida chinesa para o jantar. Então, descubra uma estratégia mais concreta do que apenas esperar que sua situação financeira se resolva.
- Você já alcançou algo grandioso. Você já se esqueceu de mais sucessos do que pode se lembrar, e embora seus amigos realmente sejam a sua riqueza, seria bom você ter meios para levá-los em um cruzeiro ao redor do mundo. Você é o que você pensa. Concentre-se em escassez e você a criará. Concentre-se em seus objetivos financeiros, e você os ultrapassará em tempo recorde.

- Repita este mantra de capacitação pessoal até não precisar mais: "Para algo acontecer, depende apenas de mim".

> Lá se vão os dias em que você duvidava de sua capacidade de manifestar qualquer coisa além de problemas. Durante esses momentos, lembre-se: "Você não é o seu problema."
>
> Nancy D. Solomon

Periodicamente, você terá recaídas em que se verá num vestido sujo, calçando meias enroladas no tornozelo e empurrando um velho carrinho de compras abarrotado de papelões – este carrinho está estacionado em seu cérebro e o desafia a mandá-lo embora. Faça isso!

P.S.: O estudo da Allianz descobriu que a maioria dos homens acha mulheres financeiramente seguras muito sexys. Isso poderia ser uma motivação, senhoras!

CAUSE IMPACTO!

1. Como uma mudança entre o seu relacionamento com o dinheiro e o seu poder pessoal transformará o modo como você impacta o mundo?
2. De que maneiras seu relacionamento com o dinheiro impacta sua capacidade de fazer seu trabalho?
3. De que modo seu trabalho (remunerado ou voluntário) contribui para e reforça suas crenças sobre seu poder pessoal?
4. Se você estivesse motivada para melhorar sua autoestima, como precisaria alterar sua relação com suas finanças?

ENSAIO 18

A VIDA É MUITO CURTA PARA OPTAR POR SAPATOS FEIOS

Depressão e ansiedade

Alcoolismo, abuso de drogas, violência doméstica, depressão e ansiedade.

Não mais apenas nas ruas, mas na baia ao lado da sua, no escritório. Observando a cultura do trabalho através de lentes puramente estatísticas, somente uma conclusão pode ser tirada: não estamos indo muito bem. Sinais de perigo pessoal estão estampados em todas as paredes das pequenas empresas e das grandes corporações: a mais comum e dispendiosa de todas é a depressão[1] Sim, a mesma doença que enviou alguém que você conhece para a cama por semanas também está causando devastação na mão de obra dos EUA e do mundo todo.

Em 2003, o Journal of Clinical Psychiatry (Periódico de Psiquiatria Clínica) estimou que o custo anual gerado pela depressão nos Estados Unidos chegava a 83,1 bilhões de dólares, dos quais 51,5 bilhões estavam relacionados à perda de produtividade no trabalho – não em absentismo, mas em presença. Funcionários podem apresentar-se fisicamente no trabalho, mas estão tão falidos emocional e espiritualmente que não apenas fracassam em ganhar seus salários, mas exigem um tributo apenas por estarem lá. Estes são provavelmente os "ativamente desengajados", como identificados pela Organização Gallup. Você conhece essas pessoas: ela aparecem para trabalhar, deslizam despercebidos pelo dia, recebem seus salários e se retiram no momento em que o sino toca.

É provável que estejam tão entorpecidos que mal estejam tolerando a própria vida.

---

[1] Tanto a depressão clínica quanto a ansiedade são doenças graves que podem exigir intervenção médica e/ou psicológica. Se você sentir uma ou outra, ou se não tem certeza da natureza do seu mal-estar, então o mais correto a fazer é procurar imediatamente seu profissional de saúde preferido e descobrir o que está acontecendo e o que você pode fazer a respeito. (N.A.)

Entretanto, a situação é demasiadamente simplificada quando a mão de obra é meramente segregada ao *status* de comprometida ou descomprometida. O local de trabalho é um microcosmo do mundo em geral, onde as pessoas tomam cada uma de suas decisões a partir de um dos dois pontos de vista distintos (ainda que igualmente poderosos): fugir da dor (quarenta por cento) ou entregar-se ao prazer (quarenta por cento). (Vinte por cento oscilam entre ambos.)

Analise o estudo da Universidade da Flórida citado no Ensaio 33; a pesquisa concluiu, inquestionavelmente, que as pessoas estão, em muitos níveis, em busca de experiências emocionais específicas.

Torna-se então bastante evidente que os comprometidos fizeram escolhas de vida para se entregar ao prazer, enquanto seus colegas descomprometidos têm consistentemente procurado escapar da dor.

Pessoas comprometidas que procuram desenvolver seu próprio poder, não estão fugindo do que não desejam, mas correndo em direção a uma paixão e um propósito. Existe reciprocidade entre ambos os grupos, como dentro de qualquer sistema. Ou seja, o comprometido impacta o descomprometido, e vice-versa. Essa reciprocidade cria mais emoções – oh, meu Deus, não há nenhuma maneira de evitar esse negócio de sentimento, há?

Se até mesmo as trocas emotivas superficiais levam as pessoas a se contorcerem em seus sapatos, podemos imaginar as bolhas criadas pela presença da depressão em ambientes como uma sala de conferências. Não é o objetivo deste ensaio examinar microscopicamente os múltiplos fatores que servem de base para a depressão, mas afirmar o óbvio, que a depressão realmente existe em seu negócio, e que ela cobra um tributo emocional e financeiro de sua psique.

A depressão, no sentido espiritual da palavra, pode ser comparada a uma cafeteira francesa. Quando você pressiona o êmbolo, o pó de café é comprimido no fundo da cafeteira enquanto o líquido filtrado se eleva por todos os lados da jarra. Da mesma maneira, quando o seu íntimo – sua mais profunda essência – está sufocado ou reprimido, a depressão é a emoção que surge por todos os seus lados para mostrar que você não está dando liberdade de expressão ao seu espírito.

Considere o seguinte: é muito menos provável que você fique deprimida se estiver fazendo algo congruente com o seu propósito de vida – o que, por sua vez, estimula a paixão dentro de você.

Vale a pena mencionar que, por uma infinidade de razões, as mulheres experimentam e/ou relatam uma incidência muito maior de depressão do que os homens, e essas mesmas mulheres constituem mais da metade da força de trabalho norte-americana. Isso nos faz retornar à história da Super Software Company. Como passei mais tempo com mulheres como as que encontrei naquele retiro (ver Ensaio 11), descobri que, embora grande porcentagem delas seja diagnosticada como deprimida, muitas estão sofrendo de um caso grave de "cafeteira francesa", que se traduz em: a vida tem uma aparência ótima mas é bastante complexo lidar com ela.*

⌘ ⌘ ⌘

A ansiedade é a discrepância entre o desejo de nossa mente e o bem maior de Deus para conosco. É o espaço entre o que o ego exige e o que o coração necessita. Quanto maior a lacuna entre os dois, maior o fluxo de ansiedade. A ansiedade pode ser comparada a um detector de fumaça – você deseja que o alarme do detector soe bem antes que o fogo esteja fora de controle. Da mesma maneira, a ansiedade é a linguagem que nosso corpo utiliza para nos informar que nada está tranquilo, calmo ou bem em nosso mundo – que algo que estamos fazendo ou pensando é contraproducente ao nosso propósito, à nossa intenção ou ao nosso próprio sustento.

Conheci poucas pessoas incontrolavelmente ansiosas e que viviam seu propósito ao mesmo tempo. Quando vivemos no propósito usamos os dons e

---

* A autora se refere aos diversos passos necessários para se fazer café em uma cafeteira francesa, o que se traduz num sistema totalmente oposto ao de uma cafeteira automática. (N.E.)

talentos que nos foram dados por Deus e experimentamos o entusiasmo. O entusiasmo é o antídoto do coração para a ansiedade.

A maioria das pessoas experimenta algum grau de ansiedade todos os dias. Podemos ficar ansiosos quando estamos atrasados para uma reunião, quando não estamos preparados para tal reunião, ao sabermos que nossa diretoria participará da reunião e quando existem cinquenta outras coisa que gostaríamos de fazer em vez de comparecer à reunião.

A ansiedade espiritual resulta de estarmos fora do propósito e, portanto, de estarmos impotentes.

Volte atrás no tempo um momento, quando você podia estar meditando mas em vez disso estava limpando o fogão; quando sentiu sua sabedoria interior pedindo que escrevesse em seu diário, mas em vez disso decidiu ligar para uma amiga; ou quando você ouviu claramente a mensagem para fazer uma coisa e, evitando-a, fez outra. Todos esses casos poderiam ter produzido ansiedade em você. Por quê? Porque seus instintos, sua luz maior, sabiam que aquelas inspirações serviriam mais para o seu "bem maior" do que aquilo o que você de fato fez. *Voilà*! A ansiedade, que pode ser comparada ao *software* antivírus de seu computador, a informa, de antemão, que há algo mais a ser descoberto.

Talvez você esteja se perguntando o que a depressão e a ansiedade têm a ver com o impacto, a invisibilidade e a invencibilidade. Eles estão incrivelmente entrelaçados! Pense sobre o seguinte:

- a depressão é um sintoma de se estar fora do propósito;
- a depressão nos leva a sair do propósito;
- quando estamos deprimidos nos sentimos invisíveis;
- quando estamos deprimidos somos incapazes de criar impacto positivo;
- a ansiedade é um sinal de que o impacto está ao nosso alcance;
- a ansiedade é um sinal de que nossa invencibilidade ainda é uma opção.

Se você estiver no jardim, poderá encontrar nele algumas ervas daninhas. Qual a mensagem aqui? Se você deseja impacto, poderá ter alguns encontros desagradáveis com seu ego, com a depressão e com a ansiedade.

Estas são apenas circunstâncias. Você tem depressão. Você não é a depressão. Você tem ansiedade. Você não é a ansiedade. "Você não é o seu problema." Trata-se apenas de mais um mero aspecto dos zilhões de outras coisas acontecendo em sua vida agora. Nós escolhemos como caminhamos ao longo de nossa vida. Como você quer caminhar na sua?

CAUSE IMPACTO!

1. Pense num tempo, num momento em sua carreira, quando você se sentiu deprimida. Que impacto aquela situação causou em sua capacidade de fazer seu trabalho?
2. Essa fase deprimida foi desencadeada por algo que ocorreu no seu trabalho, em sua carreira?
3. Como lidou com esses sentimentos?
   - *Existiu uma correlação entre o modo como se sentiu e o que estava fazendo?*

4. O que você aprendeu sobre si mesma?
   - *Como pode aplicar essa sabedoria em sua vida na próxima vez que se sentir fora de seu propósito e não tão feliz quanto gostaria?*

PARTE IV

O QUE FORTALECE O IMPACTO?

ENSAIO 19

DEZ QUILATES

Garimpando seus tesouros

Se você ler apenas um capítulo deste livro, que seja este.

Alguma vez você já se perguntou por que algumas mulheres são bem-sucedidas e outras não? Ser bem-sucedida, é claro, refere-se a conseguir o que se quer, em seus termos, se possível, em seu tempo. Se um cargo avançado fazia parte de sua visão e você o atingiu, então você é bem-sucedida. Se conseguir uma determinada renda era o seu objetivo e você o alcançou, então você é bem-sucedida. Se você quis deixar para trás o seu trabalho de alto nível e ficar em casa para cuidar das crianças e você conseguiu fazer isso, então você é bem-sucedida.

O que eu descobri, para ser honesta, é que a maioria das pessoas pode ser classificada em dois grupos bem definidos: aqueles que estão conseguindo fazer o que se propõem e aqueles que estão falando sobre como conseguirão fazê-lo; as pessoas que buscam o sucesso e as que estão esperando o sucesso acontecer. Só existe uma diferença entre os dois grupos – a permissão. Mulheres bem-sucedidas são as que "fazem" porque se permitem ser poderosas. Elas se autorizaram a se destacar, a abandonar o comportamento de manada, a viver com o desconforto e lutar contra o medo que acompanha a coragem.

> *A permissão é o componente vital necessário para o alcance de qualquer meta em sua vida profissional e pessoal.*

Independentemente do grupo com o qual se identifique hoje, você pode ter certeza de que em algum momento você fez algo que a classificou como bem-sucedida. Você lembra de alguma vez em que se permitiu desligar-se do ruído ambiente, sentar-se calmamente consigo mesma e prestar atenção à voz suave oriunda do seu íntimo, para deixar que sua sabedoria a guiasse ao seu próximo sucesso?

- O que aconteceu imediatamente antes desse momento?
- Você estava esgotada com a situação que vivia?
- As coisas estavam muito difíceis?
- A vida estava mais complicada do que você poderia suportar?
- Você fez essa mudança segundo a sugestão de outra pessoa?

Saber as respostas para estas questões irá fornecer-lhe uma dica de como você faz a transição de fase para fase em sua vida; use esta fórmula da próxima vez que vivenciar um estágio de transformação em sua evolução.

Quer saber o segredo mais bem guardado de uma mulher bem-sucedida? Mulheres que vivem poderosamente não são necessariamente mais talentosas que as do outro grupo. Elas não possuem capacidades maiores ou QIs mais elevados (verdade seja dita, às vezes, as verdadeiramente espertas desconsideram sua própria magnitude, optando pelo lógico, o racional e o prático). Elas não são mais ambiciosas que as mulheres do outro grupo. Elas não são mais bonitas, mais magras, mais ricas, politicamente mais experientes ou mais sofisticadas que as do outro grupo. O único fator que as diferencia é que elas estão "agindo"; elas se permitiram fazer tudo o que planejaram. Custe o que custar!

Mulheres que "agem" vivem a vida de maneira desembaraçada e confiante, e isso, por si só, representa uma das maiores conquistas femininas.

Nós nos permitimos ocupar espaço, abandonar o abrigo da invisibilidade e caminhar livremente por aí. Nós nos permitimos ser vistas, ouvidas e celebradas: ser nós mesmas! Defendemos nosso inalienável direito de perguntar aos outros e a nós mesmas questões difíceis; especialmente as mais profundas, que nos ajudam a crescer e evoluir. Assumimos nosso direito de usar os dons que nos foram dados; e, naturalmente, acreditamos que os outros valorizarão o impacto desses dons no mundo. Somos como um Golden Retriever,* que simplesmente assume que ficamos sempre felizes em vê-lo (e realmente ficamos).

O interessante é que talvez nem estejamos particularmente sintonizadas no fator permissão; durante a maior parte do tempo, nem percebemos que nos concedemos permissão até que estejamos bem longe na estrada ou até que outra pessoa nos mostre. Laurie, do Ensaio #6, sabia que dar permissão a si mesma acarretaria trocar sua identidade corporativa por fraldas e noites sem dormir. Ela falava sobre isso com frequência, e conscientemente desmontava as crenças que lhe tolhiam a permissão para fazer sua ousada escolha.

PERMISSÃO. "PORQUE A VIDA NOS TRATA COMO A TRATAMOS."

NANCY D. SOLOMON

Para realizarmos o potencial de nosso propósito de vida, precisamos colocar nossas velhas crenças em quarentena. Essas antigas amigas são como chinelos esfarrapados; não queremos nos livrar deles porque possuem a forma de nossos pés, nos apoiaram pelo caminho e, embora gastos e esfarrapados, seu formato nos é familiar, portanto, são muito confortáveis.

Pode parecer esquisito transgredir as normas culturais que herdamos.

Quando nos permitimos "baixar nossa versão mais recente" nos percebemos, repentinamente, independentes, sem qualquer modelo a seguir, fazendo coisas que, segundo as pessoas que nos amam muito, não poderíamos ou não deveríamos fazer. Sem mencionar o fato de ainda estarmos cercadas de mulheres que não necessariamente veem aquelas velhas normas como um problema.

As mulheres que estão "agindo" lidam com as mesmas questões que todas as demais; apenas não permitem que suas questões dominem sua vida, porque sabem que são mais poderosas que suas dúvidas.

* Raça canina, com pelos longos e dourados, cuja amabilidade para com as pessoas é um de seus maiores atributos. (N.E.)

É nosso direito e nossa responsabilidade nos permitirmos viver nossa vida em propósito, deixando pelo caminho as pegadas de nosso impacto. Este é criado conforme abrimos nosso baú de tesouros e convidamos cada joia que está dentro de nós a sair; a tornar-se tão grande, audaciosa e atrevida quanto ousarmos (pense: dez quilates).

CAUSE IMPACTO!

1. O que você quer pertimir a si mesma?
   - *Há quanto tempo o quer?*
   - *O que a está impedindo?*
   - *Quais de suas crenças a estão impedindo?*
   - *Quem seria seu herói nisso?*

2. Quem você considera um modelo de "autopermissão"?
   - *O que ela(e) estabeleceu para atingir tal meta?*
   - *Qual foi o maior desafio que essa pessoa enfrentou?*
   - *De que modo você se parece como ela(e)?*

ENSAIO 20

BLÁ-BLÁ-BLÁ

Fazendo

Maçante, conversa fiada.

Apesar de muitas pessoas terem potencial para realizar algo considerável, cujo impacto seja mensurável, há muito mais gente falando sobre isso do que realmente fazendo algo a respeito. Chamemos a esses dois grupos contrastantes de "Os Fazedores" e os "Blá-blá-blá", certo?

Um dia eu estava conversando com um colega britânico sobre esse assunto. Em voz alta ele se perguntava por que os norte-americanos gastam tanto tempo e energia em conversas sobre seus projetos em vez de concluir esses mesmos projetos. Sou testemunha do notável volume de trabalho de qualidade que ele produz diariamente, e fiquei intrigada com sua habilidade de falar sobre ele, realizá-lo e seguir em frente para a próxima etapa.

Falar é fácil. Muito fácil.

Olhando de fora, a vida de Jonathan parece muito diferente da minha, o que tornou conveniente, não muito adiante em nossa conversa, que eu mentalmente arrumasse desculpas para ele se sentir tão realizado, e eu, tão exausta.

Mais de uma vez observei que, enquanto ele trabalha em seus projetos eu penso demais sobre os meus. Um exemplo disso? Pensei sobre escrever este livro por cinco anos; eu o escrevi em três meses.

Falar não é um comprometimento. Agir é.

Nota: Poucas mulheres se encontram rigorosamente na categoria "Fazedores" ou na "Blá-blá-blá". Na verdade, alternamos entre as duas durante toda a nossa vida: como tudo o mais, nossos potenciais se contraem e se expandem, e embora tenham um ponto de estabilização, estão sujeitos a mudanças mediante nossa intervenção.

Há uma infinidade de razões para não conseguirmos transformar nossas ideias brilhantes, nosso capital intelectual, em itens tangíveis e de valor e em lucro financeiro. As duas maiores são, previsivelmente, o medo (noventa por cento) e o tempo adequado (dez por cento).

Todo o mundo experimenta o medo. Os medos dos amigos "Fazedores" são idênticos aos dos "Blá-blá-blá". E a quantidade de medo tampouco varia entre os grupos. Eu sei, eu sei, todos conhecemos pessoas que se dizem destemidas. Meu setor está saturado deles. Existem dúzias de livros nas prateleiras declarando que deveríamos viver uma vida sem medo, que não mais deveríamos sentir medo ou que precisamos banir o medo de nossa vida de uma vez por todas. Blá-blá-blá, blá-blá-blá e blá-blá-blá...

"SE ALGUÉM LHE DISSER QUE NÃO TEM MEDO DE NADA,
ESTÁ MENTINDO PARA SI MESMO E PARA VOCÊ."
NANCY D. SOLOMON

Esses livros foram escritos por pessoas que se utilizaram da fórmula pré-estabelecidas "Se eu disser isso de modo bastante acertivo e seguro, qualquer tolo acreditará em mim." Não é apenas impossível banir o medo de sua vida, também não é desejável que isso ocorra. Fazer isso – caso fosse realmente possível – seria como retirar as pilhas do detector de fumaça de sua casa. O medo é um indicador de uma das seguintes alternativas: ou há um urso fazendo você subir em uma árvore, ou você está explorando seus próprios limites. Quanto à primeira, parabéns por você estar viva para ler isso. No que diz respeito à segunda possibilidade, parabéns por estar disposta a seguir seu propósito e sua paixão, mesmo sem dispor de um mapa desse território desconhecido.

Aqui está o acordo: se você está viva aproveite a vida! O medo faz parte do seu caminho, não se separa dele. Uma das crenças que mais desamparam o seu propósito de vida, o seu entusiasmo e a permissão que dá a si mesma para causar impacto verdadeiro é que o medo indica que algo não está certo. Não, não, não, não. Este, absolutamente, não é o caso. Se você estiver vivendo sob seu propósito, você terá medo. A verdade é que não se pode viver o próprio propósito sem sentir medo. Por quê? Porque o medo é a indicação de que você está vivendo grandes experiências, mudando as marchas, fora da zona de conforto, em sua zona de rendimento, experimentando alegria. Você sabia que seu corpo sente as experiências de medo e de excitação quase que identicamente? É verdade. Taquicardia, sudorese, respiração rápida e superficial e boca seca, para citar alguns sinais.

Se você está comprometida a viver uma vida plena, rica e impactante, acostume-se com a ideia de que a realidade não será sempre tranquila, centrada e leve – você pode encontrar medos. Aprenda a apreciá-lo ou, pelo menos, aprecie a ação que o medo provoca em sua vida.

Sim, todos podemos nos beneficiar de uma perspectiva positiva; sim, podemos administrar nossos medos; sim, podemos aprender a usar nossos medos de maneira produtiva. Mas essa é uma outra história, diferente de quando alguém lhe diz que você não deve sentir qualquer receio.

> *Hoje é um ótimo dia para desistir da ideia, de uma vez por todas, de que pessoas corajosas, poderosas e invencíveis não possuem o gene do medo. Descartar esse pensamento tornará sua vida infinitamente melhor.*

Agora que você sepultou definitivamente a ideia de que é a única pessoa no mundo que sente um medo paralisante, vamos dar uma olhada no que diferencia "Fazedores" de "Blá-blá-blás."

"Os Fazedores" sentem o medo em sua mente e em seu corpo quando ele surge. Ele, sem duvida, se torna parte do seu processo de tomada de decisão; mas constitui apenas um dos muitos fatores que os "Fazedores" consideram antes de tomarem uma decisão final.

"Os Blá-blá-blá" percebem o medo da mesma maneira, exceto por duas questões:

1. O medo torna-se o fator decisivo de suas ações, obscurecendo todos os outros.
2. O medo se ancora em suas identidades, tornando-se parte delas.

O real fator de diferenciação entre os dois grupos, a distinção mais significativa, se resume a uma pequena letra:

E.

"Os Fazedores" dominam o uso da conjunção *e*:

- eles sentem o medo e fazem o que precisam fazer;
- eles veem os obstáculos e veem as oportunidades;
- eles reconhecem suas limitações e se dispõem a descobrir maneiras de trabalhá-las ou de superá-las;
- eles são íntimos de seus pontos fortes e de suas fraquezas;
- ______________________________;
- ______________________________;
- ______________________________.

Seus colegas, "Os Blá-blá-blá", dominam o uso de outra conjunção:

MAS.

- Eu quero começar meu próprio negócio, mas eu não sei como;
- eu realmente gostaria de obter aquela promoção, mas eu sou muito tímida para pedi-la;
- eu sairia com ele, mas eu me machuquei da última vez;
- eu pouparia para comprar uma casa nova, mas é muito dinheiro;
- ______________________________;
- ______________________________;
- ______________________________.

Percebeu o que acontece? Você sentiu o que acontece? Usar a conjunção "e" escancara as portas da possibilidade. Ela parece otimista, alegre, excitante e desafiadora. "E" é a palavra da descoberta, da criatividade e da curiosidade. Sua própria energia assume que onde há vontade há um caminho. "E" assume que, mesmo que não saibamos como, temos certeza de que faremos.

Na direção oposta encontramos o pobre e patético "mas". Uma palavra igualmente pequena, mas que carrega em si um significado totalmente diferente. "Mas" fecha as portas com uma batida. "Mas" está encharcado de desculpas. "Mas" não é apenas precaução, é pessimismo. O acordo é fechado e recusado antes mesmo de ser explorado. Ela neutraliza tudo diante de nós. "Mas" pode ser fatal.

Você está se perguntando como pode integrar essa teoria em sua vida, em termos concretos, que irão produzir resultados animadores? Finjamos que você esteja pensando seriamente em dar o salto mental para deixar de fazer parte dos "Blá-blá-blá" e integrar-se aos "Fazedores". A primeira coisa a fazer para inspirá-la à ação é estabelecer a conexão entre sua cabeça e seu coração. Traduzindo, você deseja identificar o significado deste projeto ou ideia (o componente mental – sua cabeça) que está murmurando em seu espírito (os componentes espirituais e emocionais – seu coração). Qual é a relação deste projeto com seu propósito de vida? O que ele de fato será quando "estiver concluído"?

Estas questões práticas, no final, irão se tornar um hábito para você.

Reveja a Figura 6.1, O ciclo do impacto, no Ensaio 6, ou faça o exercício abaixo. Esquematize sua ideia ou projeto preenchendo os cinco passos.

Experiência:____

Emoções:____

Deus:____

Propósito de vida:__________________________________

Impacto:____

O exercício anterior lhe fornecerá uma imagem precisa de como esse projeto se relaciona, ou não, com seu propósito de vida. De qualquer maneira, sua vida se tornará muito mais fácil. Se a ideia não se conectar com seu propósito de vida, livre-se dela. Se perceber congruência entre o projeto e seu propósito de vida, você tem uma dúzia de razões para tirar o pé do freio e pisar no acelerador. Nota: Encontre a velocidade ideal para você.

CAUSE IMPACTO!

1. Que desculpas você usa para não "fazer"?
   - *Que medo surge quando você pensa em "fazer"?*

2. O que realizou em sua vida somente depois de muitos e muitos anos de adiamento?
   - *O que a incentivou a dar seus primeiros passos para realizar tal feito?*

3. Como os seus medos agem sobre você em seu trabalho?
4. O que você poderia fazer para diminuir seu medo e aumentar seu impacto?

ENSAIO 21

O "EU" EM INVENCÍVEL

Responsabilidade pessoal

Editor: Não podemos usar esse titulo. Invisível e invencível não são termos paralelos.

Eu: O que é um termo paralelo?

Editor: Termos opostos; mas o oposto de invisível é visível.

Eu: Ah, mas eles são opostos! Ser invisível significa que nos sentimos impotentes, que somos tratadas como se fôssemos impotentes ou ambos. Isso significa que somos consideradas tão superficialmente que ninguém nem mesmo nos vê. Invisível implica não fazer qualquer diferença no mundo; que não temos nenhum impacto. Nós nem mesmo existimos! Puf!

Editor: Continue.

Eu: Ser invencível significa que nada em nosso caminho será intransponível. Significa que somos indomáveis; que nosso espírito persistirá, independentemente dos obstáculos que enfrentarmos. Significa que somos poderosas e incapazes de aceitar a derrota; que possuímos essência; que temos consciência de que somos dignas e merecedoras do nosso lugar no mundo, e que podemos causar impacto!

Editor: Está certo. Vamos usá-lo.

⌘ ⌘ ⌘

A empresária, editora e autora Helen Gurley Brown[1] prestou um grande desserviço a nós, da geração *baby boom,** ao nos dizer que podíamos ter tudo,

---

[1] Para quem nunca ouviu falar de H. G. B., deixe-me dizer duas coisas: você provavelmente ainda não tem 40 anos; ela é a fundadora da revista Cosmopolitan. (N.A.)

* Refere-se à geração estadunidense nascida no período pós Segunda Guerra Mundial, quando ocorreu um aumento significativo da natalidade nos Estados Unidos. (N.E.)

pois não destacou que não poderíamos ter tudo ao mesmo tempo. Existem hoje cerca de quarenta milhões de mulheres correndo de um lado para outro com um livro de culinária em uma mão, a demonstração de lucros e perdas na outra, e freneticamente procurando mascarar o fato de que nossa garota interior se sente como um joguete.

Fato #1: Você é um sucesso. A palavra "fracasso" e o seu nome nunca pertencem à mesma frase. Geralmente não obtemos sucesso em coisas que, para início de conversa, não deveríamos estar fazendo (porque não pertencem a nós), ou para as quais precisamos treinar (porque fazem parte de nossa trajetória). Você alcançou mais sucesso do que pode imaginar. Cerque-se apenas de pessoas que percebem sua perfeição e comemore o impacto que causa nelas! Para sua informação: você não pode obter sucesso em algo e manter-se invencível.

Fato #2: Embora você possa ter tudo, não pode ter tudo ao mesmo tempo. Talvez você queira treinar para uma maratona, aprender a falar italiano, substituir seu assistente, terminar aquele *scrapbook*, organizar seu escritório, criar uma rede de contatos que sustente suas vendas, descobrir por que seus suflês murcham quando você os tira do forno. Mas você não pode fazer tudo isso em um único dia. Nem que fosse a Mulher Maravilha – a quem, tenho certeza, você superaria. Você pode ser invencível e não querer tudo; independentemente do que "tudo" signifique para você.

Invencibilidade não implica nunca sentir-se oprimida; nem sugere que você jamais terá resultados inesperados ou que sua meia-calça nunca rasgará antes de uma apresentação importante. Também não indica que todo o mundo gostará de você; na verdade, algumas pessoas provavelmente se sentirão intimidadas ao seu redor. Isso nem mesmo sugere que você não terá dias em que se sentirá invisível. Não significa, de modo algum, que situações tristes não acontecerão, que você nunca falhará, e que, em alguns momentos, não sentirá vontade de desistir porque a vida se tornou "difícil demais".

Ser invencível significa que você lidará com qualquer situação que se apresentar em sua vida, de maneira determinada e poderosa, mesmo que não se sinta assim. Você pode não conseguir responder a todas as perguntas que surgirem à sua frente, mas sabe que as respostas aparecerão quando chegar a hora.

Sabemos que a vida nos apresentará situações para as quais ainda não estamos qualificadas para lidar. Entretanto, estamos certas de que, embora não saibamos o que fazer agora, em algum momento saberemos. Se as questões forem suficientemente importantes para nós, encontraremos respostas para elas.

Ser invencível significa ser cem por cento responsável pela própria vida. Isso significa que reconhecemos cada coisa importante que nos acontece como "nossa" – pois sabemos que, em algum nível, todas estão a serviço de nosso "bem maior". A tarefa é descobrir a que elas se referem, para extrairmos delas sabedoria a fim de cumprir nosso propósito de vida e de criar impacto positivo. Isso é um princípio universal inequívoco.

Se tivéssemos um clube apenas para membros, esta seria a nossa carta patente:

1. Confiamos em nós mesmas (como regra, mas com exceções).
2. Temos ciência de nosso valor e nos recusamos a abrir mão dele (exceto quando nos esquecemos, mas temos ótimas amigas para nos lembrar).
3. Vivemos nossos valores (exceto quando os esquecemos, e então nos autocorrigimos).
4. Não subestimamos quem somos nem o que fazemos (idem ao nº 2)
5. Estamos cientes de que fazemos a diferença (exceto nos momentos em que não acreditamos nisso).
6. Estamos empenhadas em sermos cada vez mais nós mesmas – sem exceção.

A invencibilidade é um estilo de vida, um modo de ser no mundo. Sua mágica reside na possibilidade que temos de abrir mão do manto de invisibilidade e escolher nos mostrar invencíveis em nossa vida a qualquer momento, em um instante! Como tudo na vida, ser invencível é uma escolha.

Algo para refletir: antes de tomar uma decisão importante, que exija a consideração de seu propósito, de seu poder e de sua paixão, faça a si mesma a seguinte pergunta:

"ESTOU FUGINDO DA MINHA INVISIBILIDADE
OU ESTOU CORRENDO EM DIREÇÃO À MINHA INVENCIBILIDADE?"

NANCY D. SOLOMON

CAUSE IMPACTO!

1. Como você demonstra sua invencibilidade em seu trabalho?
   - *Descreva um evento que parecia tão improvável, tão potencialmente desastroso que estava certa de que ele a arruinaria, mas não o permitiu.*
2. Como isso impactou sua organização?
3. O que você aprendeu sobre si mesma e sobre sua capacidade de contribuir?
4. Como você pode transferir esse aprendizado para sua vida pessoal?

Não importa como foi sua infância...
Não importa o que aconteceu a você...
Não importa quantos quilos extra carregue...
Não importa a educação que recebeu...
Não importa o quão indigna se imagine...
Não importa quantos cabelos brancos tenha...
Não importa quantas vezes seu coração tenha sido quebrado...
Não importa quantas vezes você tenha se sentido invisível...

Você é:
Uma mulher poderosa...
Uma mulher vibrante...
Uma mulher confiável...
Uma mulher bonita...
Uma mulher que merece carinho e amor...
Uma mulher cuja voz é digna de ser ouvida...
Uma mulher que faz a diferença...
Uma mulher invencível.

⌘ ⌘ ⌘

Seja percebida
Seja ouvida
Seja elogiada
Seja você mesma

ENSAIO 22

ALGUM DIA ALGUÉM FARÁ ALGO

Usando o seu potencial

Potencial é uma "palavra-mola": sua simples menção desencadeia medo ou inspira à ação; ela nunca se mantém neutra.

Potência – raiz da palavra potencial – faz referência a grande poder, autoridade ou influência. Adicione uma letrinha – "l" – e, curiosamente, potencial se torna uma versão diluída da sua raiz. Potencial significa possibilidade, aptidão, habilidade latente ou capacidade. Potência é definitivo; potencial é passivo.

"Potencial" fala da promessa de nosso propósito de vida sem defini-lo. É a matéria-prima com a qual nascemos, e representa nossas maiores possibilidades. É o presente ainda embrulhado; nossa capacidade e nossa função como ser humano; mas não é o verdadeiro objetivo que buscamos.

Como um carro sem motor, nosso potencial nos parece atraente, nos provoca com a fantasia de até onde eventualmente pode nos levar. Sem um motor funcionando, entretanto, esse carro permanecerá permanentemente na garagem. Do mesmo modo, nosso potencial se mantém inerte até que propositalmente o ativemos. Se não lhe dermos total atenção, não há garantia de que ele magicamente se tornará algo significativo. Nosso potencial não vem com um manual de instruções; cabe a cada um de nós, de maneira única e consciente, encontrar os próprios ingredientes e criar com eles uma obra prima particular. Ou não.

É lamentável que algumas pessoas com grande potencial levem vidas sem inspiração, enquanto outras, com inícios medíocres, maximizam cada oportunidade e levam uma vida muito mais excepcional do que sua ascendência teria indicado. Porque isso acontece?

> *Nosso potencial é a matéria-prima.*
> *Nosso impacto é o que criamos com ela.*

O potencial em si não é nada. A decisão sobre ativá-lo ou não consiste uma de nossas maiores escolhas, pois, de qualquer modo, haverá um impacto. Diferentemente de um plano de telefonia celular, no qual podemos agregar minutos, não conseguimos transferir qualquer porção não utilizada de nosso potencial para uma próxima vida. Isso é uma forma suave de dizer: "Seu tempo está acabando – faça uma escolha antes que não tenha mais escolha a fazer."

"Você tem tanto potencial" é, normalmente, um eufemismo para: "Você não está utilizando o seu potencial" ou "Se você não começar a usar um pouco do seu potencial, você será despedida!"

Frequentemente nos apaixonamos por alguém ou algo com potencial – um novo trabalho, por exemplo. Somos atraídos por aquela possibilidade; não pela pessoa ou situação como se apresenta naquele momento. Se a possibilidade não se torna realidade, tendemos a nos decepcionar, desiludir e desanimar.

⌘ ⌘ ⌘

É inspirador saber que, além de nosso potencial ser ilimitado em quantidade e qualidade, sua data de validade não expira até nosso último dia de vida, o que significa que nunca é tarde demais para transformar nosso "e se" em "é isso". Milhares de pessoas lamentam sobre algum sonho, desejo, esperança ou plano não realizado, permanentemente armazenado em sua mente e coração porque se sentiram velhos demais para executá-los. Elas alegam que "perderam o barco". E daí? Pegue o próximo.

- Tarde demais para aquele *hobby*? Você disse isso há dez anos.
- Velha demais para começar seu próprio negócio? Quem disse esse absurdo?
- Velha demais para voltar para a escola e conseguir aquele diploma que tanto sonha? Não até que você esteja morta.
- Muita velha para ter um filho? Adote.
- Muito tarde para aquela promoção? Preencha os requisitos agora, assim você estará pronta na próxima oportunidade.
- Muito tarde para escrever aquele livro? O mundo precisa da sua experiência.

- Muito tarde para o amor? Nunca!
- ______________________________
- ______________________________

Dara Torres é a primeira nadadora estadunidense a competir em cinco jogos olímpicos – ao longo de vinte e quatro anos. Ela é o membro mais antigo da equipe de natação dos Jogos Olímpicos, e é a primeira mulher na história, de mais de 40 anos, a nadar nos jogos. Ela tem um crédito de doze medalhas olímpicas, e tinha 41 anos quando competiu nas Olímpiadas de 2008, em Beijing, na China. Seu último comentário antes de reivindicar sua medalha final foi: "Você não precisa colocar um limite de idade nos seus sonhos". Acredite em Dara!

Se você quiser tornar sua idade a sua desculpa, então ela será. Se você quiser que o seu sexo, sua situação financeira, sua família ou qualquer outra circunstância seja uma desculpa, ela será. No momento em que você decide que algo é um problema para você, ele se torna exatamente isso.

Que desculpas você usa para não conseguir o que quer?

- Tenho medo de fracassar.
- As pessoas vão achar que sou idiota por tentar isso.
- Eu não tenho dinheiro.
- Sou velha demais.
- Meus pais esperavam muito pouco de mim.
- Não sou madura o suficiente.
- Não sou muito boa nisso.
- Não há tempo suficiente.
- Eu o farei assim que...
- Estou ocupada demais.
- Sou preguiçosa.
- Não pagam o suficiente.
- Tenho medo.
- Sou uma perdedora.
- Sou boa demais.

- Suponha que não dê certo.
- Eu não tenho o que é necessário.
- Sou um fracasso.
- E se ninguém gostar de mim?
- Não consigo o apoio de que preciso.
- E se todo o mundo gostar de mim?
- Nunca me ocorreu perguntar.
- E se eu descobrir que eu sou uma pessoa realmente péssima?
- Ninguém me disse que eu podia.
- Já foi feito antes.
- Minha irmã já fez isso
- E se não for o que eu "deveria" estar fazendo.
- Se eu fizer isso meus amigos irão se sentir mal.
- Tenho medo de abandonar o que conheço.
- Sou gorda demais.
- Suponha que funcione, então terei de fazer outra coisa – isso é ótimo.
- Não sou o suficiente.
- E se eu tento e falho?
- É difícil demais.
- As pessoas vão me achar arrogante.
- Não sou suficientemente bonita.
- E se eu for bem-sucedida e então meus amigos não gostarem de mim?
- Todo o mundo vai pensar que sou melhor do que sou na verdade.
- Minha professora do quarto ano disse que eu nunca seria ninguém.
- Meus pais esperavam muito de mim.
- Eu não tenho um mentor.
- Eu não sei.
- ______________________________.
- ______________________________.
- ______________________________.

Nota: Todos fazemos isso enquanto prosseguimos. Nós atribuímos significado às coisas e às situações através das lentes de nossa experiência e de nossas crenças. Podemos olhar para nossa vida como se tivéssemos falhado em algo, ou como se tivéssemos falhado em fazer algo. Você pode considerar a interpretação que a fará sentir-se melhor sobre si mesma.

Tique os itens que iluminam seus passos e a fazem sorrir:

- ☐ Não será ótimo quando eu for bem-sucedida nisso?
- ☐ As pessoas admirarão minha coragem por fazer isso.
- ☐ Sou suficientemente jovem para ir atrás de cada um de meus sonhos.
- ☐ Isso será um ótimo próximo passo assim que conseguir a experiência de que preciso.
- ☐ Este é o momento perfeito para experimentar isso em minha vida.
- ☐ Estou refletindo bastante sobre os meios para conseguir fundos.
- ☐ Tenho todo o apoio de que preciso. Se precisar de mais, posso pedir.
- ☐ Isso é uma real prioridade para mim, então estou arrumando tempo para fazê-lo.
- ☐ Quem sou eu para não fazer isso?
- ☐ ______________________________
- ☐ ______________________________

Agora, após ter marcado as alternativas, pare por alguns instantes e perceba-se: o que você está pensando? Como se sente agora?

Sim, é fácil encarar Dara Torres como uma exceção à regra, porque, francamente, ela é. Mas você também o é! Transfira o esforço que está despendendo no concurso "Ela é melhor do que eu" para celebrar o fato de você ter potencial: apenas não decidiu o que quer fazer dele – ainda!

O ponto decisivo é que aqueles que estão utilizando seus potenciais tomaram a decisão de ignorar seus medos (de não serem bons o suficiente, de estarem sozinhos, de não terem recursos etc.), de minimizar suas limitações e maximizar aquilo de que são feitos. Repense aquelas limitações em seu potencial e descubra se elas são reais ou se você está tomando para si as limitações que herdou de outros.

> *A dúvida é contagiosa, assim como o medo. Você pode mudar de amigos tão facilmente quanto de opinião.*

Todos nós, em algum momento de nossa vida pessoal ou profissional, avaliamos nosso potencial de acordo com algum objetivo não realizado. Então, nos retiramos a um canto, tremendo de medo, ou entramos em ação, aproveitando a oportunidade para nos iluminar como uma árvore de Natal.

O que acontece quando as pessoas não usam seus potenciais? Novamente, existem dois grupos distintos: aqueles que os reconhecem e escolhem não exercê-los, e aqueles que nem mesmo se incomodam em saber de sua existência. Estes últimos não estão lendo este livro, o que torna a discussão sobre eles irrelevante. Os primeiros são os que sabem que têm potencial mas, até agora, escolheram permitir que ele se mantenha adormecido. Essas mulheres têm alguns métodos incomuns para se descartar. Geralmente elas irão:

- definhar na mediocridade;
- culpar os outros por seu fracasso em ser bem-sucedida;
- desenvolver hábitos autodestrutivos como uma desculpa para não ir em frente;
- tornar-se deprimidas;
- sonhar acordadas sobre como será um dia;
- ler dezenas de livros de autoajuda;
- falar sobre como sua vida poderia ter sido;
- arrumar muito suas mesas;
- frequentar todos os seminários sobre "Como usar o seu potencial";
- torturar-se por não ter coragem de se mostrar em sua própria vida.

Este grupo do "eu tenho mas não uso" é a mesma população que comprou 14 milhões de dólares em livros de autoajuda no ano passado. Eu estimaria que 85% daqueles livros nunca foram lidos; e, se foram, o chamado para a ação nunca foi executado. Você tem uma pilha de livros *best-sellers* de desenvolvimento pessoal e empresarial, a maioria dos quais nunca foi lido? Junte-se à multidão! E este livro vai estar no topo da pilha? Espero que não! Suponho que você esteja lendo este livro porque queira viver de maneira mais invencível e que seu potencial esteja esperando para ser ativado. Este cenário a está deixando infeliz, não é?

Não há nada que prejudique mais sua autoestima que fazer a si mesma uma promessa que não irá cumprir – nada. Cada vez que você compra um desses livros – incluindo este aqui –, assiste a um desses seminários e jura que desta vez será diferente, e então não é, você se decepciona consigo mesma e sua autoestima submerge.

> *Algum dia é **hoje**. Alguém é **você**. Algo é a **sua paixão**.*

Em contrapartida, quando aceitamos os desafios que nos são impostos, quando mantemos nosso compromisso em relação a nós mesmos (e, subsequentemente, com os outros), nossa autoestima aumenta notavelmente como um reflexo de nossas realizações. Essa é uma parte considerável da razão porque escrever nossos objetivos (e os verificar) aumenta tão dramaticamente nossas chances de sucesso (Ver Ensaio 8).

Há reciprocidade entre o nosso potencial e a nossa autoestima. Isso requer uma avaliação da autoestima para transformar potencial em desempenho. Feito isso, sua autoestima aumentará; o que incentiva você a transformar mais do seu potencial em desempenho. E o ciclo continua, até que você percebe que sua vida está se assemelhando muito mais ao seu sonho do que jamais esteve.

Uma conexão de dependência é criada quando falamos sobre o que iremos fazer "um dia". Lembro-me de uma vez me observar à distância ao falar sobre escrever um livro. Eu pensei comigo mesma, "Pareço uma viciada. Eu vou abandonar as drogas. Sim, eu vou. Dessa vez eu realmente vou. Estou cheia delas!" Exceto que minhas palavras na verdade eram: "Eu realmente vou escrever aquele livro. Ah, sim, eu vou. Desta vez estou comprometida. Desta vez é diferente. Desta vez eu realmente me decidi." Cuco! (Se você alguma vez já foi viciada em alguma coisa então sabe exatamente como eu me sentia.) Acho que meus amigos estavam tão envergonhados de mim como eu estava de mim mesma.

Como podemos ignificar nosso potencial? Como transformamos aquela tentação em algo que podemos provar? Isso começa com a escolha consciente de fazê-lo. No momento em que decidimos que estamos prontos para tirar o pé do freio e transformar algumas daquelas matérias-primas em produto final, mandamos um sinal para o universo. "Alerta vermelho. Alerta vermelho. Ela está prestes a fazer uma jogada. Todos a seus postos!"

> *Nosso potencial é como uma roupa num manequim em uma vitrine: nós a observamos, a admiramos à distância, invejamos quem a possui e gostaríamos de tê-la. Bem, nós podemos! Somente precisamos ir até a loja quando ela estiver aberta e nos dispormos a pagar quando chegarmos lá.*

À medida que você esclarece sua intenção e a combina com cada pouquinho de foco e poder pessoal dentro de você, o caminho começa a se abrir. Seu único trabalho neste ponto será dar passos de bebê na direção em que você já está indo. Se você já andou a cavalo, então sabe que ele caminha na direção que você está olhando, independentemente do que o resto do seu corpo esteja sinalizando. O mesmo vale para a sua vida. Então, olhe para onde está indo, veja o fim a partir do início, e dê um passo.

1. Meu desejo é:______________________________
2. Até (data):______________________________
3. Tenho medo de/do:______________________________
4. A verdade é: ______________________________
5. Os dons que eu tenho para apoiar isso são: ______________
6. Se eu não estivesse com medo eu iria: ______________
7. O que eu preciso para fazer isso é: ______________
8. As pessoas que me ajudarão são: ______________
9. O primeiro passo que preciso dar é: ______________
10. Como me sentirei quando eu o fizer:______________

Não nos seria dado potencial, visão ou sonhos, sem que também não fôssemos dotados de talentos para realizá-los. Em outras palavras, se você sonhou, você possui cada coisinha necessária para "fazer acontecer". Nosso potencial é apenas o combustível para o nosso propósito de vida. Nossa imaginação é o agente ignitor daquele combustível. Quando honramos nosso potencial, ou o estimulamos, ou o persuadimos, ou o encorajamos, ele sinaliza respeito e autoestima. E você, minha amiga, merece tudo isso!

CAUSE IMPACTO!

1. Muitas vezes você olhou ao redor em sua organização e pensou sobre todas as coisas maravilhosamente inovadoras que você poderia fazer. Anote uma ideia para transformar esse potencial em desempenho.
2. Qual é o dissuasor mais significativo para a efetivação da sua visão?
3. Se estiver minimizando sua capacidade de realizar os sonhos em sua vida profissional, como isso está impactando sua visão de vida pessoal?

ENSAIO 23

EU NÃO PRECISO DE PERMISSÃO! PRECISO?

Autopermissão

"Permissão? Você deve estar brincando. *Hello*, este é o século XXI! Eu sou uma mulher independente; tenho minha própria casa; tenho uma carreira espetacular; provejo minha família excepcionalmente bem; tenho todas as provas de que me realizei; não preciso pedir nada a ninguém em nenhum momento; e, certamente, não preciso pedir permissão a ninguém."

Provoquei você? Você está balançando a cabeça em concordância? Você está coçando a cabeça, confusa?

Ótimo, então vamos dar uma olhada nisso juntas. Muitas mulheres se arrepiam com a palavra "permissão" (eu sou uma delas). Para nós, mulheres poderosas, corajosas, bem-sucedidas, feministas ou que têm sistematicamente saltado por cima das traves que levantamos para nós mesmas, aquela palavra ruidosamente anuncia que retornamos aos anos 1950. E não se trata de uma imagem bonita nem daquela que tínhamos em mente quando, meticulosamente, desenhamos nossas vidas, não é?

Nós, do tipo autossuficientes, achamos a noção de pedir permissão tão absurda quando insultante. O simples som da palavra "permissão" deposita um peso repugnante sobre nossos ombros, nos lembrando de que ainda lutamos com as mesmas malditas questões com as quais nossas mães lidaram.

Nossa linguagem reflete nossa cultura, nossas crenças, nosso *status* social, nosso gênero sexual e nossa idade. Ela nos revela e evolui como nós. A permissão tem sido, historicamente, apenas uma palavra. Não é grande coisa.

> *Nos dias de hoje? É como uma mola de compressão! Uma palavra proferida por alguém rude ou politicamente incorreto; sugerir que as mulheres precisam de permissão não é apenas grosseiro, mas um acinte.*

Testemunhei muitas mulheres normalmente profissionais, articuladas e brilhantes se inflamarem quando as palavras "permissão" e "mulheres" foram dispostas em uma mesma frase.

Essa combinação tem o poder de desencadear nossas dúvidas, nossos receios e nossas inseguranças.

Ela pode nos lembrar de que há pouco tempo éramos propriedade de alguém, que não tínhamos o direito de votar, que nossa existência precisava ser validada por um homem e que frequentemente pagávamos por nossa liberdade com nossas vidas (tanto literal como figurativamente).

⌘ ⌘ ⌘

A "vida com permissão" era centrada no outro. A sobrevivência ditava que as mulheres simplesmente tinham de assumir qualquer poder, que fosse, na melhor das hipóteses, diluído e transitório. Aquele tempo era, e ainda é, patriarcal, em todas as suas manifestações. Perdoem-me o lugar-comum, mas, até recentemente, nos ofereciam uma esmola – não uma mão para nos erguer –, que nos mantinha numa posição inferior. Em sua forma mais nobre, ela se parecia com caridade, na pior das hipóteses, algo debilitante.

Quando temos de pedir permissão a alguém (por comida, abrigo, dinheiro, educação, para socializar, para estar empregado etc.), percebemos que essa pessoa exerce poder sobre nós. Isso emite: ele têm; eu não. Este "outro" está em posição de nos conduzir a fazer algo, que pode ou não ser contra nossa vontade. Isso significa que nossas escolhas nos foram tiradas ou, igualmente desmoralizante, que tínhamos de (ou achávamos que tínhamos de) perdê-las – ambos os casos inferem que somos incapazes de autodeterminação. Em uma palavra, isso é "tolice".

Estar incapacitada por forças externas, entretanto, não é a principal preocupação de mulheres que trabalham para reabilitar a própria vida e aumentar seu impacto. O que esculpe a dor mais intensa em nossa alma é saber que nós mesmas as provocamos, não os outros.

Não estou culpando as mulheres por nossa situação atual: esse roteiro estava em voga muito antes do nosso nascimento. O que estou fazendo é examinar o tema, para que você possa transformar permanentemente o impacto dele sobre você; definitivamente, uma prioridade máxima se sua intenção é viver de maneira invencível.

> *O grande segredo de precisar da permissão de alguém além da nossa própria é que, para isso, temos de abandonar a nós mesmas no processo. Isso mesmo: abandonar.*

Sempre que sucumbimos para satisfazer nossas necessidades (porque não temos escolha ou porque pensamos que não temos escolha), precisamos abandonar nossa essência.

Você provavelmente está se perguntando como essa dinâmica termina, não é? A maioria de nós é totalmente capaz de satisfazer as próprias necessidades sozinha se tiver ao seu dispor as ferramentas e a oportunidade para fazê-lo. Não é assim? Mas aí entra o dilema: embora saibamos que temos o poder pessoal para cuidar amplamente de nós mesmas, nem sempre nos sentimos no direito de exercer tal poder. O conflito entre dispor da ferramenta mas não da permissão (de nós mesmas ou de outra pessoa) para usá-la cria uma insuportável tensão interna (e normalmente resulta em desamparo). Administramos esta batalha interna nos desconectando de nosso espírito, de nossa alma e de nossa essência, minimizando assim a dissonância. Em outras palavras, um de nossos fusíveis se queima e então sofremos uma queda de energia pessoal que desconecta nossa cabeça de nosso coração. Sim, isso temporariamente nos permite funcionar normalmente, mas, infelizmente, não nos leva à felicidade eterna.

Em essência, as mulheres das gerações anteriores tiveram de fingir (conscientemente ou não) que eram menos do que os homens – menos inteligentes, menos poderosas e menos capazes. Agiam desse modo em todas as situações que exigissem que sua autenticidade fosse guardada em uma pequena caixa cor-de-rosa socialmente aceita; deviam atuar como se tudo fosse satisfatório. O resultado final foi que as mulheres se tornaram seus próprios agressores: o que fora feito às mulheres era agora feito pelas mulheres.

Para cada mulher que já se sentiu abandonada emocionalmente, espiritualmente ou fisicamente, este é o lugar onde tudo começou. Aí mesmo, onde você está sentada. É também a partir daí que sua raiva aumenta. Foi aí que sua necessidade de revidar surgiu. Isso é o que gera os sentimentos de não se achar digna, não ser o suficiente, não ser merecedora e não se sentir digna de amor.

> *Embora seja comumente aceito que o grande medo da maioria dos homens é ser emocionalmente subjugado, o grande medo da maioria das mulheres é ser emocionalmente abandonada. Agora você sabe quem está abandonando quem.*

Vamos levar isso para o cenário de trabalho. Nota: Este panorama tem o único objetivo de lhe fornecer um contexto para a "autopermissão" no local de trabalho. Obviamente foram feitas generalizações e não há informações suficientes para avaliar a situação com precisão.

Você está em uma reunião de equipe com outros oito colegas do seu mesmo nível hierárquico e três gerentes sêniores. Enquanto o senhor líder da equipe mostra os *slides*, você quase se chicoteia quando percebe que uma das ideias inspiradoras que você teve na última reunião está descrita em dois deles – atribuída ao dito senhor que está fazendo a apresentação.

Você:

A. Não diz nada durante a reunião, mas depois puxa o líder da equipe de lado, perguntando-lhe o que ele estava pensando ao assumir o crédito pela sua ideia genial.
B. Não diz nada durante a reunião, mas depois puxa o líder da equipe de lado, perguntando-lhe se ele percebeu que se enganou nos *slides*.
C. Não diz nada e vai para casa no final do dia pensando, "Não é grande coisa, nós trabalhamos juntos, como uma equipe. Estou sendo infantil."
D. Não diz nada porque os gerentes ficaram muito felizes com o resultado da reunião.
E. Nenhuma das alternativas acima. Você nem percebeu que seu nome não constava nos *slides*.

Este cenário, como qualquer outro, depende da dinâmica entre os jogadores, da cultura da empresa e de uma série de outros fatores. Este, claro, não é o ponto. Supondo que você não soubesse que o senhor líder da equipe intencionalmente assumira o crédito indevido, você teria muitas opções que demonstrariam o seu nível de "autopermissão" e de poder pessoal. A importância da opção que escolheu é secundária diante do motivo que a levou a escolhê-la.

Tanto A quanto B indicam um nível saudável de "autopermissão". A opção A, dependendo do tom de voz, volume, linguagem corporal etc., pode ser agressiva ou assertiva. De qualquer maneira, ela informa que você tem limites saudáveis, que não está disposta a deixar que se aproveitem de você e, por ter escolhido falar em vez de deixar para lá, "A" mostra que você tem se permitido ser ouvida, cuidar de si mesma – mesmo sob risco de confrontação ou tensão – e executar seu poder pessoal. Bom trabalho!

Escolher a opção B demonstra "autopermissão" moderada por política ou pela síndrome da "boa menina". Dar-se o benefício da dúvida é ótimo, mas, verdade seja dita, se fosse um erro honesto, ele teria dito algo durante a reunião ou, imediatamente após, teria vindo até você e reconhecido o problema. Portanto, o ato de "boa menina" merece uma dose de transparência. Reflita sobre suas crenças a respeito do seu direito de se manifestar e se defender e de sua preocupação em ser considerada traiçoeira, e, da próxima vez, verifique duas vezes o conjunto de *slides*, você mesma, antes da reunião.

Se você escolheu a opção C, é possível que seu nível de "autopermissão" esteja dificultando sua ascensão na empresa. Trabalho em equipe não deve ser confundido com falta de integridade. O fato de você se dispor a ceder é indicativo de sua falta de vontade ou incapacidade de desenvolver uma discussão saudável com alguém. É provável que você suprima sua opinião em muitos setores da sua vida, e que a mágoa seja um sentimento com o qual você tem muita intimidade.

Certamente há algo a ser dito para manter o foco no objetivo. Para quem escolheu a opção D: por um lado, parabéns; por outro, se seu colega fez isso uma vez, pode ter certeza de que ele (ou ela) irá fazê-lo novamente. Da próxima vez, no entanto, a aposta será mais alta. Seu nível de "autopermissão" é questionável, e você pode ter escolhido o caminho mais fácil. O que poderia fazer, agora, para corrigir a situação e dar-se permissão para ocupar algum espaço?

Por último, se escolheu a opção E, é porque talvez seja nova na equipe e não queira criar caso; talvez estivesse com gripe naquele dia mas foi trabalhar mesmo assim; ou desempenhasse num papel de apoio.

⌘ ⌘ ⌘

Há uma diferença minúscula entre não permitir-se algo em casa e no escritório. Várias vezes ao longo deste livro me referi às mulheres como desejosas de "serem percebidas, ouvidas e celebradas". Este é um lugar perfeito para esclarecer esse conceito.

As mulheres querem ser vistas em todos os seus papéis, não apenas naquele mais familiar a você. Somos donas de pequenos negócios, esposas, namoradas, filhas, vizinhas, executivas, CEOs, mães que não trabalham fora etc. Independentemente do que estivermos fazendo em nossa vida, trazemos todas essas funções conosco. Quando estamos num relacionamento, todos esses nossos aspectos também estão. Queremos que saibam isso a nosso respeito e que realmente vejam tudo o que somos.

Temos ideias brilhantes, opiniões, sugestões e afins. Quando falamos e optamos por partilhar algumas delas, queremos ter a certeza de que nos ouviram. Queremos ter certeza de que o que dissemos foi entendido, fez diferença e causou impacto.

Embora seja agradavelmente divertido ser parte de um clube chamado "mulheres", cada uma de nós se considera bastante singular – especial, diferente e rara. Nós nos consideramos únicas e queremos que nos celebrem por isso.

Quando nos permitimos ser vistas, ouvidas e celebradas, estamos nos permitindo ser invencíveis.

CAUSE IMPACTO!

1. Quando você ouve a palavra "permissão" quais são os primeiros pensamentos que vêm à sua mente?
2. Em que área de sua vida você se beneficiaria mais de "autopermissão"?
3. Como isso mudaria sua vida e que impacto causaria naqueles que a rodeiam?
4. Observe como você respondeu ao cenário do conjunto de *slides*. O que você teria feito? Por quê?

ENSAIO 24

PERMISSÃO 2.0

Permitindo-se o poder

A Permissão 2.0 está para as mulheres como a Web 2.0 está para a indústria da alta tecnologia.

A Permissão 2.0 representa uma mudança na dinâmica entre as mulheres e o seu poder pessoal, e como isso impacta sua capacidade de viver de maneira invencível.

O que evoluiu ao longo do tempo e da política se refere à maneira como nós nos percebemos. Nossa realidade em relação ao nosso poder tem mudado porque nossas percepções têm mudado. São essas percepções que impactam nossa vida e a vida daqueles com quem convivemos. Nossas percepções mudaram porque tinham de mudar, porque se tornou incrivelmente doloroso continuar a argumentar contra nós mesmas.

O que isso significa para nós? Que agora podemos votar considerando nossa própria opinião em vez de fazê-lo contra o outro sexo. Podemos optar por pegar toda a energia que um dia gastamos nos prendendo, sufocando nosso ressentimento, escondendo nossa raiva e nos vitimizando e utilizá-la em nosso favor. Podemos usar essa energia para nos dar permissão.

> *Essa ideia de 2.0 diz respeito a incluir as mulheres no diagrama do poder, e não excluir dele os homens.*

Para que nosso poder pessoal evolua precisamos assumi-lo completamente e em tempo integral. Apesar de nossa ambivalência sobre ele, também temos de aceitar e persistir na responsabilidade que o acompanha (ver Ensaio 10). As circunstâncias insistem que paremos de jogá-lo de um lado a outro como se fosse uma mina terrestre pessoal, esperando que ela detone a vida de outra pessoa. Você já percebeu que quando fazemos isso nós mesmas sofremos os ferimentos dos estilhaços da explosão?

Em vez de nos fazer ressentir os desafios inerentes ao nosso poder, a Permissão 2.0 nos encoraja à máxima aproximação desse poder. Colaborar com ela e com outros que dela se utilizam amplificará a mudança positiva que criaremos no mundo. Chame-a de "participação do usuário", se preferir. Trata-se de um fenômeno dinâmico no qual consideramos a permissão como uma parceira crucial para nosso sucesso e realizações. Pois é isso o que ela representa.

A Permissão 2.0 não se refere a autoridade ou prerrogativa, nem a consentimento ou privilégio, tampouco indica que nosso destino depende de outra pessoa. Permissão 2.0 não é uma parceria com alguém que nos domina, e não tem associação com restrição, dor, submissão ou limitações.

Vamos nos apropriar do nosso lugar, não pedir por ele.

- ☞ *Se quer se apresentar na próxima conferência, apresente uma proposta; não espere que alguém "a descubra".*
- ☞ *Se quer liderar um novo projeto, dê um passo adiante e manifeste-se; não espere que seu gerente venha bater à sua porta.*
- ☞ *Se está sendo tratada injustamente, prepare um relatório e apresente-o; você deve sempre tratar-se melhor do que todo o mundo o faz. Se o seu gerente lhe passou projetos demais e estes já estavam com seus prazos estourados, priorize-os com as informações que você já possui – então, sente-se com ele e descubra uma estratégia que funcione para ambos; ele pode não fazer ideia de que você esteve trabalhando 15 horas por dia (e não se importará com isso, a menos que você se importe).*
- ☞ *Se sua melhor amiga requer sua atenção o tempo todo, sente-se com ela e, de maneira compassiva, diga-lhe a verdade, em vez de simplesmente virar-lhe as costas achando que ela não irá entender; você gostaria que fizessem o mesmo contigo.*
- ☞ *Se seus filhos requerem mais do que você pode dar, estabeleça limites saudáveis com eles; eles são egocêntricos demais para sequer considerar ler a sua mente.*

☞ *Se quer fazer amor hoje à noite, tome a iniciativa; não espere que sua cara metade adivinhe que hoje é a grande noite.*

A Permissão 2.0 se refere totalmente a nós. Somos nós que nos autorizamos fazer o que quisermos. Nós temos a licença para carimbar a aprovação em nossos planos. Nós damos sinal verde à nossa vida.

Esta é uma vida radicalmente diferente daquela que nossas mães e avós escolheram para si mesmas: nosso jogo é completamente novo. Inventamos nossas próprias regras à medida que avançamos – regras feitas sob medida para se encaixarem à nossa individualidade.

> *A Permissão 2.0 está para o seu sucesso como o combustível está para o seu carro. Sem ela você não vai a lugar algum.*

A palavra permissão vem do verbo em latim permittere, que significa permitir, em inglês, allow. O significado da palavra não mudou com o tempo, mas a interpretação de seu significado foi transformada. Na cultura norte-americana, "allowing" [permitir] já foi sinônimo de que algo podia ser estentido de uma pessoa a outra. Talvez a primeira ideia com a qual precisemos nos acostumar é que ninguém irá nos salvar. A segunda ideia é que não precisamos de salvação. Temos poder de sobra. No contexto da outorga de poder da mulher, somos tanto as atribuidoras quanto as receptoras da permissão. Somos nós que permitimos, ou não.

> *Você pode não precisar acionar o acelerador; apenas tirar o pé do freio.*

O que você quer? Em quais aspectos de sua vida você gostaria de conceder permissão a si mesma? Se não existisse ninguém no mundo cujos julgamentos pudessem interferir nas seduções da vida, o que estaria no topo da sua lista "dar a si mesma"?

Seria a permissão para:

- ☐ ser a líder?
- ☐ sair daquele relacionamento de vinte anos?
- ☐ deixar velhos amigos para trás?
- ☐ falar o que lhe vem à mente?
- ☐ discordar do chefe do chefe do seu chefe?
- ☐ seguir em vez de liderar?
- ☐ parar de ser uma vítima?
- ☐ candidatar-se àquele emprego para o qual você não é totalmente qualificada?
- ☐ pedir um aumento?
- ☐ voltar a estudar para conseguir um diploma que você sempre quis?
- ☐ casar-se aos 50 anos de idade?
- ☐ não ter filhos?
- ☐ abandonar uma culpa ou inveja?
- ☐ sair daquele emprego medíocre?
- ☐ ser uma mãe que não trabalha fora?
- ☐ dizer a verdade?
- ☐ perdoar?
- ☐ não se desculpar?
- ☐ não tentar algo imediatamente?
- ☐ permanecer solteira?
- ☐ ______________________________
- ☐ ______________________________
- ☐ ______________________________
- ☐ ______________________________
- ☐ ______________________________

Cunhei o termo Permissão 2.0, em 2004, e sempre que o utilizava me olhavam com bastante estranheza, frequentemente pedindo que eu o repetisse (o que não é realmente raro). Remanescente dos anos 1950, a noção "permissão" ainda carregava o estigma de incorreção política. Descobri que as pessoas negavam seu papel no alcance de sucesso ou tratavam a palavra como lixo tóxico. Quando eu brincava com a ideia, entretanto, de chamar esse livro de Permissão 2.0, cem por cento do meu grupo de estudos considerou que as pessoas não entenderiam a mensagem; que acionaria no leitor o botão "eu lhe dou permissão". Eu acho que nós nos subestimamos.

A encarnação atual de "permissão" nasceu e se ancora à noção de que chegamos a este mundo equipadas com tudo de que precisamos para viver uma vida com propósito e causar o máximo impacto. O que nos é exigido para vivermos de maneira invencível é:

- abrir espaço para algo que já existe;
- permitir que isso se expresse;
- fornecer a isso um ambiente para prosperar.

Em uma frase: Permissão 2.0 é um convite para chutar para longe o que atravessa o caminho de nossos sonhos, aspirações e desejos, e parar de impedir nosso próprio sucesso.

Você sabe como soa aquele velho mantra: "Mas, mas, mas __________". Por favor, senhoras, coloquemos esses "mas" em seu devido lugar: em nosso passado.*

Pareceu-me revolucionário perceber que se quiséssemos transformar nosso potencial em desempenho, não teríamos de fazer nada; na verdade, teríamos de parar de fazer algumas coisas. Pense nisso – nós já temos tudo de que precisamos para ser bem-sucedidas. Temos de nos sentar quietas e fazer um inventário do que já possuímos. Já somos quem nos esforçamos para ser. Não temos de fazer mais nada para nos tornarmos mais ou melhor do que já somos. Podemos relaxar. Nosso único trabalho é nos mostrar da maneira mais autêntica, verdadeira, transparente e congruente quanto humanamente possível.

Aqui está a verdadeira beleza do conceito: nossa escolha individual – e existem poucas coisas na vida das quais podemos dizer isso honestamente. Tomar a decisão de sermos nós mesmas, aceitando seu inerente risco e vulnerabilidade, e de colher os infinitos trunfos como um resultado de tê-la

---

* No original a autora brinca com as palavra *but* (mas) e *butt* (bunda), pedindo às mulheres que considerem o lugar adequado que "*but*" deve ocupar em sua vida: atrás de cada mulher. (N.E.)

tomado, depende unicamente de nós. Ninguém mais irá avaliar nossa decisão. Não há nenhuma comissão, não há consenso, nenhuma votação além da nossa. Como isso é libertador!

Todo o tempo que gastamos nos melhorando, nos poupando e nos mudando teria sido melhor utilizado se tivéssemos sido nós mesmas; toda aquela energia poderia ter sido dirigida a nos tornarmos a mulher que queremos ser. E pensar nas dezenas de milhares de dólares que gastamos em terapia para chegarmos à mesma conclusão básica: que, para começar, nós estávamos bem, e, então, o mundo à nossa volta quis que mudássemos. Agora que já percorremos um bom pedaço de estrada, podemos assumir o que aprendemos com as consequências e transformá-las em algo útil para nosso futuro, para quem estamos planejando nos tornar quando nos dermos ainda mais Permissão 2.0.

> *Permissão 2.0 não tem nada a ver com tornar-se alguém que não somos, mas sermos mais quem já somos.*

A Permissão 2.0 enaltece quem queremos nos tornar daqui para a frente, e mais: em quem decidimos que merecemos nos tornar ao longo do tempo. Não chegaremos aonde estamos indo sempre fabulosas. Inevitavelmente ficaremos novamente confusas se quisermos crescer para uma versão maior e mais invencível de nós mesmas.

Por agora, não precisamos perder cinco quilos para semos aceitas. Não precisamos saber como falar com ele na cama para sermos consideradas sensuais. Não precisamos conseguir um abdômen sarado em dez dias ou aprender os cinco segredos de qualquer coisa para levarmos uma vida poderosa. Ufa! Isso é ou não é um alívio? Isso também significa que não temos de nos sentir obrigadas a nos comparar às adolescentes com cabelos esvoaçantes das capas de revistas femininas nos caixas dos supermercados. Suspiro coletivo!

Tudo isso prepara o terreno para nos tornarmos tão estratégicas sobre o que queremos para nossa vida pessoal quanto já somos sobre nossos negócios. Um plano de longo prazo não significa um período de dois dias, mas de três a cinco anos. Uma estratégia de longo prazo não surge do nada, temos de planejá-la.

A Permissão 2.0 Challenge [desafio] é um modelo para tal plano. Acesse meu site www.frominvisibletoinvincible.com e baixe uma cópia gratuita.* Torne-o o seu plano.

CAUSE IMPACTO!

1. Quando em sua vida conceder-se permissão lhe permitiria viver de maneira mais invencível e causar mais impacto?
2. Onde se permitirá fazer uma maior contribuição no trabalho?
3. De que maneira o seu relacionamento seria melhorado se você se permitisse amar mais livremente?
4. O que você deveria estar pedindo (ou assumindo) que ainda está esperando? (Exemplo: liderar um projeto, estabelecer limites com as crianças etc.)

* Site em inglês. (N.E.)

ENSAIO 25

"PENSAMENTUS INTERROMPIDUS"
Não acredite em tudo o que você pensa

Vou lhe contar um segredo que vai mudar sua maneira de enxergar sua saúde psicológica – e a maneira como você entende todas aquelas pessoas loucas, ainda que maravilhosas, que você chama de família. Mas antes disso, quero compartilhar uma pequena história.

Alguma vez você já participou de uma conversa que a deixou louca para tomar um banho depois? Esta anedota teve esse impacto sobre mim. Vários anos atrás eu promovia uma conferência, "Mulheres, Coragem, Liderança", em minha cidade natal. No dia seguinte a este evento de sucesso, entrei em contato com uma pessoa do departamento de RH de uma das empresas locais que tinham participado. No fim de nossa conversa ela fez uma observação que espero me lembrar para sempre. Pam disse: "Mas você e eu, Nancy, ambas preferiríamos mulheres de maior calibre no evento." Nós, então, concluímos nossa conversa e ela, eu suponho, continuou com seus afazeres. Eu, por outro lado, precisava resolver o motivo dos meus arrepios.

Repassei várias vezes a nossa conversa antes de chegar à raiz do que me ofendera tanto. As palavras que Pam escolheu demonstravam que ela preferia na plateia mais executivas sêniores e menos mulheres em começo de carreira; sua condescendência e a insinuação de que mulheres em início de carreira são, de algum modo, inferiores às suas homólogas mais bem preparadas fizeram-me "subir no salto". Pam supôs que as questões que afligem as mulheres mais experientes e sêniores são diferentes das que afetam as que estão em começo de carreira. Não!

E é aqui que o segredo – não tão secreto – sobre a sua saúde psicológica entra na história. Pelas minhas contas, eu provavelmente já trabalhara com vários milhares de pessoas quando conheci Pam. Nesse tempo, aprendi que independentemente de quem elas sejam, de seu nível de realização, sua idade, etnia, religião ou preferência sexual, existem apenas quatro feridas principais com as quais alguém pode sofrer. Em outras palavras, quando você abre sua bagagem emocional, cada item que você tira da mala se encaixa em uma de quatro categorias de problemas. O campo sensitivo é, em prática, nivelado!

Independentemente de você ser a CEO de um conglomerado multibilionário, proprietária de um pequeno negócio, assistente administrativa recém-contratada ou uma mãe que não trabalha fora – suas questões são idênticas.

A única variável é que uma executiva sênior pode enfrentar mais riscos do que uma assistente júnior; ela tem mais responsabilidades fiduciárias e o número de pessoas que depende dela é maior. Todos os outros fatores permanecem os mesmos. Enquanto um novo gerente pode ser responsável por cinco empregados, um vice-presidente sênior pode ser responsável por quinhentos; enquanto um gerente de nível médio dispõem de um orçamento de sete dígitos, um vice-presidente executivo pode dispor de um de nove dígitos; o grau de risco encarado pelas pessoas, é claro, é compatível com sua experiência.

Durante sua vida você confrontará algumas dessas questões – ou todas elas – e cada uma irá gerar um grau diverso de impacto sobre você. Haverá uma ferida principal com a qual terá de lidar durante a maior parte de sua vida, mas passará pelo menos por uma experiência com cada uma das outras três. A única surpresa poderá ser o fato de você não ter percebido que não estava sozinha; que esta ferida é "normal" e, na verdade, fundamental para seu desenvolvimento psicossocial. Então relaxe, não há nada de "errado" com você.

Talvez você esteja se perguntando quais são essas quatro feridas principais. Sem ordem particular:

Não sou digna | Não mereço

Não sou o suficiente | Não tenho direito ao amor

Embora essas frases sejam relativamente autoexplicativas, preferi completá-las com alguns pontos de esclarecimento. Os termos merecer e ser digno normalmente são sinônimos; a distinção aqui se dá pela qualificação: "merecer" é um qualificador externo, enquanto "ser digno" é um qualificador interno. Quando alguém experimenta "não merecer" normalmente se refere a algo material como: "Eu não mereço ganhar tanto dinheiro quanto eu gostaria" ou "Eu não mereço aquela promoção". Em contrapartida, quando alguém experimenta "não ser digno", geralmente se refere a algo mais profundo como: "Não sou digna de amor" ou "Não sou digna de respeito".

Os sentimentos de "eu não sou o suficiente" aparecem de muitas maneiras diferentes: "Não sou inteligente o suficiente", "não sou bonita o suficiente", "não sou experiente o suficiente" etc. Essa ideia de "suficiência" resulta dos incessantes lembretes que o mundo exterior nos envia de que "se apenas fizermos algo mais, melhor ou diferente, nós finalmente seremos aprovadas".

Essas quatro feridas principais causam igual impacto na autoestima feminina; nenhuma é pior do que a outra e nenhuma delas é de fácil convívio. Todas podem ser trabalhadas, curadas, resolvidas e/ou revertidas, mas não completamente. Embora nossas feridas principais nunca cicatrizem completamente, conforme as questões subjacentes são abordadas, seu impacto diminui. Em vez de ocupar a maior parte de nossa visão emocional, elas surgirão cada vez menos, até que, em algum momento, podemos até esquecer de sua existência – exceto nas ocasiões em que algo as desencadeia. O que podemos fazer nesse caso? Prestar atenção no modo como essas questões aparecem em nossa vida; trabalhar para resolvê-las; reduzir o impacto delas sobre nós e manter o olhar firmemente focado em nosso objetivo.

> *Essas feridas principais podem ser transformadas em um dom esplêndido: pergunte a si mesma o que pode aprender com elas. Não tenha dúvida de que a cura é o resultado de um processo que foi compreendido.*

Nada muda quando você confia em magia, pó de fada ou esperança. Apenas seja sincera sobre o que não está funcionando para você e faça o necessário para excluí-lo de sua vida. Você pode fazê-lo! Você já o fez antes.

Naturalmente você tem a opção de continuar o trabalho de quem a ajudou a criar essas feridas, e tornar-se sua própria pior inimiga, em primeiro lugar perpetuando as circunstâncias que criaram esse sofrimento. Um exemplo disso é uma pessoa que, criada sob abuso emocional, repetidamente ouvindo o quanto é inútil, estúpida e assim por diante, continua por toda sua vida adulta a repetir para si aqueles mesmos adjetivos. Ela está se dedicando a um comportamento que lhe é familiar e que se tornou um hábito. É um comportamento aprendido, o que significa que pode ser "desaprendido", dada a motivação suficiente. Isso é motivo de comemoração. Está sob seu controle. É sua escolha.

Entretanto, uma escolha ainda mais poderosa seria usar essa ferida como uma ferramenta grandiosa, eficiente e potente em sua jornada para se tornar invencível.

Como fazer isso? É realmente fácil, considerando a alternativa (continuar se desrespeitando pelo resto da vida). Sem intervenção, nosso comportamento é uma expressão perfeita de nossas feridas; nossas ações contam ao mundo, de maneira inequívoca, quais são nossas prioridades supostamente invisíveis. Aqueles que carecem de autoconhecimento podem muito bem andar pela cidade com uma placa anunciando suas feridas. Então, se você acha que ninguém sabe do que você é feita, pense novamente!

Nossas ações são produto de nosso pensamento, não são? Quando mantemos nossa rotina com uma ferida não examinada ou aberta, nosso comportamento tanto demonstra quanto prova essa ferida. A diferença entre as duas é simples de entender. Quando provamos algo, nosso comportamento emana a partir de nosso ego, significando que o medo está envolvido. Em essência, nós provamos para o mundo, como garotas duronas, que não estamos confusas; o que apenas serve para mostrar a todos exatamente o quanto estamos realmente desorientadas.

Quando demonstramos qualquer coisa, nosso comportamento emana de nosso coração, do nosso eu divino e do nosso amor. Nós sabemos quem somos, estamos confiantes de nosso valor e vamos desinteressadamente retribuir aquilo que somos simplesmente porque somos gratas pelos dons que nos foram dados. Veja esta teoria aplicada à história de Katrina.

Gerente de nível superior no setor de telecomunicações, Katrina tem seus 40 anos de idade, é casada há doze anos com um homem que não trabalha fora (dono de casa) e tem duas crianças no ensino fundamental. Ela é absolutamente linda interna e externamente, e tem sido adorada pela gerência que a ajudou a progredir rapidamente em sua carreira.

Quando Katrina estava entrando na puberdade, seu pai teve um caso extraconjugal, que, posteriormente, se transformou em casamento. Ele literalmente deixou sua família de um dia para o outro. Katrina se sentiu irremediavelmente abandonada e sua mãe lhe reforçou a ideia de que seu pai não se preocupava com seu bem-estar. Por não ter se comunicado com o pai por vários anos, Katrina não conseguiu nenhuma informação que lhe provasse o contrário, e acreditava que realmente fora abandonada. Por volta dos seus 30 anos, ela conseguiu reativar o contato com seu pai, e assim pôde perguntar a ele sua versão dos fatos. Previsivelmente, aquela versão divergia bastante da que lhe fora contada: ele alegou que sua mãe o havia proibido de ver seus filhos.

Quando conheci Katrina ela não fazia ideia de que este evento, ocorrido vinte anos antes em sua vida, ainda monopolizava sua psique. Ela carregava dezoito quilos extras e já não havia comunicação entre ela e o marido – ela temia que a relação terminasse em divórcio. Ela vivia perturbada com seus sentimentos de desvalorização, e nenhuma promoção ou aumento de salário significava sucesso para ela. Katrina descobriu que a partida de seu pai lhe legara, além do sentimento de abandono, as profundas feridas de se considerar indigna de amor e inútil.

Como muitas mulheres que se sentem indignas, Katrina era um capacho (ver Ensaio 13). Suas ações permitiam que outros a tratassem como tal, e ela mal tinha consciência de que esta dinâmica estava se manifestando em sua vida. Ela trabalhava constantemente: em seu emprego, fazendo os serviços de outros, em seu casamento, como mãe, em tudo, exceto cuidando de si mesma. Soa familiar? Sim. Acredito que todas as mulheres, em algum momento de sua vida, já pensaram: "Quanto mais eu fizer mais chances terei de alguém ______________________________

______________________________."

Como você provavelmente já percebeu, isso não funciona.

Quanto mais Katrina trabalhava para unir os pontos de sua vida, mais ela se desmanchava. Quanto mais ela limpava a casa, menos seu marido a ajudava. Quanto mais dinheiro ela ganhava, mais ele gastava. Quanto mais ela trabalhava, mais todos esperavam dela. Katrina passava cada minuto de cada dia tentando provar que era digna e que merecia ser amada. Ela sentia que se fizesse mais uma coisa para seu marido, então ele nunca a deixaria. Se ela fizesse apenas mais um projeto extra no trabalho, eles nunca a despediriam (leia-se abandonar). As tentativas de Katrina de provar seu valor e merecimento a esgotaram a tal ponto que ela não se reconhecia mais; ela não percebia que tinha uma escolha sobre seu estilo de vida.

Quando começamos seu treinamento, ela estava extremamente esgotada e com um medo bobo a respeito de sua saúde mental. Como todas nós, Katrina estava fazendo o melhor que sabia. Após décadas vivendo sob esse padrão doentio, nunca nem mesmo lhe ocorrera que ela simplesmente poderia ter demonstrado quem era mostrando-se autenticamente em sua vida, com imperfeições e tudo; dando aos outros a oportunidade de ver a beleza e a verdade que irradiavam dela.

Após algumas semanas de trabalho juntas, atribuí a Katrina o acompanhamento de seu processo de tomada de decisão durante dois dias. Como suas questões giravam em torno de seu valor próprio, aquilo se tornou seu foco. Não sei quantas decisões tomamos todos os dias, mas devem ser milhares; grandes, como: "Aceito esta oferta de emprego?" ou pequenas, como: "De que lado eu saio da cama hoje?" Meu pedido era que Katrina documentasse tantas decisões quanto ela conseguisse.

Cada escolha de cada dia é decidida (conscientemente ou não) a partir de uma das três perspectivas:

Provar que você é ______________________________

Provar que você não é ____________________________

Demonstrar seu poder pessoal, e, portanto, sua invencibilidade.

Quadro 25.1 Provar x demonstrar

Decisão	Para provar que "sou digna"	Para provar que "não sou digna"	Para demonstrar meu poder pessoal

Katrina descobriu com este exercício que 80% de suas decisões eram tomadas a partir de suas tentativas inconscientes de se provar digna; mantendo relações sexuais sem vontade (digna de ser mulher), aceitando trabalho extra para o qual ela não tinha tempo (digna de ser uma executiva), levando seus filhos ao parque quando realmente precisava de um cochilo (digna de ser mãe). Quinze por cento de suas decisões – carregando peso extra, não dormindo o suficiente e ficando até tarde no escritório – foram tomadas em sua tentativa de provar que ela não era, afinal de contas, digna. Apenas cinco em cada cem de suas decisões foram tomadas a partir de pensamentos como: "Eu sou poderosa. Eu sou invencível. Eu sou Katrina e tenho orgulho disso!"

Agora você pode estar pensando: "Puxa, essa mulher é neurótica." Mas posso lhe garantir que ela não é mais neurótica do que muitas de nós. Ela não carregava um cartaz que dizia: "Eu não sou digna." Ela apenas estava "um pouco para baixo", "exausta", sentindo-se "desprezada", como se estivesse "trabalhando duro demais para ser feliz". " Eu não me sinto eu mesma – mas eu não sei mais como é ser eu mesma."

Katrina dissse que este exercício, literalmente, mudou sua vida. Por quê? Não podemos nos mover do Ponto A (nossa ferida) para o Ponto B (nossa cura/poder pessoal) sem uma avaliação precisa de onde está o Ponto A. A maioria de nós está tão absolutamente inconsciente sobre as próprias motivações e inspirações que, literalmente, caminha às cegas através da vida usando o *slogan* "Eu não sei" em vez de "Eu descobrirei." Katrina também não fazia a menor ideia de quais eram as forças por trás de suas decisões. Embora não fosse feliz, ficou chocada ao perceber que aquele evento, ocorrido em sua adolescência, influenciara quase todo o seu comportamento. Pela primeira vez em muitos anos, ela tem opções; opções são o equivalente a liberdade e poder pessoal e também o que nos conduzirá à invencibilidade.

Poucos exercícios são singularmente tão poderosos quanto o do Quadro 25.1. Eu imploro que você faça esse exercício em sua própria vida, usando uma das quatro feridas principais a cada vez (Eu não mereço, eu não sou digna, eu não sou o suficiente, eu não tenho direito ao amor). Eu lhe dou minha palavra de que valerá o esforço.

Nossas ações derivam de nossos pensamentos. Se não gostamos do que estamos experimentando, então devemos repensar sobre o que pensamos.

Devemos executar "*Pensamentus Interrompidus*"! Katrina estava tão preocupada com seus velhos hábitos que nunca percebera a correlação entre o que pensava (eu não sou digna) e como se sentia e se comportava (sem valor).

Se você não gosta de como está se sentindo, então mude o que está pensando. Se você não acredita em mim, experimente por si mesma. Pense em algum acontecimento infeliz que aconteceu em sua vida. Como você se sente? Agora pense em alguma ocasião alegre. Como você se sente agora? Qual é o ponto a destacar? Podemos escolher como nos sentir, a cada momento, para interromper nosso pensamento (porque não gostamos do efeito causado), e selecionar um pensamento diferente que corresponda ao sentimento que desejamos.

Nossos pensamentos são apenas isso: pensamentos. Eles não têm nada a ver com a verdade objetiva, apenas com a verdade subjetiva. Considerando o exposto, se você quer se sentir poderosa, feliz, alegre e bem-sucedida, então:

"Não acredite em tudo o que você pensa."

> *Você precisa escolher o que pensa, seu foco, sua perspectiva e sua atitude. Você deve escolher a coragem, ser poderosa, estar no propósito e no melhor caminho. Ou então o mundo escolherá por você. P.S.: Falhar na escolha pode, de fato, significar uma opção por falhar.*

UMA MULHER VAI AO MÉDICO E DIZ:
"TODA VEZ QUE EU BATO NA MINHA CABEÇA COM MINHA MÃO, MINHA CABEÇA DÓI."
O MÉDICO RESPONDE: "ENTÃO PARE DE FAZER ISSO!"

CAUSE IMPACTO!

1. Com qual das quatro feridas principais você mais se identifica?
2. Faça o exercício do Quadro 25.1 – o mesmo que Katrina fez – utilizando a sua ferida principal. Acompanhe tantas decisões quanto possível em um período de 48 horas.
3. O que aprendeu?

4. Como mudará o que está pensando e fazendo como resultado desta descoberta?
5. Quais são os pensamentos que tem sobre seu negócio que poderiam estar atrapalhando a produção dos resultados que deseja.

ENSAIO 26

"AUTO ÍNTIMA"*

Autoestima e impacto

Em uma tarde ensolarada de sábado, levei minha família para um passeio. Não havia nada de anormal naquilo, salvo o fato de eu ter esquecido de levar meu mini gravador digital. Ele se tornara meu companheiro constante desde que começara a escrever; à medida que o dia decorria, eu gravava trechos de pensamentos que seriam transformados em capítulos lá pelo fim da noite.

Pedi à minha filha, Lily, que anotasse algumas ideias que tive. No final da nossa pequena viagem, pedi a ela a folha de papel imaginando que eu passaria uma ou duas horas em meu computador. Conforme olhava a lista comentava comigo mesma o ótimo trabalho que ela fizera escrevendo exatamente o que eu ditara. Minha pequena é sofisticada, tem o coração esperto e é uma ótima aluna. Então cheguei ao item número sete da lista. Estava escrito "auto íntima".

Eu: Querida, o que é isso "auto íntima"? (rindo para mim mesma)

Lily: Você me disse para escrever isso.

Eu: Poderia ter sido "autoestima"?

Lily: Nããããão. Você disse "auto íntima!"

Eu: Nunca percebi como essas palavras são parecidas.

Lily: Você disse "auto íntima!"

Eu: (meu riso foi completamente extinto por seu tom de voz. Momentaneamente me esquecera que pré-adolescentes de 11 anos de idade sabem tudo). Você gostaria que eu explicasse o significado de autoestima?

Lily: Eu sei o que significa. Eu tenho muita. Todo mundo na escola me diz isso. Todos os professores dizem que eu sou muito poderosa, que eu falo o que tenho em mente e que ninguém me intimida.

Eu: Então está certo querida. Você, certamente, tem "auto íntima!"

---

* Os termos que geram confusão em inglês são *self-steem* (autoconfiança) e *self-of-esteem* (*Sic* – não dicionarizado), cuja tradução livre pode ser "força íntima pessoal". (N.E.)

E ela tem. Essa menina tem mais confiança, segurança, atitude e senso de si do que a maioria das mulheres com quatro vezes a sua idade. Ela nasceu assim. Eu também trabalhei diligentemente para cultivar isso nela; o que tem sido ao mesmo tempo extremamente gratificante e surpreendentemente desafiador. Lily não conhece o medo, não pode ser intimidada, pode argumentar até tirar alguém do sério, e, no final do dia, tem o poder de me fazer sentir como se fosse mordiscada até a morte por milhares de peixinhos de rio. Agora, se pudéssemos engarrafar essa "auto íntima"...

Minha mãe, mais uma vez, estava certa. "Espere até você ter filhos", ela me dizia repetidamente. Estou rindo porque confesso que Lily não poderia ser um espelho mais nítido de mim mesma, refletindo minha teimosia, minha tenacidade, meus pontos cegos – tudo! A ironia? Ela é adotada! Não há crédito para o departamento genético quanto às nossas semelhanças; sim, a autoestima é, em grande escala, influenciada por nossa biologia.

⌘ ⌘ ⌘

Nossa autoestima é, no mais simples dos termos, nossa opinião sobre nós mesmas. Ela representa o quanto (ou quão pouco) nós nos valorizamos, e quão bem nos entendemos. Incluído nesse cálculo está a estimativa de quão importante achamos que somos, assim como nosso nível de valor próprio; como nos sentimos sobre quem somos e sobre nossas realizações.

Devo ressaltar que este livro não é o meio apropriado para um tratamento psicológico profundo, ou para a avaliação e o diagnóstico de sua saúde mental: não é um substituto para o aconselhamento ou a terapia. Estou introduzindo o tópico da autoestima porque ele é fundamental para seu sucesso pessoal e profissional. Uma linha reta pode facilmente ser desenhada entre nossa autoestima e nossa autoconfiança – que é um componente-chave para o sucesso na vida. A autoconfiança conduz à autoafirmação e à assunção de riscos saudáveis, o que gera um pensamento inovador e a resolução de problemas de maneira criativa. E *voilà* – você gera impacto!

> *Se você estiver esperando pelo dia em que não terá questões pessoais a resolver; em que todas as suas feridas de infância estarão cicatrizadas; em que suas alegrias já não forem substituídas por tristezas; em que se verá livre de sua introspecção; e, finalmente, se tornará autoconsciente, pare de perder seu tempo!*

Esse dia não existe – até que você alcance sua "data de validade", e, quando tal dia chegar, você não se importará mais. Todo o mundo tem bagagem. Seu único trabalho é saber o que está dentro da sua.

Esta é uma brincadeira com minha agenda diária "normal":

09:00 - cliente cujos pais a amaram demais;
10:00 - cliente cujos pais não a amaram o suficiente;
11:00 - cliente cujos pais a abandonaram;
12:00 - cliente cujos pais a sufocaram;
13:00 - cliente com responsabilidades demais;
14:00 - cliente sem responsabilidades;
15:00 - criança sem apoio emocional algum;
16:00 - criança com apoio emocional demais.

Todo o mundo tem algo com o que lidar. Neste contexto, as questões emocionais oferecem oportunidades iguais a todos. Já posso ouvir minha filha em sua primeira sessão de terapia.

Lily: Você tem alguma ideia de como foi difícil crescer com uma mãe que acreditava totalmente em mim? Que sempre me apoiou? Que disse que eu podia fazer o que minha mente determinasse? Você sabe como é viver sob a pressão de ser tratada poderosamente por toda a sua infância, ou aprender a tomar suas próprias decisões, e arcar com consequências em vez de punição?

Espero ainda estar rindo quando isso acontecer. Há apenas uma coisa que podemos fazer sobre nossa infância, não importa como ela nos pareceu ou como nos sentimos: ajustar adequadamente nossa percepção sobre ela no presente, no agora. É isso. Não podemos voltar no tempo e alterar qualquer detalhe, mas certamente podemos mudar nosso olhar sobre aqueles anos de formação.

> *Todos chegamos à Terra com um lista de tarefas a realizar, e começamos a trabalhar nelas durante esta vida. Quem não tem uma dessas listas só pode viver em um lugar: no cinema.*

Entenderam? Portanto a questão transformativa é: A qual lista você preferiria ter se candidatado? Eu, pessoalmente, vi zilhões delas, e posso garantir que se você pudesse escolher entre a sua lista e a de outra pessoa, você escolheria a sua própria. Por quê? Porque as questões que lhe causam a maioria dos seus conflitos, que a mantém agitada e se revirando na cama à noite, que mastigam sua autoestima e inflam seus sentimentos de dignidade são as ferramentas perfeitas para conduzi-la ao seu propósito de vida: elas são sua apólice de seguro de vida, que garantem o seu impacto e a sua invencibilidade!

CAUSE IMPACTO!

1. Quais questões emocionais lhe fizeram mais companhia na vida?
   - *Como elas impactam sua vida?*
   - *Como essas questões impactam seu trabalho?*

2. Que membro da família lida com essas mesmas questões?
3. O que você pode fazer hoje para dar um passo em direção à cura desta questão e para diminuir o impacto dela sobre sua vida?

ENSAIO 27

NÃO HÁ "NÓS" EM CORAGEM

Vivendo corajosamente

"Alguém quer ir ao banheiro comigo?" Esta é a melodia da mulher, ouvida em todos os lugares, de festas infantis a eventos culturais de elite. Nós, mulheres, temos uma inclinação natural para o agrupamento – pense em ovelhas – e relutamos em fazer muitas coisas sem que nossa comitiva esteja junto de nós. É como terapia de grupo móvel.

A maioria de nós busca e finalmente prospera em consenso a respeito de tudo o que precisa decidir. Antes de tomarmos qualquer atitude importante (e sem importância também), conversamos com nossas amigas; discutimos os detalhes; abordamos nossas preocupações; pesamos as opções; basicamente, esgotamos o assunto. Uma vez executada a autópsia completa no assunto, estamos prontas para dar aquele passo corajoso. "Desça do cavalo, ele está morto".

Nós compramos, comemos, jogamos e nos exercitamos com outras mulheres. Por quê? Porque é mais divertido dessa maneira! Pense nisso como uma opção de estilo de vida.

> *Resistimos à coragem por ela não ser um esporte de equipe.*

O que nos retém é exatamente o seguinte: quando escolhemos ser corajosas, inconscientemente também escolhemos ficar sozinhas. Para a maioria das mulheres, existem poucas circunstâncias menos desejáveis do que ser isolada com os próprios pensamentos e ter de acreditar em si mesma sem o benefício da votação das colegas. Somos fisiológica e sociologicamente programadas para o relacionamento, é por isso que muitas de nós optam por ignorar esplêndidas oportunidades, especialmente no trabalho; o desgaste de nossa tolerância para o risco é proporcional à obrigação de acreditarmos em nós mesmas (ver Ensaio 28).

Conforme acumulam experiências de vida, mulheres corajosas percebem que, sozinhas, geram o poder que cria os resultados de sua própria vida; por mais divertido que seja viajar em companhia e nos solidarizar em comitês, a verdade é que a coragem é um coquetel individual composto por nossos valores, nossas intenções e nosso impacto.

É preciso muita audácia para viver corajosamente. Quando aparamos toda a retórica, ser corajosa significa simplesmente viver a vida para e a partir de nós mesmas. Nossa autenticidade é nosso maior gesto de autoconfiança e gratidão. Isso declara que estamos vivendo de acordo com nossa bússola interna, nosso GPS (*God Positioning System* [Sistema de Posicionamento de Deus]). Significa que seguimos nossa própria orientação sobre cada palavra, pensamento e ação, independentemente do que o mundo espere ou exija de nós.

> *Há uma linha muito tênue entre coragem e estupidez, e haverá muitos momentos em que até a mulher mais poderosa não terá certeza sobre de que lado da linha ela está.*

Esse limite é facilmente transposto quando estamos incertas sobre a origem de nossas decisões. Seria do coração, residência do amor, ou do ego, onde mora o medo? Todas as escolhas – independentemente de sua importância – são geradas em um destes dois lugares. A opção que selecionamos depende de nossa história, de sua marca em nosso presente e de sua implicação em nosso futuro. Toda escolha é nova; sem escolha não há coragem.

Escolhas estúpidas são as que fazemos sem considerar se há congruência entre nosso coração e nossa mente; e quando percebemos, tarde demais, que ela não foi considerada, já não podemos fazer mais nada a respeito. São as decisões que tomamos quando estamos em "piloto automático", quando ignoramos nossa sabedoria interior e pensamos que a opinião de outra pessoa é a nossa. Escolhas estúpidas normalmente são feitas quando inconscientemente nos baseamos em nossas feridas de infância para tomar decisões. Em nossas tentativas de provar algo à nossa família de origem (nossos pais, irmãos etc.) – que somos poderosas, bem-sucedidas, inteligentes, astutas e assim por diante – fazemos o oposto (ver Ensaio 25).

Tudo em nossa vida é uma oportunidade de aprendizagem; não cometemos enganos ou erros se aprendemos algo com eles. Então, quando descaradamente me refiro a escolhas "estúpidas", realmente não estou dizendo que não somos inteligentes. Quero dizer que essas decisões brotam de nosso ego e são baseadas em medo; elas não se originam do nosso propósito; estão alheias à coragem e não causam impacto positivo. Veja alguns exemplos:

- Susan candidatou-se a um emprego para "provar" que é tão inteligente quanto sua irmã;
- Joe comprou uma casa sem meios financeiros para provar a seus amigos que é bem-sucedido;
- Mark entrou para a faculdade de Direito porque seu pai é advogado, e ele queria receber mais amor de seu pai.

A contrapartida corajosa a estas decisões seriam:

- Depois de descobrir seu propósito, Susan encontrou seu emprego ideal; ela sobressaiu nele e assim começou a escrever sua própria história;
- Joe analisou seus objetivos financeiros e determinou o quanto podia pagar por uma casa. Não era a maior do quarteirão, mas será paga em quinze anos;
- Mark obteve seu MBA, ele sempre se imaginou como um empresário.

Quanto mais corajosamente vivemos, maior se torna nosso risco de errar. Muitas vezes erraremos ao tentar provar que somos dignos, merecedores, que temos direito ao amor ou que somos suficientes. Independentemente de sermos corajosos ou fracos, emotivos ou racionais, de vivermos no propósito ou fora dele, todos caminharemos por trilhas que nos conduzirão tanto a decisões corajosas quanto a estúpidas. Apesar do que acreditamos saber, a natureza humana almeja o contraste entre esses dois ambientes.

⌘ ⌘ ⌘

Ser corajoso pode envolver uma decisão: fazer algo, não fazer algo ou simplesmente manter-se quieto. Embora pudéssemos dizer o mesmo da estupidez, há aqui uma grande diferença:

> *Quando somos corajosos, somos autênticos e presentes.*
> *Quando somos estúpidos, fingimos ser outra pessoa.*

O dicionário define a palavra "autêntico" como sinônimo de "legítimo". Isso, por dedução, implica que qualquer coisa que não seja autêntica será ilegítima – algo cuja verdade eu ratifico.

Todos conhecemos pessoas que acreditam ser portadoras de alguma falha fatal ou imperfeição que deve permanecer escondida. A vergonha e a humilhação que acumularam em torno da autoatribuída "deficiência" as faz parecer quem não são. Da mesma maneira, encontrei mulheres tão laqueadas pelo ódio de si mesmas que estão dispostas a mostrar ao mundo somente as "coisas boas" – "as qualidades pelas quais são admiradas." Em ambos os casos essas pessoas estão mais comprometidas com a boa aparência do que com o bom sentimento, e elas dispõem de pouca tendência para a coragem.

É preciso uma quantidade extraordinária de autoconhecimento, autoestima, confiança e comprometimento para mostrar ao mundo quem somos em nossa essência; é necessário jogar a máscara fora, abrir mão das farsas e renunciar à pretensão e à postura.

Pense nisso. Considere o quanto precisará ranger seus dentes para revelar sua vida completamente a todos com quem você se preocupa e a quem respeita, e tome decisões independentes da influência e da opinião deles. Quanto mais se preocupar com eles, mais difícil será. Ter coragem significa que apesar de você poder considerar os pensamentos e sentimentos de quem respeita, no fim do dia, você dará ouvidos apenas à sua voz.

Eu mencionei que ser corajoso nem sempre é divertido?

Somente porque é a coisa certa a fazer, não significa que é fácil de fazer.

Decisões corajosas não são, de modo algum, decisões simples ou fáceis. Elas raramente são claras ou diretas, exatas ou organizadas, e podem criar um excedente de dissonância cognitiva (uma frase pomposa para turbulência interna). Decisões corajosas podem ser extraordinariamente dolorosas de se tomar e conviver. Elas não apresentam garantias; e nunca saberemos o que aconteceria se tivéssemos feito outra escolha, não é? Mas é por isso que são nossas; é a incerteza que as torna corajosas. É por isso que vale a pena falar da coragem; ela nos deixa vulneráveis, é rara e inestimável. Somente porque nossa decisão é corajosa não significa que:

- vamos comemorá-la;
- ficaremos cem por cento animadas com ela;
- não teremos dúvidas sobre ela;
- foi tomada sem conflito;
- viveremos felizes para sempre;
- nossa mãe a aprovará, ou que nosso pai terá orgulho de nós.

Se você vive sua vida procurando apenas por segurança, um dia você acordará do lado errado da linha entre a coragem e a estupidez, perguntando-se o que aconteceu.

A única segurança que existe está em saber que você pode confiar em si mesmo para fazer uma ótima escolha, independentemente das circunstâncias da vida.

"A SEGURANÇA É UMA ILUSÃO; CORAGEM É SEU ANTÍDOTO."

CAUSE IMPACTO!

1. Reflita sobre algumas das atitudes mais corajosas que já teve em sua vida.
   - *Talvez você tenha terminado um relacionamento com alguém que amava porque sabia que um futuro a seu lado não daria certo.*
   - *Talvez tenha aceitado um trabalho por pura especulação, porque seu instinto lhe disse que era o passo certo a ser dado?*
   - *Talvez você tenha recusado um cliente por saber que não representava um bom negócio?*

2. Quais foram as circunstâncias?
3. O que a fez confiar em si mesma?
4. O que tornou este um ato de coragem?
5. O que de pior poderia ter acontecido?
6. O quanto isso pesava contra sua decisão?

ENSAIO 28

OH, MEU DEUS!
MEUS ÓVULOS ESTÃO ENVELHECIDOS

Autoconfiança

Muita atenção é dada ao fato de eu ter adotado dois recém-nascidos como mãe solteira. É verdade, isso realmente faz de mim uma pessoa incomum, mas há uma série de outras coisas sobre mim que também me tornam uma pessoa singular. Então, porque este fato? Independentemente de estar em uma entrevista para a imprensa, em um circuito de palestras ou entre novos amigos – sempre que surge a pergunta: "Uau! Você fez isso sozinha? Você é tão corajosa!" Minha resposta? "Corajosa? Adotar meus bebês não teve nada a ver com coragem. Foram o amor e o desejo de ser mãe que me impeliram." É interessante notar como os outros percebem nossa vida, não é?

Por que as pessoas automaticamente presumem que minha decisão foi corajosa? Provavelmente porque reconhecem que tal atitude envolveu uma impressionante ajuda da autoconfiança – uma *commodity* que todos tememos não possuir. Tomar essa decisão me foi muito mais simples do que você possa imaginar. Simples, não fácil. Vou revelar algo, aqui, entre você e eu: eu queria ser mãe; eu estava solteira; meus óvulos estavam envelhecidos; e então, eu adotei. Certo, talvez não tenha sido tão simples assim; mas dada a realidade – eu não tinha filhos – era uma escolha tanto óbvia quanto honesta para mim.

⌘ ⌘ ⌘

Antes de decidir adotar, eu caminhei pela praia por mais de um ano, tentando decidir como me tornar uma mãe. Primeiro eu optei pela inseminação artificial: durante o processo a enfermeira derramou esperma na minha perna (ninguém inventa uma coisa dessas!). Em seguida, tentei a via "relação casual". Vamos apenas dizer que eu nunca a recomendaria. Certa manhã, enquanto eu dirigia para o supermercado, pedi a Deus em voz alta por orientação (ei, você reza do seu jeito, eu rezo do meu): "Apenas me dê um sinal claro de como eu posso me tornar mãe". Em seguida, completando minha oração com um pouco de súplicas e submissão (ainda em voz alta, sempre com Deus), comecei a refletir sobre meu quadragésimo aniversário rapidamente se aproximando. Percebi-me calculando a possibilidade de conhecer um homem fantástico, apaixonando-me loucamente e engravidando antes do final do mês. Não parecia promissor. Minutos mais tarde, no sinal vermelho seguinte, parei atrás de um carro cujo vidro traseiro trazia um adesivo: "Adote uma criança. Ligue 800.xxx.xxx)." Eu juro!

Eu captei a mensagem? Não! Eu sou muito teimosa. Cinco meses se passaram antes que eu me abrisse à possibilidade da adoção. No final, ela chegou até mim por meio de mais um ciclo menstrual que eu esperava não ter, um jantar com uma nova amiga que iniciava seu percurso pelo território de adoção e de uma série de mensagens vindas da minha sabedoria interior que eu não poderia deixar de perceber. Três meses mais tarde, fui para o Camboja para trazer minha filha para casa.

O que eu aprendi? Autoconfiança; não o seu significado, mas que eu realmente a tinha. Que apesar de minhas circunstâncias, ou talvez por causa delas, que independentemente dos comentários daqueles que me amam e me respeitam e daquilo o que os outros acreditam ser normal, aceitável ou esperado, todos devemos descobrir e realizar o que é certo para nós. Estas são escolhas que fazemos sozinhos.

> *Ninguém – e quero dizer ninguém mesmo – pode nos ajudar quando encaramos decisões de mudança de vida; porque, no final das contas, somos os únicos que teremos de viver com elas – pelo resto de nossa vida.*

Confiar em si... humm. Por que isso é tão difícil? Acho curioso que confiamos na opinião de estranhos, em nossa cultura problemática, em colegas que conhecemos há apenas três meses, na mídia e em nossos parentes excêntricos e maravilhosos – em todos –, mais do que confiamos na única pessoa que conhecemos por toda a nossa vida: nós mesmas. Que loucura é essa? E por que fazemos isso? Especialmente quando percebemos que os momentos que mais lamentamos foram aqueles em que não ouvimos nossa sabedoria interior; quando pensamos que outros saberiam o que seria melhor para nós mais do que nós mesmas; e quando éramos vetadas por aqueles que mais nos conheciam e mais nos amavam. Para ser breve em relação à autoconfiança, se paramos para pensar, ela não tem nenhum sentido lógico.

> *Assim como a intuição, a autoconfiança é um músculo; se você não utilizá-la de maneira consistente ao longo do tempo, ela se atrofiará. Inversamente, quanto mais a exercitar, mais forte, duradoura e resistente ela se tornará.*

Será que confiamos mais em um forasteiro do que em nosso íntimo para não sermos responsabilizadas por um possível resultado desfavorável? Afinal, se a sugestão "dele" não funcionar, teremos alguém para culpar além da pessoa no espelho. Inquestionavelmente existem muitas mulheres com problemas colossais de responsabilidade (é um problema para os homens também, mas a questão parece diferente para eles). Nosso reduzido nível de autoconfiança está ligado às nossas questões com a responsabilidade (ver Ensaio 21 – ele é inteiramente dedicado ao assunto), assim como à maneira com a qual a maioria de nós foi socializada.

Por centenas de anos as mulheres estiveram "uma posição abaixo", onde não tinham escolha, tomavam poucas decisões e dependiam de outros (marido, família e sociedade) para lhes dizer quem e como ser, o que fazer e como fazê-lo. Um terreno nada fértil para o cultivo da autoconfiança, não é?

Se entrarmos em contato com nosso íntimo por um momento, perceberemos uma verdade básica: lembraremos das vezes em que nossa intuição nos ajudou muito e daquelas outras vezes quando – embora desejássemos – não a acatamos, e pagamos um alto preço pelo resultado obtido, assim como por ignorar a nós mesmas. Se a intuição é tão confiável quanto sua reputação faz crer, então nosso grau de autoconfiança não deveria estar à altura dela? E se ela não está, por que não?

Será que não podemos confiar em nós mesmas ou não estamos dispostas a confirmar essa confiança? Você pode estar se perguntando: por que as mulheres evitariam saber que são dignas de confiança, preferindo apenas confortar-se com a ideia de acreditar que são.

Acreditar está ligado a esperança; saber é não ter dúvida; e a dúvida não traz nada de bom.

No segundo em que demonstramos esperança de que algo aconteça indicamos falta de autoconfiança. A mensagem implícita por trás da esperança é que o poder para a realização do que esperamos não nos pertence. Quando afirmamos saber algo, temos certeza, e nenhuma esperança é necessária, porque nós temos aquilo como verdade. Quando sabemos, dispomos do mesmo grau de certeza que temos quanto ao nosso gênero sexual depois de uma noite de sono. Não há nenhuma razão para verificar, não é?

Quando uma mulher diz "não tenho certeza", ela tem.

Noventa e nove por cento das vezes que uma mulher me diz "Eu não tenho certeza sobre..." e eu a questiono, pressionando-a a decidir se está certa sobre o que está dizendo, ela normalmente está. Por que, então, a hesitação? Por que a relutância em se comprometer por saber algo? Em confiar em si mesma?

Trata-se de uma ação de resguardo, uma maneira de manipular a linguagem para "manter nosso pescoço a salvo". Deus nos livre de dizer algo muito imprudente, confiante demais, absoluto demais, inteligente demais, autocrático demais ou poderoso demais. "Eu não tenho certeza" serve também como um meio para a prostração: podemos parecer sociáveis, colaborativas e cordatas, mesmo quando não nos importamos em ser (tudo o que se refere a mulheres sendo "demais" em algum aspecto é abordado no Ensaio 15).

Você acha isso ilógico? Eu acho! E se você sente sua energia se esvaindo ao ler sobre este assunto, comece por detectar os estragos que isto cria em sua vida, em sua psique, sem falar em sua habilidade de causar impacto.

A autoconfiança é vital para a autopermissão.
A autopermissão é vital para o autogerenciamento.
O autogerenciamento é o único caminho que leva ao impacto.

A quantidade de confiança que depositamos nos outros, antes de nós mesmas, é proporcional ao quanto nos enfraquecemos. O que precisamos para confiarmos em nós mesmas, para extinguirmos a dúvida? Coragem!

A coragem é algo engraçado – é como qualidade – não sabemos defini-la, mas definitivamente sabemos reconhecê-la. A coragem é algo semelhante a agarrar uma nuvem – ela é fugaz, misteriosa e muda de forma sem esforço. Quando vivenciamos uma situação muito desafiadora, estamos preocupadas demais (e, com frequência, sobrecarregadas) com as circunstâncias para parar e avaliar nossas ações como corajosas ou não; o que torna a coragem, também, uma qualidade sensível ao tempo. Normalmente apenas reconhecemos nossos atos corajosos em retrospecto, quando "rebobinamos a fita" de nossa vida e avaliamos os dados.

Suspeito que se soubéssemos antecipadamente o que seria necessário para mover aquela montanha, nenhuma de nós teria feito um único esforço – nos afugentaríamos na inércia. Quantas vezes já refletimos "Como foi bom eu não saber o quanto seria difícil, ou eu não o teria feito".

Raramente somos capazes de antecipar nossa coragem, nem fazemos algo conscientemente tendo a coragem como objetivo final. A parte da coragem é quase sempre acidental, mas isso não impossibilita que aprendamos a exercê-la segundo nossa vontade – porque é possível.

A coragem é a ponte entre o acreditar e o saber.

A coragem contemporânea não se refere a entrar em uma luta livre contra criminosos até vencê-los ou a salvar crianças de um prédio em chamas; esses são atos, geralmente, de luta instintiva ou respostas imediatas. A coragem mais cobiçada e inspiradora é aquela encontrada em mulheres simples que vivem vidas extraordinárias.

O que é uma vida extraordinária? É aquela na qual se tem 100% de chance de escolha. E "coragem" é uma escolha! Uma vida extraordinária acontece exata e precisamente como você a planejou. Você se sente sobre ela como queria se sentir, e ela tem o jeito que queria que tivesse. Cada detalhe foi especialmente configurado para apoiá-la e a seu propósito de vida. Uma vida extraordinária significa que está possibilitando a si mesma a permissão, a verdade, o amor e a coragem de viver de maneira invencível.

Mulheres extraordinárias reconhecem e admitem a escolha de sua própria felicidade: elas estão dispostas a se arriscar a qualquer desconforto, dor e insegurança pela oportunidade de votar em si mesmas e tomar as rédeas de sua vida. Mulheres invencíveis desconsideram o que "deveriam" estar fazendo e o "julgamento" dos outros: elas buscam apenas andar em seu próprio caminho para cumprir seus propósitos, e causar seu impacto onde forem.

Ter coragem é ser autêntica.

Não há nada de autêntico sobre ser invisível, ou em não confiar em si mesma sobre a própria vida quando se sabe muito bem que a sabedoria interior e a intuição são mais confiáveis do que o carro que se está dirigindo. Não há nada de autêntico sobre fingir não ser infinitamente poderosa de modo que aqueles à sua volta não se sintam desconfortáveis. Vá em frente; deixe-os desconfortáveis. Não tire deles este presente; pode ser que eles precisem justamente disso para encorajá-los a encontrar seus próprios caminhos, propósitos e poderes, como um dia você encontrou os seus.

À proporção que evoluímos de invisíveis para invencíveis e expandimos nossos potenciais, nos envolvemos exponencialmente às nossas escolhas: compreendemos seu impacto interno e externo de maneira mais plena. Então, faça grandes escolhas!

CAUSE IMPACTO!

1. Como sua autoconfiança impacta seu desempenho no trabalho?
2. Quem você considera um modelo de autoconfiança?
   - *Por que essa(s) pessoa(s)?*
   - *O que faria diferentemente em sua vida agora?*

3. Se você reunisse toda a sua coragem e a aplicasse em sua vida pessoal, o que se tornaria diferente?
   - *Como a mudaria?*

4. O que de mais corajoso você já fez?
   - *Porque o fez?*
   - *O que aprendeu sobre si mesma fazendo isso?*
   - *Como pode aplicar esse aprendizado em outras situações?*

ENSAIO 29

"REJEIÇÃO É A FERRAMENTA DE DEUS PARA PRESERVÁ-LA DE PROBLEMAS"

Valorizando suas falhas

Butch foi um dos melhores guias turísticos que eu já tive, mas ele não era realmente um guia turístico. Era meu motorista e nós estávamos a caminho do aeroporto de River Walk, em Santo Antonio. Em um lindo dia de outono, em 2007, Butch fez questão de me mostrar cada coisa empolgante que "A Cidade do Álamo" tinha a me oferecer. Ele não sabia que minha estada em sua amistosa cidade seria de menos de 24 horas; eu estava lá para ministrar uma palestra.

Quase alcançando nosso destino, Butch olhou para mim no banco de trás, e pediu-me, entusiasmado, para olhar pela janela traseira e ver o Alamodome.

Butch: Depressa, antes que passemos completamente por ele. É o edifício de cor bronzeada.

Eu: O Alamodome? Não o vejo.

Butch: Bem atrás de você.

Eu: Descreva-o para mim.

Butch: É aquele que parece um tatu de barriga para cima.

Eu: Butch, Butch, Butch. Eu sou da cidade de Nova York. Eu nem mesmo sei como se parece um tatu na posição normal.

Perspectiva

Ex-presidente da Hewlett-Packard, Carly Fiorina, afirmou publicamente, ao ser demitida em fevereiro de 2005: "Eu não falhei. Fui demitida."

Perspectiva

Sempre que tenho a sorte de falar para um público feminino, inevitavelmente terminamos nosso papo conversando sobre relacionamentos – os românticos. Independentemente da quantidade de mulheres presentes – dez, cem ou mil – ao menos a metade delas se diz divorciada. Quando pergunto quantas delas sabiam, antes do casamento, que não deveriam se casar com aquela pessoa, noventa por cento das divorciadas levantam as mãos. O que elas têm a dizer sobre isso? Após uma onda de risos nervosos, elas compartilham:

- "Eu sabia, em meu coração, que não estava fazendo a coisa certa; mas a escolha parecia tão boa na teoria";
- "Eu sabia que ele tinha um problema com bebidas, jogos, mulheres, dívidas e/ou _____________; mas ele nunca passou a noite fora de casa, jamais me bateu, não me desrespeitou e/ou _____________ – então, raciocinei que daria certo";
- "Minha mãe dizia que minhas expectativas eram irreais e que eu estava sendo muito exigente."

Agora, estas são as perguntas cabais: Deveriam essas mulheres se concentrar na falência de seus casamentos, e no fato de que falharam? Ou deveriam, em vez disso, estar se parabenizando por estarem cientes, antes de se casarem, de que seus casamentos não dariam certo? Elas sabiam, no fundo do coração, que não estavam fazendo uma escolha poderosa, e casaram-se assim mesmo, em essência, ignorando sua sabedoria interior. Então, será que realmente falharam ou esses casamentos fracassados lhes servem de evidência para que assumam sua sabedoria no futuro e confiem totalmente em si mesmas? Trata-se de perspectiva, certo?

Perspectiva

⌘ ⌘ ⌘

Nosso ponto de vista, nossa visão de mundo, nosso posicionamento, nossa atitude ou nossa interpretação. "Enxergamos a vida como somos".

O que distingue o sucesso do fracasso é a nossa visão. Cada um vê a vida através de suas próprias lentes; você nunca encontrará outra pessoa que enxergará sua vida exatamente como você.

O fracasso geralmente é visto como falta de sucesso; como uma omissão ou negligência ao cumprimento de alguma promessa. Agora, diga-me, o que é o sucesso? Se fomos condicionadas a sempre buscar comentários e sugestões externas, isso representa um desafio – porque a única pessoa que realmente pode definir o seu fracasso ou sucesso é você! Mas estamos acostumadas a classificar como fracassos os eventos que alcançaram resultados diferentes dos que desejávamos.

Nota: A ausência de sucesso não é a prova de fracasso. Não há falhas, somente feedback.

O fracasso, assim como a coragem, deveria ser determinado ao longo de um período prolongado. O que parece um fracasso hoje pode realmente ser uma dádiva de Deus amanhã. Pense em quando você não conseguiu o emprego que queria e, seis meses mais tarde, um melhor apareceu. E aquela sensação de que sucumbiria sem um determinado relacionamento? E, algum tempo depois, a "pessoa certa" apareceu, e você ficou "tão feliz" por ter sido rejeitada alguns meses antes. Um conhecido meu caiu em profunda tristeza quando alguém ofereceu um lance mais alto que o dele pela casa de seus sonhos. Coitada dessa pessoa. Nem um ano mais tarde, a casa literalmente explodiu por causa de um vazamento de gás não detectado. Felizmente não havia ninguém no local.

Eu já testemunhei este fenômeno muitas e muitas vezes em minha vida e na vida dos meus amigos e clientes. Acumulei confirmações suficientes para concluir que se um evento não se realiza como eu esperava, em algum momento, no futuro, serei grata por ele não ter acontecido. Garth Brooks diz: "Graças a Deus pelas orações não atendidas". Nancy Solomon diz: **"A rejeição é a ferramenta de Deus para preservá-la de um problema."**

> *Existem poucas ferramentas tão valiosas quanto nossa capacidade de reformular as circunstâncias da vida; para escolhermos, de maneira consciente e corajosa, uma perspectiva de capacitação e impacto, em vez de seus opostos: a falta de poder e a vitimização.*

Isso não quer dizer que devemos abandonar a experiência pela metade e partir diretamente para o ponto de vista a 3 mil metros de altura, nem mesmo supor que podemos. Somos humanas. Podemos primeiramente precisar fazer a nossa birra, ter um chilique, uma sessão de choro ou de autopiedade – qualquer ataque nervoso que nos ajude a experimentar completamente o evento em cada nível emocional. Se não processamos os sentimentos no momento em que eles afloram, com certeza, em algum momento, eles serão processados. Mas, como os impostos, podemos pagar juros e multas por seu "atraso". Ao passarmos por uma catarse emocional,* podemos então escolher reformular o evento. Você ficará surpresa ao perceber o quanto se sentirá invencível quando reconhecer que este evento, como muitos outros, tornou-se um presente.

Somos máquinas de fazer sentido, a cada *bit* de informação que processamos é atribuído um valor subjetivo, consistente com nosso sistema de crenças. Alguns desses valores nos são óbvios, enquanto a outros damos pouca atenção. As ocorrências em nossa vida, incluindo nossos resultados não intencionais, pertencem a três grupos distintos:

- o evento ocorrido;
- o significado ou a interpretação atribuída ao evento (como a perspectiva do casamento "fracassado" discutido anteriormente neste ensaio);
- quem nos tornamos como resultado do evento (como esse evento nos impactou).

---

* Em psicanálise, diz-se da operação de trazer à consciência estados afetivos e lembranças recalcadas no inconsciente, liberando o paciente de sintomas e neuroses associadas a este bloqueio. Em psicologia, trata-se da liberação de emoções ou tensões reprimidas. (N.E.)

"O MAIS VALIOSO DE UMA EXPERIÊNCIA
É QUEM NOS TORNAMOS COMO SEU RESULTADO."
NANCY D. SOLOMON

O valor da falha está neste último e mais crucial ponto. Se você refletir sobre sua própria história, é provável que descubra que aquelas oportunidades nas quais não obteve sucesso, mas em que você também aprendeu algo de maneira vital e positiva, não são mais classificadas como fracassos. Essas são novas "oportunidades de aprendizado", "períodos de crescimento" e "períodos de transição". Pense:

- Como essa experiência mudou você?
- Como ela alterou sua vida e seu futuro?
- Que ferramentas você reuniu no processo e como as usa agora?
- Quem você teria sido sem essa experiência? Como sabe disso?
- Como a experiência geral o impactou?

Quando enxergamos a vida como uma série de experiências que nos influenciam, nos moldam e nos pressionam a nos tornarmos quem somos destinados a ser – podemos mudar nosso pensamento de "o que há de errado comigo" para "o que está certo comigo". Começamos a perceber todos os eventos que não saíram como planejamos, e que ficaram aquém das nossas expectativas, como os períodos em que recebemos o que precisávamos, não necessariamente o que queríamos. Desse modo, esses eventos se tornam "motivos de comemoração em vez de oportunidades para desculpas."

"NOSSA JORNADA CONSISTE EM NOS TORNARMOS QUEM FOMOS DESTINADOS
A SER. AS EXPERIÊNCIAS SÃO OS VEÍCULOS QUE NOS LEVAM ATÉ LÁ."
NANCY D. SOLOMON

A vida não é sobre o que fazemos, a vida é sobre quem nos tornamos. Isso necessariamente implica que nosso foco – a lente com a qual nos enxergamos se quisermos maximizar nosso impacto – precisa manter-se sobre nossa evolução como pessoas, em vez de apenas sobre o que fazemos no mundo material. Isso representa um convite para a autodescoberta de aonde pretendemos ir e quem precisamos nos tornar para conseguirmos chegar lá. Então, e somente então, deveremos focar no que precisamos fazer para atingir esse objetivo.

CAUSE IMPACTO!

Use o Quadro 29.1 como um guia. Faça uma lista das várias "falhas" ou decepções em diversas áreas da sua vida. Identifique os padrões e escreva o que você percebeu.

Quadro 29.1 O evento x o que você aprendeu

O evento "o Fracasso"	Sua reação quando ele aconteceu	Como você se sente sobre ele agora	O que você aprendeu
Demitida do emprego depois de quinze anos na empresa	*Medo:* como vou pagar a prestação do imóvel? *Ferida:* Eu dei a eles tudo o que eu tinha! *Louca:* Eles deveriam ter demitido o Jim.	*Aliviada:* De qualquer maneira eu nunca gostei daquela indústria. Sou muito mais feliz agora em meu novo campo.	*A confiar em mim mesma:* Eu sabia que deveria ter deixado aquele emprego doze anos atrás.

ENSAIO 30

"E SE NÃO HOUVER NADA DE ERRADO COM VOCÊ?"

Permissão espiritual

Durante grande parte da minha vida não acreditei em Deus, pelo que considerava um motivo perfeitamente justificável: eu tinha 8 anos quando meu irmão mais velho morreu. Ele estava prestes a completar dez anos e era meu herói, meu protetor, meu melhor amigo; quando ele morreu, decidi que não faria amizade com qualquer Deus que tivesse levado meu Bruce de mim. Mais tarde descobri que Deus realmente não se importava por minha não aceitação; Ele estava aqui para ficar.

Nunca me comprometeria a escrever aqui as coisas que fiz com a raiva que carregava pela perda do meu irmão. Digamos apenas que pratiquei muito minhas desvirtudes. Aquela raiva amarga não foi apenas autodestrutiva, ela me alienou da única fonte de conforto com a qual realmente poderia contar: minha sabedoria interior, meu espírito, meu "eu maior". Aquilo de que eu mais precisava na vida era o que eu empurrava para mais longe de mim; o que, em última análise, serviu apenas para proliferar a raiva.

"PERSISTIMOS EM NOSSOS ERROS ATÉ QUE SE TORNEM DOLOROSOS DEMAIS, OU QUE NOS CANSEMOS DELES, ENTÃO FAZEMOS ALGO DIFERENTE."

NANCY D. SOLOMON

Persisti realmente muito em meu erro, e o "algo diferente" foi uma longa e dolorosa jornada interior, precipitada por um distúrbio alimentar. Eis algumas das coisas que aprendi e como isso se refere a Deus e a permissão.

Esta tem sido minha experiência: quando nos comunicamos com Deus – Energia Suprema, Luz Interior, com aquilo em que acreditamos – nós Lhe pedimos nos conceder nossas súplicas, sonhos, esperanças e aspirações. Nós pedimos por essas coisas como se elas realmente nos pudessem ser dadas, como se o poder para criá-las coubesse somente "lá fora" em vez de "aqui dentro". Não!

Crescimento requer coragem. Não será uma pequena dose de autoconhecimento que irá nos ajudar a perceber que tudo o que sempre quisemos já está dentro de nós. Em vez de orar pelas coisas, precisamos pedir de modo mais eficaz pelo apoio da energia universal para que se manifestem.

O aspecto espiritual da permissão se refere à nossa capacidade de enxergarmos a nós mesmas através das lentes de Deus e criarmos nossa vida a partir dessa imagem, para realmente "nos respeitarmos" como fonte. A permissão espiritual é o florescimento do divino dentro de nós. Significa que ignoramos nosso ego a fim de criar uma abertura em nossa mente para nosso esplendor, e em nossas vidas para a inspiração mística. A permissão espiritual nos possibilita viver num estado de abundância e perpétua prosperidade.

A permissão espiritual pressupõe que todas as coisas de que precisamos já estão dentro de nós, à nossa disposição, e tudo o que nos é exigido para acessá-las é abrirmos caminho.

Quando nos concedemos permissão espiritual, alinhamos todos os componentes de nossa vida com o Eu Divino e com nosso propósito de vida. O compromisso emocional que assumimos declara que estamos decididas sobre a congruência entre nossa vida mental, física e espiritual.

Nosso estado global atual, embora não seja ótimo de uma perspectiva financeira, abriu nosso coração para o mundo. Ele nos incitou a inspecionar e a avaliar, de maneira microscópica, nossa vida, nossas prioridades e nossos valores; e, mais obviamente, nosso impacto (cuja importância para as mulheres tem crescido exponencialmente nos últimos anos). O mundo está se tornando cada vez mais polarizado entre a cabeça e o coração; entre o que nós pensamos e como nos sentimos; entre nossa espiritualidade e emoções e nossa mente e físico.

Este livro não pretende abordar completamente este tópico; de modo breve e simples, seu mundo tem a seguinte aparência: um grupo vive de dentro para fora, e o outro vive de fora para dentro. Os primeiros são aqueles determinados a criar suas vidas a partir de uma sabedoria interior e estão alinhados com seu propósito de vida. Isso não significa que aquelas pessoas não tenham grande afeição pelas lindas coisas que o dinheiro pode comprar. Mas indica que o mundo material deles não é a origem de suas vidas; em vez disso, a vida deles dá origem a seu mundo material.

Os últimos, aqueles que vivem do externo para o interno, estão mais focados na aparência do seu mundo do que em como o sentem. Pense no pior estereótipo de Wall Street, e então volte um pouco. Essas pessoas estão, em sua maioria, removidas de sua espiritualidade. Isso não significa que não sejam espirituais; a espiritualidade apenas não é a bússola que os norteia. O propósito de vida deste grupo pode ser ou não importante para seus integrantes (ou mesmo para sua consciência), mas, independentemente disso, não determina seu comprometimento para com a própria existência.

Quando estamos vivendo em permissão espiritual, nós nos concedemos:

- executar nosso potencial genético;
- sentir e expressar cada emoção em nosso coração;
- perceber nosso potencial físico;
- realizar nossos sonhos;
- tornarmo-nos um instrumento de nosso propósito;
- realizar Deus dentro de nós;
- servir como ferramenta para um propósito maior;
- estender-nos para os limites externos de quem somos;
- causar impacto.

Permitir, possibilitar, e consentir; em contraste com efetuar, forçar e fazer. Abrir espaço e apenas aceitar que a mágica acontecerá. Não é uma tarefa fácil em uma cultura que nos recompensa, como viciados em ação, por conseguirmos fazer e acontecer; e ela é rápida em confundir quietude ou paciência com preguiça ou inépcia.

Permitir significa ter acesso à nossa plenitude, viver nosso potencial. Significa adentrar nosso privilégio singular e reconhecer que nossas riquezas interiores estavam destinadas a ser exploradas.

"A PERMISSÃO ESPIRITUAL É O QUE TRANSFORMA "EU ACHO QUE CONSIGO" EM "NÃO DISSE QUE CONSEGUIRIA?!"

NANCY D. SOLOMON

Às vezes não queremos descobrir nossos limites, porque tememos perceber que eles não são tão extensos quanto pensávamos. Então, nem sequer tentamos fazer as coisas porque não queremos nos desapontar? Que tipo de atitude é essa? Se você revir a discussão sobre arrependimento na Introdução deste livro, irá se lembrar de que a maioria das pessoas não se arrepende das coisas que tentou fazer. Pelo contrário, o que perturba sua paz de espírito é o que não tentaram. Acredito que quando experimentamos e arriscamos um resultado inesperado, geralmente não falhamos de jeito algum; frequentemente nos descobrimos infinitamente mais poderosos do que inicialmente acreditamos.

Grave isto em sua memória: todo dom está conectado à sua capacidade de utilização. Não nos é dado um sonho sem a possibilidade de realizá-lo. Não nos é dado um propósito de vida sem todo o restante de que precisamos para consumá-lo.

"A PERMISSÃO É A PONTE ENTRE NOSSOS DONS E NOSSO PROPÓSITO DE VIDA."

NANCY D. SOLOMON

A permissão espiritual é o nosso poder máximo; ocorre quando nos revelamos ao mundo; quando deslindamos o quanto somos ilimitados; quando paramos de nos apresentar como uma lâmpada de geladeira quando, na verdade, somos a iluminação de um estádio. Gostaria de mostrar-lhes como isso pode ser feito – conheçam Marilyn.

Marilyn queria, mais do que qualquer outra coisa, ser colaboradora semanal no jornal de negócios local. Ela abordou o editor, um homem que encontrara várias vezes enquanto expandia sua rede de contatos, mas ele lhe disse que não existia mercado para o que ela oferecia: "O assunto 'mulheres nos negócios' não é uma prioridade nossa." A princípio, Marilyn ficou chocada com tal descrédito. Mulheres nos negócios não eram uma prioridade? Em que caverna aquele homem estava vivendo? Então ela se zangou: sabia que suas habilidades ultrapassavam amplamente as das três pessoas que já escreviam para o jornal, e que sua área de experiência – mulheres –, não podia ser mais oportuna. Duas semanas depois de ter sido rejeitada, Marilyn fez uma autoanálise e reconheceu que a única razão que a estava motivando a escrever para o jornal local era o pavor que sentia para fazer o que realmente queria – escrever para uma publicação nacional. Recuperando sua autoconfiança, Marilyn abordou três jornais nacionais – dois lhe ofereceram uma coluna. Por que seus serviços foram recusados no setor local? Era seu espírito lhe dizendo que ela estava destinada a coisas maiores.

"Talvez o motivo do seu desconforto não seja sua ampla visão, mas o lugar restrito em que se encontra."

Nancy D. Solomon

Você percebeu que a permissão espiritual supõe que seu impacto está predefinido? Que há algo a ser tirado do caminho; que quando você desobstrui a trilha, algo de grande valor automaticamente flui? Seríamos imensamente mais felizes e culturalmente mais bem-sucedidas se nos aceitássemos como as criaturas incríveis que somos – honestamente. O fato é que, como seres humanos, nós criamos tudo isso; atribuímos significado subjetivo a cada pequena informação que processamos: 20 milhões de *bits* de informação por segundo. Então, porque não interpretar as coisas de modo a destacar nosso poder pessoal, em vez de inventar coisas que nos fazem sentir pequenas, insignificantes e fracas? E o que você acha de começarmos a fazer isso hoje?

O universo nos proporciona uma imagem física de nossas expectativas mentais e emocionais. Isso significa que é garantido que veremos o que procurarmos ver. Se dirigirmos nossa atenção à divindade dentro de nós, à semente de grandeza que carregamos, à centelha de genialidade em nossas mentes, então nosso mundo físico irá, adequadamente, refletir isso. Do mesmo modo, se nos concentrarmos nas coisas que nos perturbam, nos entristecem, nos fazem sentir indignos e inúteis, isso então, em pouco tempo, se torna nossa experiência.

Anos atrás, eu me preparava para ministrar um treinamento em um importante hotel. Havia cinco ou seis pessoas me ajudando, e à medida que a noite avançava percebia que o entusiasmo delas para montar a sala diminuía.

Reuni o grupo e, embora tentada, decidi não dizer nada sobre o desleixo de seus preparativos. Abordei esses colegas, que eu sabia que eram cristãos, dizendo: "Está ficando tarde e vocês estão cansados. Vou dizer o que eu gostaria que fizessem – por favor, preparem esta sala com cem cadeiras supondo que Cristo se sentará em cada uma delas."

Voltei uma hora mais tarde e encontrei um espaço imaculado. Tudo estava em seu perfeito lugar, a sala estava impecável e a energia fluía. O que aconteceu? Eu convidei aquelas pessoas fabulosas a acessar um lugar já existente dentro delas; seu único trabalho foi combinar a experiência da sala com sua experiência interna de Cristo. Isto é permissão espiritual; permitir que nossa experiência do mundo externo combine perfeitamente com a Grande Luz dentro de nós.

O aspecto espiritual da permissão nos compele a nos manter em nossa própria luz, sem nos constranger em usar cada dom, cada talento e cada watt de nosso brilho para trazer nossa exclusiva contribuição ao mundo. Isso significa celebrar nossa própria estranheza, excentricidade e marca pessoal única. É a observância quinta-essencial de nosso enigma, da nossa vida e do que escolhemos fazer dela. A permissão reside num estado de graça e abundância. A autopermissão demonstra que reconhecemos nosso valor, e isso origina um direito de posse – mas ainda não existe ego nisso.

Ela nos estimula a nos autoavaliarmos a partir de nossas qualidades e a darmos menos atenção ao que acreditamos (ou que nos foi dito) serem nossos defeitos, que "precisariam ser corrigidos".

Ela insiste que enxerguemos nossa vida através das lentes do amor, da compaixão, do perdão e da benevolência.

Concedêmo-nos permissão espiritual quando:

- procuramos aquele emprego além de nosso alcance;
- nossa filha adolescente nos mastiga e cospe fora e, ainda assim, a levamos ao shopping;
- perdoamos um(a) colega por alguma indiscrição, intencional ou não;

- doamo-nos mesmo quando temos certeza de que não temos mais energia para isso;
- recusamos uma promoção porque nossa Luz Interior se opõe a ela;
- acreditamos em nós mesmas quando a evidência nos aconselharia o oposto;
- devolvemos os 17 centavos extras que o caixa nos deu de troco;
- nosso cônjuge age de modo imaturo e nós o perdoamos no minuto em que um pedido de desculpas é feito;
- silenciamo-nos em oração e seguimos a orientação que recebemos independentemente de o quão louca ela pareça;
- a pessoa sentada à nossa frente é a mais antipática do grupo – e assim mesmo lhe damos amor.

A permissão não é uma atividade, uma ocasião ou um evento, é uma mentalidade, um estilo de vida, e uma atitude que nós deliberadamente escolhemos. Nossas ações são limitadas apenas pelo que pensamos. Nossas mentes estão sobrecarregadas apenas por aquilo que não estamos dispostos a sentir.

> *Permitir-se realizar aquilo a que se veio é a expressão máxima de gratidão.*

Ela diz "Obrigada por permitir o fluxo de energia universal através de mim. Compreendo totalmente o quanto sou feliz e o quanto sou absolutamente abençoada. Por me ter sido dada a oportunidade de __________________, o dom de ________________ e a habilidade de __________________. Irei me manter em gratidão, compartilhando-me com o mundo; não de modo vaidoso ou imodesto, mas com humildade e reverência. Demonstrarei minha gratidão sendo quem fui destinado a ser, aproveitando ao máximo este dom; e eu sempre o cultivarei."

CAUSE IMPACTO!

1. De que maneira você se mantém em seu propósito de vida?
2. Em quais aspectos precisa permitir-se cumprir sua missão?
3. Qual evidência de permissão espiritual tem em sua vida?
4. De que concepções negativas precisa se livrar para dar-se permissão espiritual a fim de se tornar quem foi destinado a ser?
5. Se você relaxasse totalmente e vivesse sem permissão espiritual, como sentiria sua vida e como ela lhe pareceria?

ENSAIO 31

VOCÊ RECEBE DA VIDA O QUE TEM A CORAGEM DE PEDIR[1]

Pedindo o que você quer

Vários anos atrás recebi um telefonema de uma organização em busca de um orador para seu evento anual. Eu e a representante da empresa passamos trinta minutos ou mais discutindo o que seria abordado na ocasião e preenchendo todos os requisitos habituais de uma entrevista recíproca. Estabelecida a afinidade entre nós, a mulher perguntou o valor de meus serviços. Informei-lhe meus honorários para uma palestra e, então, ela ficou em silêncio:

Mary: Nancy, eu sei que você merece o quanto cobra porque já assistí a uma palestra sua, mas eu simplesmente não tenho esse montante em meu orçamento para investir. Você consideraria fazê-lo pela metade do preço? Seria uma ótima exposição para você!

Eu: Eu adoraria trabalhar com você e para a sua organização e é gentil da parte de vocês me fazerem esta oferta, mas eu não posso aceitá-la.

Mary: Isso é muito ruim. Eu realmente contava com você para discursar.

Eu: Vou lhe dizer uma coisa, Mary, eu vou fazê-lo gratuitamente.

Mary: Gratuitamente? Você o fará gratuitamente? Por que você faria isso?

Eu: Deixe-me dizer como cheguei a isso. Se eu cortar minha tarifa em 50%, eu ainda terei as mesmas horas de preparação, e ainda lhe darei uma palestra idêntica àquela que ministraria se você estivesse me pagando o valor total. Eis o problema: ao final da minha palestra, ela terá sido tão fantástica que você poderá se sentir constrangida por não me pagar a tarifa integral. Além do mais, poderei me ressentir por ter feito desconto em minha tarifa e, portanto, em meus serviços e em relação a mim mesma. Eu reservo um número de horas a cada mês para trabalho *pro bono*. Consideremos este serviço como tal; e então nós duas nos sentiremos bem sobre trabalhar juntas.

---

[1] Nancy D. Solomon.

Mary: Sim, entendo o que você está dizendo. Deixe-me pensar sobre isso e eu telefono para você amanhã, certo?

Eu: Aguardarei sua ligação.

No dia seguinte, Mary ligou e ofereceu pagar minha tarifa integral. Nós discutimos sobre como ela conseguira aquilo e sobre seus sentimentos a respeito. Eu aceitei. Basta dizer que no final da palestra Mary correu até mim e me abraçou. Ela sussurrou em meu ouvido: "Eu não paguei a você o suficiente por aquela lição importante. Muito obrigada!"

Agora, antes que você me defina como imodesta, deixe-me dizer que não agi daquele modo para que Mary voltasse para sua diretoria implorando por mais orçamento. Isso se chama manipulação e este não é o caminho que queremos trilhar. Eu o fiz porque realmente queria trabalhar para aquela organização. Contudo, eu teria sido uma hipócrita se me colocasse diante de quinhentas mulheres, falando a elas sobre seu poder pessoal e liderança, depois de ter concordado em cortar minha tarifa em cinquenta por cento. Fiquei feliz por ter sido paga pelo que eu valho? Claro que sim. Eu o teria feito de graça? Com prazer.

Inadvertidamente, quando oferecemos um desconto, estamos arriscando descontar em nós mesmas. Ninguém deve acreditar em você mais do que você mesma. A maneira mais clara e mais eficiente de comunicar nossa autoestima é pedindo o que queremos.

> *Muitas mulheres habitualmente pedem pouco: aceitamos o que nos é dado em vez de pedir o que queremos.*

Isso passa uma mensagem de desprestígio ao mundo e a nós mesmas. Então, ou percebemos nosso erro e ficamos bravas com nós mesmas ou deixamos de reconhecer o que nos autoimpingimos e dirigimos nosso ressentimento à pessoa que nos "fez isso". Repitam em voz alta: "Não existem vítimas."

> *Nota: O fato de você pedir algo não significa que irá obtê-lo. No entanto, "a resposta para cada questão que você não formular será 'Não'."*

Elaine é uma maravilhosa funcionária na empresa em que trabalha há apenas dezoito meses. Ela trabalha muitas horas, frequentemente se oferece para projetos extras, dá o melhor de si e, no geral, é uma daquelas colaboradoras de alto potencial que todo o mundo reza para encontrar. Mencionei que sua atitude "pode ser feito" tem sido contagiante em sua divisão?

Elaine procurou-me para um treinamento a fim de planejar estrategicamente sua carreira. Planejamento tradicional de carreira não é a minha especialidade: Elaine sentia que não progredira tanto quanto poderia profissionalmente por causa de algumas experiências de infância que a deixaram com baixa autoconfiança e muitos traumas. Ela queria tomar consciência de si.

Sou uma pessoa que dispõe de facilidade para ver o quadro geral e fazer planos de longo prazo, então Elaine e eu definimos onde ela queria estar dali a cinco anos, porque ela queria estar lá, precisamente o que ela precisaria realizar durante aquele período e os conjuntos de habilidades que ela precisaria adquirir. Em seguida, montamos um plano abrangente incluindo mentores, dois a quatro níveis acima do dela, para cada um dos conjuntos de habilidades que ela necessitaria. Após alguns meses no processo, Elaine concluiu que, em seu mundo ideal, ela se reportaria ao vice-presidente executivo da organização, três cargos acima de sua gerente. Era a esse local que a autoconfiança de Elaine precisava ser elevada.

> *"Você recebe da vida o que tem a coragem de pedir."*

Tal movimento estava situado em um trecho além de sua imaginação. A prática comum era um degrau acima a cada dezoito meses, e ninguém, nunca, na história da empresa, se reportara de seu nível ao vice-presidente executivo. Elaine elaborou suas justificativas, ensaiou sua fala até que estivesse impecável e abordou o vice-presidente executivo. Ele concordou com ela! Não somente isso, mas ele se ofereceu para fazer as coisas da maneira certa com o gerente dela, de modo que ele não ficasse ofendido. Ela atualmente está trilhando seu caminho, dois anos à frente de seu plano inicial de cinco anos.

Como ela fez isso? Em vez de perguntar-se "por que a empresa aceitaria?", ela se perguntou "por que não aceitaria?"

Você já quis alguma coisa, mas, por alguma razão, estava relutante em pedir por ela, e então alguém que você conhecia pediu e conseguiu? Se nós não pedimos o que queremos, então uma de duas coisas acontecerá: ou nos transformaremos em vítimas, porque ninguém pode ler nossa mente e descobrir o que realmente desejamos, ou podemos fingir que se tivéssemos pedido poderíamos ter conseguido o que desejávamos. Aqui está a parte da responsabilidade: quando realmente pedimos o que queremos, temos uma chance que alguém diga não e, neste ponto, podemos escolher nos sentir rejeitadas ou, em primeiro lugar, escolher nos parabenizar pela coragem que tivemos para pedir.

Isso poderia ser algo pequeno, como pedir o último brigadeiro ou devolver o prato no restaurante porque ele não está de acordo com nossas expectativas. Também poderia ser algo grande como um aumento de salário, um aumento sobre o pedido de um cliente relativo ao ano anterior (mesmo que os negócios estejam devagar) ou, como Elaine, uma ousada jogada na carreira que poderia, até mesmo, ter ofendido um bom número de pessoas influentes.

Por que pedimos pouco? Por que não pedimos o que queremos? Medo.

Medo de sermos rejeitadas, de parecermos estúpidas ou inadequadas, de que ninguém gostará de nós ou qualquer outra ótima razão para não arriscar. E se você conseguir o que pediu e não souber o que fazer daí em diante? Então, é claro, surgirão o eterno demônio do "eu não mereço" e a bruxa do "eu não sou digna" que, juntos, colaboram com seu ego para garantir que você permaneça uma vítima invisível.

Adicione a essa mistura o fato de que as mulheres tendem a não promover seus próprios interesses (ver Ensaio 14). Ao invés disso, focam as necessidades alheias, frequentemente em detrimento das próprias. Não nos esqueçamos daquelas entre nós que têm sido tachadas de agressivas quando pedem o que querem. Lembram-se? Somos ambiciosas demais! Isso explica tudo!

Linda Babcock e Sara Laschever, em seu livro *Women don´t ask* [Mulheres não pedem], citam um estudo de graduação de MBA da Universidade Carnegie Mellon. O salário inicial dos homens formandos era 7,6% mais alto, ou quase 4 mil dólares superior àqueles das mulheres formandas do mesmo programa. Porque seria? É fácil supor que se trata da desigualdade do gênero, não é? Esse foi o meu primeiro pensamento. Entretanto, tal raciocínio estava incorreto. O fato é que as mulheres não pedem mais; em média, as mulheres aceitaram o salário inicial que o empregador ofereceu, e apenas sete por cento das mulheres realmente negociaram seu salário. Os homens, por outro lado, pediram um valor próximo do seu ideal; cinquenta e sete por cento deles negociaram.

Alguma vez você deixou de pedir um aumento porque sabia que não havia dinheiro no orçamento? Ou porque alguém precisava mais do que você? Ou porque você estava tímida e não tinha realmente certeza de que o merecia? O que você deveria fazer? Comprar alguns ótimos livros ou procurar um curso sobre a arte e a ciência da negociação? Coloque isso no topo da sua lista de afazeres porque todos negociamos o tempo todo. Jeanette Nyden, perita em negociação e mediadora profissional, recentemente publicou *Negotiation rules! A practical approach to big deal negotiations* (Gravy Press, 2009) [A negociação manda! Uma abordagem prática para grandes negociações]. Leia!

> *Pense nisso: E se você pedir o que quer, conseguí-lo e tornar-se extremamente bem-sucedida? O que você acha desta opção? E se o mundo estiver apenas esperando você pedir?*

E se você for sortuda o suficiente, corajosa o suficiente, impetuosa o suficiente para encontrar alguém como meu novo amigo Jim Everett? Deixe-me contar-lhe sobre ele e como nós nos conhecemos.

Poucos meses antes deste livro ser publicado, eu decidi nomear meu website e blogue de "*From Invisible to Invincible.com*" [De Invisível a Invencível.com]. Fácil, certo? Com certeza ele já pertencia a outra pessoa, e essa outra pessoa era Jim Everett. Minha intuição me dizia claramente que essa devia ser a minha URL, então eu o procurei e lhe telefonei. Um correio de voz ou dois mais tarde, eu disse a Jim o motivo de minha ligação e que eu adoraria me tornar a orgulhosa proprietária da sua URL.

Estou rindo enquanto relato esta história porque Jim é um sujeito do meio-oeste, de fala macia, tão agradável quanto a languidez do dia, e eu sou uma nova-iorquina com grande energia. Eu estava tão animada por ele ter atendido ao meu telefonema que durante toda a nossa conversação eu me concentrei em profundas respirações meditativas para não oprimi-lo O negócio de Jim se chama "From Invisible to on Demand Marketing.com" [Do Marketing Invisível ao Marketing sob Demanda.com], o que explica sua propriedade sobre minha URL. A princípio, ele não ficou muito entusiasmado com minha proposta. Em um determinado ponto acredito que ele realmente tenha dito não. Eu me lembro de ter lido algo que Jeanette Nyden disse uma vez sobre "calar-se depois de colocar sua oferta sobre a mesa", então eu não voltei atrás (sim, eu estava nervosa). Terminamos nossa conversa e eu o pressionei um pouco para que pensasse sobre o assunto durante a noite; já tinha planos para ligar para ele no dia seguinte. Eu, então, escrevi a Jim um e-mail expressando minha gratidão por considerar o meu pedido. Aqui está o e-mail que recebi de Jim na manhã seguinte:

> *Olá Nancy,*
> *Eu passei algum tempo sozinho ontem para ter certeza de entrar em contato com você com a melhor decisão em relação a esta URL. Eu decidi que ela não está à venda e eu não vou trocá-la. Entretanto, eu vou dá-la a você, sem qualquer condição. Depois de considerar sua oferta percebi que não quero ser mencionado em seu livro como parte de uma negociação. A única condição sob a qual eu gostaria de ser mencionado seria por ter feito algo importante e agregado valor a seu livro. Isso fica puramente a seu critério e não tenho nenhum interesse em influenciá-la...*
>
> *A razão para eu estar fazendo isso é porque acredito que você tenha algo grandioso aqui e que sua mensagem consistente ajudará a impactar a vida de muitas pessoas. Estou feliz por contribuir transferindo essa URL a você.*
>
> *"Você recebe da vida o que tem a coragem de pedir."*

Bem, esta é uma história que vale a pena repetir!

Jim e eu estamos rapidamente nos tornando amigos, colaborando em alguns programas e ensinando um ao outro as coisas que cada um de nós sabe melhor. O que eu aprendi?

1. Se queremos algo, qualquer coisa, nós temos de pedir por ela. É uma escolha.
2. Esse mundo será tão amável, compassível e encorajador quanto nós o tornarmos, nem uma gota a mais.
3. A colaboração pode acontecer em qualquer lugar; precisamos apenas abrir nossas portas a ela.
4. Quando nossas intenções se integram ao nosso propósito de vida, o universo conspira de maneiras interessantes em nosso favor.

Agora eu tenho a oportunidade de passar a gentileza de Jim adiante da próxima vez que alguém me pedir algo que eu possa, inicialmente, estar inclinada a não fazer. Então, no final das contas, Jim me deu muito, muito mais do que uma URL, não foi? Muito mais, aliás, do que eu tive a coragem de pedir.

CAUSE IMPACTO!

1. Que oportunidade em sua vida, agora mesmo, você está ansiosa para aproveitar?
2. O que obstrui seu caminho para tentar consegui-la?
3. Que enorme pedido você precisa fazer para que isso aconteça?
4. O que pode apoiá-la em seus esforços?
5. Cite um motivo pelo qual você não pediria o que quer.
6. Agora cite um arrependimento que terá se não o fizer.

PARTE V

IMPACTO NO TRABALHO

ENSAIO 32

DA LAVANDERIA PARA O CONSELHO DIRETIVO

O negócio é pessoal

Editor: Impacto! é um livro de negócios ou um livro de autoajuda?

Eu: Os dois!

Editor: Ele não pode ser os dois. Ele é um livro de negócios ou um livro de autoajuda. Em que prateleira das livrarias você quer vê-lo?

Eu: Em ambas, eu não quero ter de escolher entre os dois. Quando eu me ajudo, eu ajudo os meus negócios, não é? Afinal, é o meu Eu quem conduz o negócio, não é mesmo? Impacto! precisa estar nos dois lugares, assim como eu estou. Na verdade, ele deve estar nos dois lugares porque ele é oportuno, relevante e atual. Assim como nós, mulheres!

Editor: (Suspiro.)

Vida profissional. Vida pessoal.

Vocês não acham intrigante o fato de nos agarrarmos perversamente à ideia de que elas sejam mutuamente excludentes? Hoje eu me pergunto por que continuamos achando que esses dois componentes vitais deveriam ser mantidos separados. Fico igualmente perplexa com a crença de algumas pessoas em relação a possíveis benefícios de se manter negócios e assuntos pessoais segregados; que fosse possível caso considerássemos vantajoso. O que certamente não é.

> *Divorciar nossos negócios de nossa vida pessoal é tão arcaico e ridículo quanto designar cores específicas, ou trabalhos, em masculinos ou femininos.*

Em todas as outras áreas de nossa vida, estamos exigindo que as fronteiras se tornem mais fluidas e maleáveis do que nunca. Considere isso: a cor rosa costumava ser considerada feminina até que se tornou o "novo preto" para a camisaria masculina. A jardinagem costumava ser uma brincadeira de mulheres, até que foi rentabilizada, e então se tornou também um trabalho de homens. Advogados eram, historicamente, homens, e agora as mulheres têm metade dos assentos nas faculdades de direito. Você entende o ponto de vista, certo?

Eu cresci, profissionalmente, num tempo em que as pessoas eram definidas, em termos absolutos, pela natureza de seu trabalho ou de seus negócios. Era implicitamente aceito que nosso trabalho e nossa identidade eram sinônimos. Aquelas 50, 60 ou 70 horas semanais eram as responsáveis pela nossa autoestima, nosso valor próprio e nosso mérito. Tudo o mais em nossa vida era considerado frívolo.

Temos apenas uma vida, certo? Com certeza há momentos em que um aspecto obscurece outro, ou quando os desafios de uma parte de nossa vida se sobrepõem à outra. Mas a vida, em geral, é apenas vida.

A separação entre a vida profissional e a pessoal nasceu numa era em que os negócios eram direcionados aos meninos e as emoções às meninas. O que, na linguagem sexista, significava que negócios eram a coisa importante e o pessoal era supérfluo. Na linguagem atual, chamamos isso de mau negócio. Hoje estamos todos agitados com o novo conceito de marketing de relacionamento – um marketing que se baseou em nossa necessidade de conexão emocional com os outros (e com nós mesmas, devo acrescentar), e evoluir a partir daí.

Vamos voltar um pouco, certo?

Pare um momento e defina negócio: ______________________________

____

____

Pare mais um momento e defina pessoal: __________________________

____

____

O que você aprendeu?

Que crenças você tem sobre esses dois assuntos?

Perdoe-me se pareço um pouco simplista – não sou – mas minha missão é persuadi-la, encorajá-la e coagi-la a repensar a maneira como se relaciona com ambos os aspectos de sua vida, e como eles se relacionam entre si.

Na sua forma mais fundamental:

- negócios são conduzidos por pessoas;
- negócios abastecem pessoas com um serviço ou produto;
- negócios abastecem pessoas com empregos pelos quais elas ganham uma compensação;
- pessoas impactam seus próprios negócios e os negócios de outros;
- pessoas também são impactadas por seus próprios negócios e pelos negócios de outros.

Pense em reciprocidade!

Se nós, como seres humanos, estamos inextricavelmente presos aos negócios, então a lógica diz que qualquer coisa que nos ajude, apoie, eduque, valide e nos assista, de qualquer maneira, impactará no modo e no motivo pelo qual fazemos negócios, e também na própria existência daquele negócio.

> *A autoajuda também ajuda os negócios porque "nós causamos impacto em tudo o que fazemos." Se nos impacta, impacta nossos negócios.*

Não pode existir distinção, apesar do que nos foi dito, de como fomos treinadas ou do porquê nos enganamos ao pensar de outro modo. Tentar, de qualquer maneira, separar o pessoal dos negócios é algo, na melhor das hipóteses, arrogante, e na pior, ignorante.

Minha experiência profissional, como uma daquelas pessoas que mergulham no trabalho quando as "questões delicadas" se tornam dolorosamente difíceis, tem repetidamente reforçado minha afirmação de que o negócio é algo pessoal. Muito pessoal.

O Grande Divisor, como eu o chamo, é o espaço invisível onde a moeda emocional é substituída pelo capital intelectual. É o ponto de baldeação, onde ostensivamente estacionamos nossos sentimentos para embarcarmos em nossa personalidade profissional. Na verdade, trata-se de um abismo no qual nossos valores mais preciosos podem cair.

Thom trabalha numa empresa de contabilidade pública e tem sido um funcionário de alto desempenho nos últimos dezessete anos. Sua empresa, assim como seus concorrentes, foi dramaticamente afetada pelos eventos financeiros de 2008 na economia norte-americana. Thom foi chamado ao escritório de seu chefe, e, devido à queda nos lucros e aos muitos cortes necessários, foi demitido. Seu chefe, um cavalheiro com quem ele trabalhara por mais de cinco anos, lhe disse: "Thom, por favor, não leve isso para o lado pessoal, mas o novo orçamento exige que cortemos nossos custos fixos, então estamos deixando você partir."

Então, Thom vai até seu banco e diz: "Por favor, não levem isso para o lado pessoal, mas eu não posso pagar minha hipoteca e eu sei que vocês entenderão"? Claro que não! A carreira de Thom foi impactada por essa decisão da empresa? Sim! Portanto, isso impactou sua vida pessoal? Pode apostar que sim!

A maioria de nós não perderia tempo com o exercício fútil de tentar localizar o ponto exato onde o aspecto pessoal termina e o profissional se inicia. O evidente é que quanto mais respondemos ao chamado da vida, mais vivemos nosso propósito e mais perseguimos nossa paixão, mais difícil se nos torna distinguir entre o que é pessoal e o que não é. Nós somos. Não é necessária delimitação clara. Não existe, realmente, distinção.

Onde termina o sentir e começa o pensar? Isso não existe. Os negócios se iniciam e terminam em nós: cada célula holística de nós. Existe uma quantidade imensa de pesquisas que concluem, de maneira inequívoca, que os sentimentos superam a tomada de decisão racional. Facilmente. Isso já deixou de ser assunto para discussão, de acordo com a maioria dos estudos.

Sou estimulada a investigar por que a perspectiva de nossos sentimentos e nossas frágeis psiques nos deixam tão desconfortáveis que nos dispomos a perpetuar o mito de que bons negócios excluem a mãe de todas as motivações – a emoção.

O que tenho observado – um desagradável número de vezes – é que as pessoas usam a lógica "São apenas negócios" como uma desculpa para quando não querem assumir a responsabilidade de lidar com sentimentos desconfortáveis. Então "Não leve isso para o lado pessoal" se torna o repositório para as emoções da pessoa que ainda não metabolizou todas as informações que recebeu. Enquanto você está lendo este livro de autoajuda, existem muitas pessoas que prefeririam subir uma montanha de 3 mil metros de altura, descalços, do que lidar com a complexidade de seus sentimentos. Eu trabalho com pessoas desse tipo diariamente. Infelizmente, elas não são uma minoria.

⌘ ⌘ ⌘

A recente derrocada econômica que varreu* os Estados Unidos, ainda está fazendo um bom trabalho chacoalhando as coisas; algumas das quais precisavam de uma boa sacudida, outras nem tanto. Produzimos a tempestade perfeita para reexaminar nossa vida, elucidar nossos valores e estreitar a lacuna existente entre as crenças que defendemos e as que incorporamos. Para não cairmos na vitimização e na culpa, cada uma de nós precisa se responsabilizar por sua parte neste fiasco financeiro. Os funcionários dos altos escalões não foram os únicos responsáveis. Nós os assistimos em suas ações.

Por que estamos aqui? O que nos levou a gastar acima das nossas possibilidades, a aceitar grandes montantes em bônus sem atingir os objetivos organizacionais e a ampliar o crédito de pessoas que ainda não haviam conquistado esse direito?

Ego!

E ego é pessoal. O ego pode invadir os negócios, mas ele cresce a partir de nossa necessidade psicológica, não da intelectual: nossa necessidade por um título mais elevado do que a pessoa da baia ao lado; de ganharmos mais dinheiro do que nosso colega, de termos mais subordinados do que o novato agraciado com o rótulo *high potential*. Esta aflição do ego não está limitada ao mundo executivo; ela é endêmica a cada cultura corporativa. O ego refere à autoimportância, à autoglorificação, ao egocentrismo, à autoimagem e à autoestima.

---

* A autora se refere à crise econômica do mercado imobiliário norte-americano, ocorrida em 2008, e, portanto, dirige o parágrafo às leitoras estadunidenses. Porém, como tal crise afetou também o Brasil, podemos incorporar os dizeres da autora à nossa própria realidade. (N.E.)

Eu.

Pessoal. Emocional. Nenhuma menção a negócios.

> *A economia global tem tornado as empresas mais holísticas do que nunca. A ética e os recentes escândalos têm nos estimulado a reexaminar e a estabelecer mais congruência em nossa vida.*

Adicione a essa mistura as gerações X e Y,* e suas respectivas fidelidades aos seus estilos de vida, e torna-se impossível para mim imaginar a nós mesmas segregando nosso trabalho diário dos outros aspectos de nossa vida. Vivemos um purgatório econômico global por causa de algumas necessidades insaciáveis de nosso ego, não porque somos imbecis intelectuais. Então, é melhor parar de fantasiar. Nossa vida pessoal e nossa vida profissional andam juntas, como arroz e feijão.

CAUSE IMPACTO!

1. Como você, em sua essência, impacta sua carreira?
2. Qual dos traços essenciais de sua personalidade melhoram seu trabalho e seu desempenho?
3. Quais características dificultam sua carreira e impactam negativamente seu desempenho.
4. Qual o acontecimento em sua vida pessoal que impactou profundamente sua carreira?
   - *O que aconteceu e qual foi a consequência?*
5. Que evento em sua carreira impactou profundamente sua vida pessoal?
   - *O que aconteceu e qual foi a consequência?*

---

* Gerações X e Y: geralmente incluem as pessoas nascidas, respectivamente, entre 1960 e 1980, e entre 1980 e 2000. (N.E.)

ENSAIO 33

A ECONOMIA EMOCIONAL

As emoções conduzem as tomadas de decisão

Relacionamentos podem deixar as pessoas nervosas e desconfortáveis. Especialmente nos negócios. Estes necessariamente implicam emoção, e emoção é um assunto confuso, pois sugere caos, revolta, perda de controle e fraqueza – traços tradicionalmente temidos por seu impacto potencialmente negativo como resultado final. Os números, em contrapartida, são descomplicados. Eles adicionam ou não. Não é assim com as pessoas. E as pessoas são minha paixão.

Sempre que sou apresentada a uma organização ou em uma conferência como "a mulher que lida com as questões delicadas" não posso evitar, simultaneamente, um esgar e um sorriso amarelo. Admito, passaram-se as zombarias dos anos 1980 e 1990, mas eu ainda encaro aquele gesto afirmativo de cabeça, em minha direção, como um tapinha sobre minha bonita cabecinha. O balãozinho de fala não pronunciada dessas pessoas diria: "Agora vá, queridinha, vá brincar com o RH." Condescendentes. Fanáticas. Superiores. O balãozinho sobre minha cabeça traria então a seguinte resposta: "As questões delicadas são, de fato, as questões complexas, razão pela qual ninguém quer lidar com elas!"

Dito isso, as emoções como um barômetro dos relacionamentos nos negócios têm mudado dramaticamente nos últimos dez a quinze anos. A parceria entre a ciência e a psicologia do desempenho nos disponibiliza pilhas de estatísticas de instituições tão antigas quanto o dinheiro e tão seguras quanto os impostos. Todas dizem a mesma coisa: a lógica não nos conduz. A emoção sim.

> *Fazemos escolhas emocionais e então as apoiamos com lógica, razão e dados. Sim, mesmo nos negócios.*

Se esses pesquisadores tivessem me consultado eu lhes teria lembrado que negócios são pessoais (ver Ensaio 32), razão pela qual nossas emoções são indicadores muitos mais confiáveis do que muitas pesquisas. Mas eles não me consultaram...

Nos últimos quinze anos ou mais o campo da neurociência cognitiva expandiu muito nosso entendimento a respeito do impacto que as emoções têm sobre o aprendizado humano e sobre as comunicações. O Instituto Gallup usou essas recentes descobertas e as integrou a trabalhos similares nos campos da psicologia, da economia e das ciências sociais. O Gallup realizou um estudo aprofundado do comportamento humano de 1997 a 2001, entrevistando quase dez milhões de pessoas sobre suas opiniões, atitudes, sentimentos e comportamentos, e chegaram aos seguintes resultados:[1]

- as emoções conduzem nossa tomada de decisão;
- as emoções acontecem fora de nossa consciência racional e intencional;
- o envolvimento emocional aumenta a velocidade de aprendizagem, eleva a retenção da memória e evoca emoções nos outros.

A conclusão? Somos seres emocionais. O que sentimos tem mais importância do que o que pensamos. O objetivo de cada decisão que tomamos é emocional. Nossas emoções ditam nossas decisões, não o contrário. Elas se traduzem em cada escolha que fazemos. E embora realmente pareça bastante simples, esta "não tão recente" filosofia abalou os alicerces dos negócios norte-americanos.

> *Essas informações estão derrubando o antiquado patriarcado que era emocionalmente incompetente, ignorante na habilidade do relacionamento e apavorado demais sobre qualquer coisa relacionada a sentimentos para prestar atenção ao óbvio – que, em primeiro lugar, todas as pessoas são seres humanos, e todo o resto é secundário.*

---

[1] Curt Hoffman e Gabriel Gonzalez-Molina. *Follow this path: how the world's greatest organizations drive growth by unleashing human potential* (Nova York: Warner Books, 2002) [Siga esta trilha: como as maiores organizações do mundo conduzem seu crescimento liberando o potencial humano]. (N.A.)

À medida que as mulheres se infiltram cada vez mais nos mais altos escalões da liderança, conversas baseadas em sentimentos estão deixando de ser percebidas como uma fraqueza e tornando-se uma vantagem competitiva. Ouvi alguém dizer "já era tempo"?

Aprendemos que os consumidores fazem compras em busca da experiência emocional que procuram. Tornam-se leais às marcas pelo modo como esses negócios os fazem sentir. As pessoas compram produtos, hipotecam casas, escolhem parceiros, desenvolvem *hobbies*, usam certas instituições financeiras e selecionam suas mercearias favoritas porque estas escolhas evocam as emoções que desejam sentir. As pessoas desenvolvem lealdade quando se sentem emocionalmente envolvidas – engajadas – com os resultados alcançados. Uma pitada a mais de emoção positiva e você ascenderá de leal devotado; terá a seu lado aquele cliente platina que será sua melhor propaganda no mercado e com quem você não poderá falhar, pois ele se tornou seu embaixador para um fluxo constante de novos consumidores. Pense: Costco, iTunes e iPhone da Apple, Target, Nordstrom. Ahhh!

Embora uma profusão de novas informações sobre hábitos de consumo tenham sido publicadas nos últimos anos, um dos estudos mais conclusivos foi realizado pela Universidade da Flórida em 2002.[1] Este estudo nacional analisou as respostas de 23 168 pessoas para 240 mensagens publicitárias em treze categorias tão diversas quanto automóveis e eletrodomésticos, mantimentos e outros itens de pequena importância. Os resultados divulgados em agosto de 2002 na edição do Journal of Advertising Research [Jornal da Pesquisa Publicitária] concluíram que as emoções são aproximadamente duas vezes mais importantes que o conhecimento sobre o produto na decisão de compra do consumidor – que indivíduos podem estar interessados no aspecto técnico da compra de um item, mas seu interesse é conduzido pelo desejo de uma resposta emocional específica. Esta evidência refuta os dados históricos que fortemente implicavam que os consumidores faziam suas compras baseados em informações e conclusões lógicas e que se emoções estavam de qualquer modo envolvidas, elas eram puramente incidentais.

[1] Jon D. Morris, Chongmoo Woo, James Geason e Jooyoung Kim. "*The power of affect: predicting intention*" [O poder do afeto: predizendo a intenção]. Journal of Advertising Research (2003), 1-14. (N.A.)

Aparentemente, esses pesquisadores nunca fizeram compras em companhia de uma mulher antes! Em 2008, as mulheres foram responsáveis por 88% de todos os gastos dos consumidores – 3,7 trilhões de dólares. Nós também gastamos 44,5 bilhões de dólares em artigos de escritório, 55 bilhões em produtos eletrônicos (51%) e 83 centavos de cada dólar usado no consumo doméstico. Nós andamos bastante ocupadas, não é?

Existe uma correlação direta e sugestiva entre os resultados deste estudo e as pessoas que são seus funcionários, colegas e colaboradores no trabalho. Seus funcionários são consumidores também. Não apenas de seu produto ou serviço, mas de sua marca em sua totalidade. Tanto quanto for possível, você quer que todos em seu universo consumam o produto da sua empresa. Recentemente, falei com o presidente de uma das empresas que são minhas clientes. Perguntei sobre um determinado funcionário que estava se esforçando em sua posição de liderança. O presidente respondeu, dizendo: "Ele foi promovido a consumidor". Eu não sou tão rápida quanto você – levei um tempo para entender que o homem fora demitido, e que a empresa agora estava concentrada em convertê-lo num fã de seus produtos.

Podemos escolher nos deixar levar pelos "fatos" e tentar nos convencer de que nossas decisões são lógicas e que somos, realmente, bastante inteligentes, mas, na verdade, são nossos tentáculos emocionais inconscientes que continuam nos puxando para além da nossa própria razão, exigindo coisas intangíveis como felicidade, satisfação e realização.

As pessoas escolhem um trabalho em resposta a uma "desconforto emocional" que precisa ser "sanado" – e o deixam pelo mesmo motivo.

Assim como os clientes são cortejados com excepcionais serviços ao consumidor, um produto superior e preços competitivos, os funcionários são seduzidos pela perspectiva de sentir-se bem sobre seu trabalho, sobre onde trabalharão e por quanto serão recompensados por ele. E sabemos, com certeza, que as gerações vindouras da força de trabalho insistirão que seu ambiente profissional lhes proporcione esses benefícios emocionais.

Não há dúvidas sobre como o atual clima econômico global impacta empregados e empregadores. Mas esteja confiante – quando retomarmos o controle, e o faremos, estaremos diante de um novo conjunto de questões de atração e retenção (de funcionários, de clientes etc.) que irão, mais uma vez, nos pressionar a esclarecer nosso preço e nossos valores. As organizações que têm mostrado respeito e compaixão pelas pessoas que, não por culpa própria, estavam do lado errado do processo de tomada de decisão quando foram demitidas, terão filas de pessoas em suas portas para trabalhar; tais empresas colocam as pessoas em primeiro, segundo e terceiro lugar em sua lista de prioridades.

Depois, há aquelas empresas que tratam seus funcionários como mercadorias: acham que contrataram indivíduos descomprometidos e sem objetivo em demasia. Pouco tempo atrás, recebi um telefonema desesperado de uma cliente que acabara de sair de uma reunião com seu gerente. Há muito ela deveria ter recebido uma promoção, mas ele pediu-lhe que esperasse pacientemente e reduzisse suas expectativas. Ele disse, e eu o cito: "Afinal de contas, este é um mercado empregador agora." Adivinhe quem estará à procura de progressão na carreira em outro lugar, logo que o mercado se abrir?

Agora, mais do que nunca, precisamos nos concentrar nos elementos principais da empresa. O que está no topo desta lista, o mais óbvio:

> *Sem as pessoas, que são alimentadas e movidas por suas próprias emoções, não existe negócio. Se não tiver uma equipe de indivíduos empenhados em sua relação recíproca, a empresa não terá nada – zero, vácuo.*

O próprio significado de gerenciamento de emoções e de relacionamentos como ferramenta para a elaboração de estratégias de produção e lucro configura uma mudança dramática de realidade, uma mudança que só foi totalmente adotada há alguns anos. Isso não é uma moda passageira, graças a Deus. Em termos mais simples, as informações de que dispomos indicam o desejo das pessoas pela ampliação de sua compreensão funcional nas relações, pela expansão de suas próprias fronteiras de relacionamento e em se tornarem totalmente envolvidas emocionalmente no trabalho, com seus colegas e com a empresa que os emprega. Isso é verdade em qualquer nível hierárquico de emprego.

Nosso núcleo foi encontrado: somos seres relacionais. Preocupamo-nos com nosso relacionamento com nós mesmos, com nossos familiares e amigos, nossos empregados e empregadores, e com nossos clientes.

Somos responsáveis por nossos sentimentos. Valorizamos a nossa intuição. Amamos nossas famílias e amigos. Nós realmente queremos ser capazes de dizer que amamos nosso trabalho, embora, com frequência, não possamos. Precisamos de contato (ver Ensaio 35) para sentir satisfação na vida. Queremos dar tudo de nós no trabalho. Estamos dispostas a abrir mão de muita coisa para sermos felizes.

> *Cinquenta e dois por cento das mulheres diz que trocaria um dia de salário por um dia de folga por semana para ter uma vida mais gratificante, sem estresse e agradável.*

Talvez não estejamos em busca apenas de clientes e funcionários emocionalmente comprometidos. Talvez estejamos procurando nos comprometer totalmente com nossa própria vida, antes que a morte tome a decisão por nós.[1]

CAUSE IMPACTO!

1. **O que você observou sobre a maneira como a sua organização administra o relacionamento com seus funcionários?**
   - ***Se você estivesse tomando decisões, o que você repetiria em sua organização?***
   - ***O que faria de maneira diferente?***

---

[1] Widmeyer Research & Polling. Center for a New American Dream (Washington, DC, Agosto de 2003). (N.A.)

2. Se olhar para o topo de sua organização, como aquelas pessoas impactam sua atitude sobre a organização e sobre o seu trabalho?
   - *Como tratam as pessoas na sua organização?*

3. Que contribuição sua ajuda a empresa a atingir e superar suas metas?
   - *Como você impacta as emoções das pessoas que trabalham com você e seus clientes em relação a sua empresa?*

4. O que você poderia fazer de modo diferente que garantiria seu impacto positivo em seu relacionamento com colegas e clientes?

ENSAIO 34

COMPROMETENDO-SE

Pessoas comprometidas causam mais impacto

Era uma vez a época em que compromisso se resumia à quantidade de quilates em um anel de noivado e ao número de damas de honra. Hoje ele é, com certeza, o *slogan* da organização, que define a profundidade e a amplitude de nosso envolvimento com nosso trabalho e, posteriormente, a medida de nossa paixão.

O conceito de compromisso está consumindo toda a nossa "banda larga" corporativa por causa de suas implicações nos resultados finais. Em seu sentido fundamental, o compromisso é a relação que temos com nossos clientes e o quanto eles se sentem inspirados a fazer negócios conosco, como resultado dessa conexão.

Nosso trabalho, se quisermos alcançar distinção, é construir o comprometimento de nosso cliente e sua lealdade para com a nossa marca. Nosso objetivo, quando estamos sinceramente comprometidos com ele, é fornecer ao nosso empregador um valor de longo prazo.

> *Compromisso é a métrica para o quanto estamos empenhados em investir de nós mesmos, para a profundidade e sustentabilidade dessa aliança.*

Compromisso, em termos mais pessoais, é a medida da intimidade que temos com nosso mundo:

- Quão bem nos conhecemos?
- Por que poderíamos estar relutantes em nos"autocomprometer"?

- Identificamos nossas forças, o que nos faz feliz, o valor de nossos relacionamentos, as coisas que nos desmotivam?
- Sabemos como comunicar nossos sentimentos, expressar nossas opiniões, ser ouvidos quando estamos descontentes e reagir quando não estamos?
- Concentramo-nos no que está dando certo ou errado? No que temos ou no que nos falta?
- Sabemos definir uma transição em nossa vida; quando desistimos de algo ou por que o fizemos?

Existe uma correlação direta e íntima entre nosso nível de compromisso e nossa capacidade de impactar o mundo positivamente.

O compromisso é diametralmente oposto à invisibilidade, assim como o descomprometimento é o oposto da invencibilidade. Em resumo: se quiser fazer uma diferença pessoal significativa e causar um impacto duradouro, você simplesmente precisa comprometer-se. Nota: o "autocomprometimento" é um pré-requisito para o comprometimento no trabalho. Uma vez que somos, na prática, o centro de nosso próprio universo, nossa conexão e, portanto, nosso compromisso com os outros são uma extensão e um espelho perfeito, daquilo que temos com nós mesmos.

O estudo do Instituto Gallup referenciado no Ensaio 33 concluiu que trinta por cento de todos os funcionários nos EUA estão comprometidos com seu trabalho, 54% não estão comprometidos e dezesseis por cento estão completamente descomprometidos.[1] O preço para essa falta de comprometimento emocional é de cerca de 250 bilhões de dólares.[2]

---

[1] Coffman & Gonzalez-Molina, *Follow this path: how the world's greatest organizations drive growth by unleashing human potential* [Siga esta trilha: como as maiores organizações do mundo conduzem seu crescimento liberando o potencial humano] (Nova York: Warner Books, Inc., 2002), p. 76.

[2] Jim Loehr e Tony Schwartz. *The power of full engagement: managing energy, not time, is the key to full engagement and optimal performance* [O poder do engajamento total: o gerenciamento da energia, em vez do tempo, é a chave para um ótimo desempenho]. (Nova York: The Free Press, 2003).

Pessoas descomprometidas podem ser reconhecidas pela maneira que serpenteiam por suas vidas sem propósito ou paixão. Elas aparecem, fazem o que precisam fazer e vão para casa. "O que precisam fazer" poderia ser seu trabalho, seu relacionamento, sua paternidade, suas finanças, seu *hobby*, qualquer coisa. Elas carecem de urgência, comprometimento, devoção e entusiasmo e é por isso que podemos nos sentir entediados ou distraídos quando estamos em sua presença.

No Ensaio 18 cito o astronômico custo da depressão e do absentismo na força de trabalho norte-americana. Eu afirmo que grande parte da depressão nos EUA pode ser atribuída ao descomprometimento de sua população. Ainda não encontrei uma única pessoa com um objetivo claro, totalmente compromissada e permanentemente deprimida. A questão é: a depressão leva ao descomprometimento ou o contrário? Eu diria que há uma relação obscura mas recíproca entre as duas dinâmicas.

Para ser justa, cada uma de nós periodicamente se descompromete durante o curso de nossa vida. Certamente não podemos estar "ligadas" o tempo todo, nem queremos isso – estaríamos completamente desgastadas antes dos 40 anos. Mas há um diferença marcante entre fazer uma pausa para nos recarregar, descansar ou nos recolher e fazer um intervalo de trinta anos porque nossa vida, como nós a construímos, estava nos consumindo.

Os períodos reconhecidamente melancólicos, aqueles em que temporária e conscientemente nos descompromissamos, são vitais para a nossa criatividade. Quem já dirigiu um carro com transmissão manual sabe que para mudar as marchas, primeiro é preciso mudar o câmbio para o "ponto morto". Isso se aplica à redução das marchas, bem como ao aumento delas. O mesmo é verdade para as pessoas. Ao longo dos anos tenho visto muitas pessoas pararem no "ponto morto" antes de darem um salto evolutivo pessoal – eu me considero uma delas. Às vezes ficamos com medo da inatividade, da inércia, e lamentamos o estado "empacado". Mas não estamos realmente "empacadas"; estamos apenas paradas, enquanto mudamos a marcha para o próximo compromisso.

Imagine, por exemplo, o indivíduo descompromissado cuja relação consigo mesmo é depressiva, triste, distante e perigosa. Perigosa? Sim! Imagine um carro sem motorista descendo pela rodovia a 140 quilômetros por hora. Ele pode percorrer uma curta distância enquanto coloca em perigo apenas a si mesmo, mas em algum outro ponto, outros serão varridos para o acostamento ou mortos por aquele veículo fora de controle. Assim ocorre para muitos dos descompromissados. Eles se inclinam adiante ao longo da vida varridos pelo impulso daqueles que os rodeiam. Em algum momento você será pega pelo drama e pela disfunção da vida em constante fuga de uma dessas pessoas, e, sem dúvida isso impactará você. Não de uma maneira agradável.

Como você reconhece uma pessoa desconectada, descompromissada e desanimada em sua vida? A resposta mais fácil é, na verdade, uma pergunta: como você se sente quando está com essa pessoa? Se você está inspirado, animado, encantado e energizado é provável que seu amigo esteja compromissado. Se, por outro lado, você se sentir deprimida, desapontada, pessimista ou desmotivada, então existe uma boa chance de que você esteja partilhando seu espaço mental com alguém descomprometido. Claro, isso não quer dizer que todas as pessoas descompromissadas têm vidas miseráveis, ou que todas as pessoas comprometidas sejam felizes.

Os descompromissados habitualmente têm uma percepção de si mesmos marcadamente diferente de como os outros os veem. Talvez Susie afirme odiar reclamações, ainda que "reclamar" possa ser considerado seu sobrenome. Marie, que costuma entediar seus clientes falando demais durante suas apresentações vê a si mesma como uma pessoa quieta e reservada? Talvez você tenha um parente que vive fazendo fofoca, enquanto critica outro por fazer a mesma coisa? Esses são sinais seguros de pessoas que foram reprovadas no testes do autoconhecimento e estão muito desconectadas de si mesmas para sequer notarem.

Quanto maior a fenda entre as crenças que adquirimos e as que defendemos, mais dor, miséria e sofrimento experimentamos. Esta lacuna representa a desconexão entre nossa mente e nosso coração e é a diferença entre ser compromissado ou não.

Todas nós, certamente, já passamos por isso. Gostaríamos de pensar que somos "autoponderadas" e conscientes o tempo todo, mas a verdade é que não somos. Nem mesmo na maior parte do tempo. Quem já passou décadas fazendo um trabalho interno sabe quão fácil é funcionar no piloto automático e fornecer as mesmas respostas para questões que há muito mudaram. Normalmente, o toque de despertar que nos leva de volta ao caminho requer um confronto com um amigo carinhoso e comprometido ou com um incidente infeliz.

No trabalho, as pessoas descompromissadas aparecem, produzem apenas o suficiente para não serem demitidas, e vão embora no momento em que a sirene toca. Essas pessoas se aproveitam de todos os benefícios da empresa, não deixam um dia de dispensa médica para trás, são as últimas a levantar a mão para um trabalho extra, e prefeririam morder o próprio braço a ajudar alguém. Elas estão comprometidas com a mediocridade e o *status quo*. Ninguém está comprometido com elas.

Agora vamos mudar nosso foco 180 graus e visitar a pessoa comprometida. Como você sabe quando encontrou alguém plenamente empenhada em sua carreira, em sua vida, e em seus relacionamento? Você sente isso! Pessoas comprometidas nos inspiram sem qualquer esforço. A presença delas, sua energia, acende algo em nós que nos faz querer ser pessoas melhores. Descobrimos que seu entusiasmo, energia e vivacidade são contagiantes. Queremos o que elas têm mesmo que não possamos nem mesmo identificar o que seja. Há uma vibração nas pessoas que estão compromissadas e a paixão dentro delas é eletrificada com uma potência tão brilhante que ilumina tudo o que elas tocam. Elas irradiam coisas boas.

> *Pessoas comprometidas atraem experiências de vida positivas. Elas são, na prática, imãs que atraem paixão, amor, diversão, animação e satisfação para tudo o que fazem.*

Essas são as pessoas que magicamente atraem a maioria dos indivíduos ou os repele inexplicavelmente. Algumas pessoas querem um pouco do que elas têm, enquanto outras se sentem tão intimidadas pela sua paixão não diluída que saem correndo do recinto.

Pessoas comprometidas têm uma força essencial extraordinária, uma familiaridade descontraída consigo mesmas e um senso imutável de identidade que lhes permite viver plenamente. Elas têm a coragem, a resistência mental e a resiliência emocional para viver sob a pergunta "Quem estou me tornando e o que quero fazer quando conseguir?"

Meu colega e amigo Dan Diamond é uma dessas pessoas comprometidas. Você poderia espremer paixão dele, como suco de laranja. Esse homem consegue adentrar um recinto com uma energia que encanta o espírito, convida as pessoas a participar, e as estimula a encontrar respostas em seu próprio ritmo. E isso antes de dizer qualquer coisa. E o sujeito usa tênis de cano alto vermelho – como isso é divertido!

Dan tem um trabalho de grande responsabilidade: ele é médico. Mas o trabalho que Deus realmente lhe deu é o de glorificar e valorizar cada coisa que ele possa tocar ou sobre a qual possa pensar. Se você um dia encontrá-lo, pergunte a ele sobre o furacão Katrina, e certifique-se de ter umas duas horas extras para ouvir algumas histórias. Traga uma caixa de lenços de papel para secar suas lágrimas e esteja preparada para soluçar de tanto rir.

Eu admiro esse homem porque ele é um convite ambulante para que cada um de nós faça algo pessoalmente significativo de nossa vida. Eu o respeito porque ele leva sua contribuição aonde quer que vá. Eu o amo porque, como eu, ele é um ponto de exclamação num mundo cheio de pontos finais.

Pessoas comprometidas como Dan são fáceis de detectar – independentemente de serem introvertidas ou extrovertidas, elas exalam uma energia inconfundível que praticamente grita "Eu amo minha vida!" e "Eu amo tênis de cano alto vermelho!"

CAUSE IMPACTO!

1. De que maneira você está comprometida com seu trabalho e carreira?
2. Como o seu nível de comprometimento impacta sua organização?
3. Como sua organização impacta sua capacidade de se comprometer?
4. O que em sua empresa a inspira a ficar alegre e satisfeita?
5. Se você não está compromissada, o que está obstruindo o caminho de sua reconexão ou da mudança de emprego?

ENSAIO 35

"VOCÊ É A PEDRA EM SUA PRÓPRIA LAGOA"

Você causa impacto sobre tudo o que faz

Diariamente, 1600 mulheres – o dobro do número de homens – deixa o mundo corporativo nos EUA, algo ridículo considerando o enorme talento para a liderança que essas mulheres demonstram. Elas estão partindo por causa do limite de ascenção; porque estão descompromissadas e desanimadas. Elas estão partindo porque não estão sendo vistas, ouvidas ou reconhecidas. Elas estão partindo pela mesma razão que se manifesta como 20 quilos extras, um relacionamento insatisfatório ou dinheiro insuficiente. O resultado deste êxodo é uma perda de receita incalculável, a deterioração moral e uma disparada nos custos de contratação.

Essas mulheres sabem que existe algo mais além do modo como elas estão vivendo atualmente. Elas querem trazer tudo o que são para tudo o que fazem; apenas não sabem como. Você conhece essas mulheres: elas expressam seu descontentamento dizendo coisas como: "Estou vivendo a vida de outra pessoa"; "Estou deprimida sem motivo"; "Eu gostaria de acreditar mais em mim mesma"; "Eu quero parar de falar sobre o que vou fazer um dia e apenas fazê-lo."

Por que as empresas estão sofrendo uma hemorragia de talento feminino? Essas mulheres não sabem o que querem, e, portanto, não sabem como consegui-lo. Onde você, como gerente, entra no assunto? O grau de desconexão dessas mulheres consigo mesmas é a medida precisa do descomprometimento delas com sua organização. Pode acreditar nisso. Literalmente.

As mulheres que partem estão à procura de algo – qualquer coisa – para ajudá-las a se reconectar com as partes de si mesmas que se extraviaram (o que provavelmente aconteceu anos antes de você as conhecer). E por estarem tão desapegadas de si mesmas e tão isoladas, a maioria delas nem mesmo sabe exatamente porque partiu, nem mesmo o que quer. "O que elas buscam" pode ser expresso como mais dinheiro, mais responsabilidade, maior flexibilidade, melhor visibilidade, maiores benefícios; mas provavelmente é algo inteiramente diferente.

A verdade? "O que" elas estão procurando é identidade, validação e apoio do Eu, com E maiúsculo.

A maioria das mulheres foi doutrinada para acreditar que deve se concentrar no mundo exterior para mudar e melhorar. Elas vão "lá fora" para adquirir o que apenas pode ser encontrado "dentro de si mesmas". Quando fazemos algo melhor, de modo diferente, seja lá o que for – então, finalmente nos sentimos absolutamente bem.

Portanto, quando uma mulher sente descontentamento ou insatisfação no trabalho, ela procura outro lugar; um emprego melhor onde poderá finalmente ser vista, ouvida, promovida, reconhecida e remunerada adequadamente. Ela pode culpar seu ambiente por sua situação; por não ter feito a exploração interna necessária; por não ter ido suficientemente a fundo. Ela olha para fora de si mesma para reforçar seu poder pessoal, em vez de determinar seu próprio destino. É raro que as mulheres parem e retomem o compromisso mais básico consigo mesmas: de fazer um inventário espiritual e emocional, bem como de procurar a verdade daquilo que buscam. Em vez disso, elas deixam a empresa, e você, gerente, paga o preço pelo êxodo feminino. (Você já teve esses pensamentos, viveu essa experiência e sofreu as consequências de estar divorciada de si mesma?)

Então, o que pode fazer sobre isso? Como você – e cada pessoa que gerencia funcionárias mulheres – lida com isso?

Quanto mais completamente comprometidas as mulheres estiverem consigo mesmas, mais capazes elas serão de determinar o seu "o que". Isso as impedirá de desnecessariamente deixar sua organização.
Nota: *O compromisso resulta da conexão; a conexão é a chave para a retenção. Ponto final.*

Pense neste ditado simples, ainda que profundo: "Onde quer que eu vá, é lá que estarei." Se você pular do navio sem compreender porque está fazendo isso, então, provavelmente, no período de um ano você enfrentará situação idêntica em seu novo emprego. Considere a alta probabilidade de a origem de seu descontentamento ser algo emocional e/ou espiritual, e de realmente não ter nada a ver com o seu trabalho.

"Você causa impacto em tudo o que faz." Este é o mantra da mulher comprometida, a inferência que significa que cada célula do seu "eu" espetacular – sua visão, seus talentos, seus dons, suas estranhezas, seu humor e sua inteligência – impacta cada setor de sua vida, incluindo, claro, sua carreira. Da mesma maneira, todas as questões que não foram exploradas – qualquer canto escuro, quaisquer medos ou neuroses – estão incluídos e, sem a menor cerimônia, são exibidos diante de todos.

Você pensa que é diferente dos outros? Que faz um maravilhoso trabalho escondendo porções de si mesma dos seus colegas? Que pode realmente recuperar aquelas partes de sua personalidade depositadas na porta de seu escritório em seu caminho para casa? Pense novamente!

⌘ ⌘ ⌘

Deixe-me apresentar-lhe o *The Solomon Accountability Model®* [O Modelo de Responsabilidade Solomon®]. Visualize a segunda situação: você jogou uma pedra no meio de uma lagoa. Agora observe como se formam círculos concêntricos a partir de onde a pedra atingiu a água. Há provavelmente uma dúzia ou mais de círculos irradiando daquele epicentro, e cada um deles existe por causa do impacto que a pedra teve na água quando rompeu sua superfície. Enquanto você está na margem, o círculo mais próximo de você pode ser menos distinto ou definido do que os outros mais próximos do epicentro; no entanto, eles são todos o resultado da penetração da pedra na água.

Você está se perguntando o que isso tem a ver com compromisso? Tudo! Nós somos a pedra em nossa própria lagoa (ver Figura 35.1). Nós, em algum nível, geramos tudo em nossa vida. Assim como aquele quinto círculo a partir do centro da lagoa, por exemplo, não teria se formado se a pedra não tivesse rompido a superfície da água, os eventos em nossa vida nunca teriam ocorrido se não os tivéssemos – em nossa infinita, embora ,frequentemente, inconsciente sabedoria – instigado.

Nosso mundo externo é uma expressão tridimensional de quem somos em nossa essência. Nossa composição espiritual, emocional e mental repercute em cada outra faceta de nossa vida – carreira, família, saúde, comunidade e riqueza. Nada em nossa vida é excluído desse paradigma; não há um único aspecto que não se enquadre nessa trama de responsabilidade.

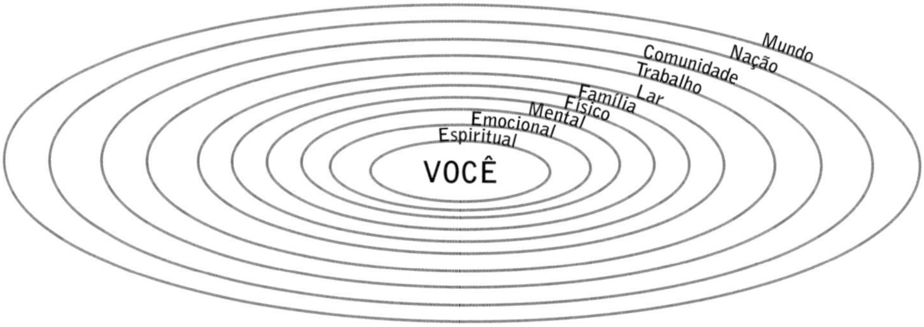

Figura 35.1 The Solomon Accountability Model™

> *Esta teoria em si não é nova nem radical. Revolucionária é a sua indução no local de trabalho, e a magnitude que isso implica.*

Enquanto um movimento semelhante há duas décadas tornou a noção de responsabilidade pessoal bastante conhecida – se não bem praticada –, nunca antes o compromisso fora uma exigência sistêmica ou um princípio básico de negócios. O surto recente de escândalos éticos, no entanto, serviu para sublinhar ainda mais como a limpeza impacta nossos valores – e a falta dele, não deixa nenhum segmento da sociedade imaculado.

> *Nosso flexível senso de ética tem provocado uma crise pessoal global.*

Onde quer que eu vá, ouço sobre como as pessoas estão fazendo uma completa contabilidade de seus aspectos íntimos e se tornando criticamente cientes de quem são. Ouço sobre como isso impacta suas ações, como elas são percebidas, e as implicações que isso tem em suas carreiras.

Não há controvérsia quanto ao fato de a cultura do mundo corporativo estar mudando, e de o abismo entre quem somos e o que fazemos estar se fechando rapidamente. Compromisso é a medida da ligação entre essas coisas (ver Ensaio 34). Há uma demanda crescente por congruência em todas as áreas de nossas vidas, o que tem resultado em mulheres cada vez menos dispostas a deixar qualquer parte de si mesmas para trás quando vão para o trabalho.

Compromisso é a relação interpessoal entre indivíduos, seus trabalhos, seus propósitos e suas paixões. Utilizar nossos dons e talentos aumenta nossas experiências e expande nossa capacidade de liderança. Entender por que fazemos o que fazemos resultará num comprometimento mais profundo com a empresa na qual trabalhamos.

> *Quando vivemos nosso propósito, temos mais relacionamentos significativos e duradouros – principalmente com nós mesmas, mas, secundariamente, com nossos colegas de trabalho, com a nossa gerência, equipe e também com o cliente.*

Estamos mais satisfeitas, mais contentes e mais apaixonadas do que nossas colegas desanimadas. O ponto decisivo é que pessoas compromissadas são pessoas felizes – e pessoas felizes permanecem onde estão.

Aqui está a situação. Mulheres de quase todos os lugares estão preocupadas com essa falta de conexão. Elas sabem disso. Você sabe disso. As empresas sabem disso. Ainda assim, muitas se sentem mal-equipadas para tomar qualquer atitude a respeito, porque o consideram um empreendimento assustador. Como conseguir que as mulheres se entreguem ao trabalho de autoconhecimento que as ajudará a perceber que não estão se sentindo merecedoras, felizes e satisfeitas – e que esta é a verdadeira razão para optarem por não fazer a entrevista para aquela promoção?

A resposta? Nada pode ser feito. Não é possível forçar alguém a trabalhar pessoalmente em seu crescimento. Você pode, entretanto, intensificar seus esforços para convidar essas mulheres a trazerem tudo de si para o trabalho; e pode fazer isso criando um ambiente propicio para encorajar as mulheres a:

- falarem suas verdades;
- assumirem riscos saudáveis;
- serem controversas quando apropriado;
- serem inovadoras;
- pedirem o que querem;
- serem estratégicas em seu planejamento de carreira;
- apoiarem outras mulheres;
- equilibrarem trabalho e vida pessoal;
- valorizarem suas contribuições;
- reconhecerem a si mesmas;
- obterem reconhecimento apropriado;
- expressarem suas ambições;
- liderarem em seu próprio estilo.

Qual será o resultado? Bem, para começar, isso fará você se sentir ótima sobre si mesma e sobre suas habilidades de liderança. Em segundo lugar, isso irá habilitar essas mulheres a se capacitarem por meio do aumento de sua autoestima. Como gerente, você tem uma chance muito maior de sucesso para inspirar uma mulher a explorar seu santuário se ela estiver se sentindo positiva sobre si mesma. Ela estará muito mais interessada na busca pelo seu propósito de vida se ela já se sentir como uma pessoa que contribui, que é respeitada e valorizada.

Embora algumas empresas tenham dado grandes saltos no desenvolvimento pessoal e, consequentemente, profissional de seus funcionários, muitas outras têm hesitado diante do assunto. O critério, como sempre, são as pessoas. Quando você cria uma cultura aberta, honesta, transparente, rica em integridade, você inspira uma população de pessoas ansiosas a tornarem-se as pedras em suas próprias lagoas. Elas estarão animadas sobre as oportunidades que a responsabilidade apresenta, e irão se envolver bastante no jogo para investirem o tempo e a atenção necessários para conseguir que suas necessidades pessoais sejam satisfeitas.

CAUSE IMPACTO!

1. Você já trabalhou em algum lugar onde se sentiu obrigada a deixar parte de si na porta?
   - *Como você se sentiu? Como isso impactou seu desempenho no trabalho?*

2. Que qualidades emocionais/espirituais você possui que são mais críticas para a satisfação do seu trabalho?
   - *Como elas impactam seu desempenho no trabalho?*

3. Faça uma lista das vezes em que seus problemas pessoais impactaram sua carreira tanto positivamente quanto negativamente;
   - *O que você aprendeu?*

4. Faça uma lista das vezes em que questões da sua carreira impactaram sua vida pessoal tanto positiva quanto negativamente.
   - *O que você aprendeu?*

ENSAIO 36

O CORAÇÃO E O ESPÍRITO DE UMA MULHER

Coragem no trabalho

Shellie estava no programa de treinamento de um dos maiores corretores de imóveis do nordeste dos Estados Unidos. Seu grupo trabalhava longas horas por dia e todas as noites, todos deixavam o escritório juntos e iam jantar e beber num *pub* local. Uma noite o vice-presidente regional, um homem com o dobro de sua idade, a assediou. Ela sabia que se resistisse à investida sua nova promoção estaria seriamente comprometida. Então ela não o fez. Trinta anos depois, ela ainda carrega a vergonha.

O chefe de Margaret era obstinado e bruto, além de uma piada sexista ambulante. Margaret o achava insuportável, assim como seu comportamento e, em vez de agastar-se ainda mais, largou aquele emprego mesmo antes de encontrar outro.

Leonia descobriu, enquanto montava a maior proposta de sua carreira, que os números que lhe tinham sido fornecidos pela contabilidade estavam errados em mais de 4 milhões de dólares. Primeiro, ela surtou, então discutiu com o pessoal da contabilidade e, finalmente, pediu transferência, aliviando-se assim de ter de enfrentar o potencial cliente.

"Coragem não é a ausência de medo. Coragem é a força para agir com sabedoria quando estamos mais temorosas."
-Mary Fisher, artista, autora e ativista contra a AIDS

É preciso muita coragem para enfrentar nossos adversários. Não é que Shellie, Margaret e Leonia não tenham sido corajosas, de fato elas foram. Suas histórias ocorreram há mais de trinta anos, bem antes de termos as escolhas que possuímos agora. O que as tornou corajosas? Elas permaneceram no mercado de trabalho, e cada uma lidou com sua situação com a dignidade que lhe era possível. Coragem, nesse contexto, significa permanecer no jogo e escrever suas próprias regras. Isso significa seguir seus instintos em vez da orientação de outrem. Significa afirmar sua verdade mesmo quando ela não é compartilhada por mais ninguém. Significa mostrar-se – de maneira autêntica, com responsabilidade e sem pedir desculpas.

Essa coragem cotidiana, do tipo em que o medo é perpetuamente ajustado, é sempre algo a ser considerado. É a bravura necessária para ser uma mulher. Aquela mulher que trabalha, que tem filhos e que cuida deles sozinha. É a coragem necessária para ser você mesma.

O que é desconcertante é o fato de que em praticamente todos os dicionários a palavra coragem é definida como: capacidade para enfrentar as dificuldades, os conflitos, as dores e a luta sem medo. Essas pessoas são de verdade?

Não estamos falando da coragem extrema que aparece em episódios do CSI, mas daquela na vida real, ou seja, da sua. O medo é variável em cada condição humana. Fim da história. É uma parte da vida, não uma exceção a ela. Se você nunca sentiu medo, ou está sob forte medicação ou em estado de negação. De qualquer maneira, talvez seja interessante considerar ajuda profissional.

A coragem é bastante relevante para as mulheres no mundo dos negócios. Ela é a força que devemos evocar; que precisamos buscar bem fundo para conseguir enfrentar os desafios comuns a todas as mulheres: de tomar uma posição não popular, de assumir riscos profissionais para os quais, provavelmente, nunca fomos preparadas. A coragem do século XXI exige que procuremos bem fundo em nosso coração, em nosso espírito e em nossa intuição pela orientação necessária, e que detenhamos as tensões externas.

A palavra coragem é derivada da palavra francesa *corage*, que significa, ao mesmo tempo, coração e coragem. O conceito masculino de coragem, como tenho aprendido com meu filho de sete anos, Benjamin, envolve coisas que explodem, que colidem umas com as outras, que pegam fogo, ou algo que faça barulhos altos e desagradáveis, e que provoque fumaça. Levando em conta que o nosso padrão cultural é masculino, pouca atenção é dada à representação feminina de coragem, o que, em parte, explica porque nós a negamos ou a repelimos quando alguém nos atribui o rótulo de corajosa (ver Ensaio 28). Nós não gostamos de participar de batalhas, não perdemos a cabeça (bem, talvez quando enfrentamos problemas, mas isso é para outro ensaio), e nunca nos identificaríamos como destemidas (nem nos esforçaríamos para sê-lo).

Nós nos empenhamos em viver de dentro para fora, seguindo nosso coração e nossa alma onde quer que eles nos levem (com a ajuda de nossa mente e corpo), enquanto evitamos palavras que normalmente nos são aplicadas quando encontramos um meio de realmente fazê-lo – palavras semelhantes àquelas que podem ser encontradas no Ensaio 15, em "Encolher para se encaixar". Quando enfrentamos as coisas por nós mesmas, quando nos recusamos a ceder e ganhamos a oportunidade de sermos taxadas de "difíceis", quando não nos deixamos influenciar por correntes políticas, também ganhamos vários títulos: agressiva demais, arrogante demais, ambiciosa demais, grosseira demais – demais. Ser corajosa não significa que esses títulos não nos incomodem. Apenas que temos coragem suficiente para agir como se não incomodassem.

CAUSE IMPACTO!

1. Como você define coragem por si mesma?
2. Qual foi a coisa mais corajosa que já fez?
   - *Porque o fez?*
   - *O que aprendeu sobre si mesma?*
   - *Como pretente aplicar esse aprendizado em sua carreira?*

3. Como a empresa em que você trabalha, ou que possui, impacta sua capacidade de agir corajosamente?
4. O que aprendeu com sua família de origem que
   - *apoie atos corajosos?*
   - *impeça atos corajosos?*

ENSAIO 37

MOVA-SE EM DIREÇÃO AO PENSAMENTO INOVADOR

Negócios arriscados

Embora possa parecer contraditório para aqueles que estejam escalando os degraus da liderança, você deveria perceber que seu gerente deseja que você assuma mais riscos. Está certo – mais riscos. Nos últimos 18 anos, ainda não encontrei um único executivo sênior que dissesse; "Puxa, eu gostaria que meu talentoso funcionário fizesse apenas o que é seguro e mantivesse o *status quo*."

Mas a que tipo de riscos estou me referindo? E porque seu chefe encorajaria seus funcionários a assumi-los em maior número? Afinal de contas, a palavra "risco" normalmente implica exposição ao perigo, e a possibilidade de que algo desagradável ou perigoso ocorra.

> *As preocupações sobre riscos no mundo corporativo giram em torno de gerentes que não desejam simplesmente que seus funcionários talentosos se afastem de decisões seguras, mas que se movam rumo a pensamentos inovadores.*

Esses líderes estão cultivando o desejo de seus funcionários talentosos de buscarem em seu âmago a confiança que os leva a pensar de modo diferente: esta próxima geração de líderes deve confiar o suficiente em si mesma para assumir riscos. Como esses profissionais são, eles próprios, pessoas de sucesso, é provável que o tenham contratado por causa do seu conjunto singular de capacidades e que queiram que você as utilize.

A disposição de assumir riscos é particularmente critica durante períodos econômicos difíceis. Há uma tendência cultural de se querer fazer o que é seguro quando os tempos são incertos. No entanto, se examinarmos os precedentes históricos veremos que aqueles que jogaram os dados numa direção nova e excitante foram os mais triunfantes em promover as mudanças que os tempos exigiam.

O que torna os funcionários relutantes em assumir riscos no trabalho? Em uma palavra: MEDO.

Eles muitas vezes estão com medo de:

- não serem suficientemente inteligentes;
- não serem suficientemente educados;
- parecerem estúpidos;
- de estarem errados;
- de não poderem confiar em seus instintos intuitivos;
- de não conseguirem aquela venda a qualquer custo;
- de as coisas mudarem. Eles odeiam mudanças;
- ______________________________;
- ______________________________.

Essas sensações não têm de ser reais, somente precisam ser percebidas como tal. Esteja certo de uma coisa: nada impedirá ou interromperá o movimento adiante (e, portanto, os comportamentos de risco) mais rápido do que a perspectiva de seu ego ficar ferido ou destruído no processo.

O que um grande gerente deseja de você?

- Que tenha confiança em quem você é e no que faz.
- Que confie em si mesma.
- Que siga seus instintos.
- Que não se apoie perpetuamente na ideia de que "sempre foi feito dessa maneira".
- Que esteja disposta a aceitar que está errada.
- Que pense de modo exclusivo.
- Que tenha iniciativa.

Na próxima vez que enfrentar uma situação que exija que você saia de sua zona de segurança, faça a si mesmo as seguintes perguntas:

1. *O risco é imaginado ou real?* Os fatos ou evidências se empilham esmagadoramente contra sua posição, ou você apenas teme o desconhecido?
2. *Você está assumindo esse risco para provar quem você é (seu ego) ou para demonstrar quem você é (seu coração)?* Você está tomando uma atitude corajosa porque sabe, em seu âmago, que é a mais correta, ou apenas tentando provar que é inteligente e competente?
3. *É o momento certo?* Talvez sua ideia seja simplesmente brilhante em algum momento futuro, mas não agora.
4. *Qual seria o melhor resultado possível ao assumir esse risco?* Num mundo ideal, qual será o resultado? Quais serão as vitórias?
5. *Qual seria o pior resultado possível?* Pense em resultados desastrosos – você tem um plano B? Haveria algum desenlace irreversível?
6. *Se não for bem-sucedida, como poderá se recuperar?* É isso que se denomina plano B. Você já o preparou para o caso de não conseguir que as coisas voltem a ser como eram, antes de assumir este risco?
7. *Se você falhou, o que conseguiu aprender?* Você já enfrentou situações em que não alcançou seus objetivos, e isso acontecerá novamente. O que aprendeu com o fracasso? Se você ouviu um "faça novamente", o que faria diferente, caso exista algo?

CAUSE IMPACTO!

1. Nesse momento, que risco específico você poderia assumir em seu trabalho que causaria impacto positivo em sua organização ou em seu próprio negócio?
2. Qual seria a desvantagem desse risco?
3. Qual seria a vantagem?
4. Quem estará ao seu lado para apoiá-lo?

ENSAIO 38

ELA DECIDIU POR SI MESMA OU SENTIU-SE FORÇADA A FAZÊ-LO?

Conservando grandes talentos femininos

Eu: Você disse ao RH a verdadeira razão porque saiu?

Ela: Bem, não. Não exatamente.

Eu: E porque não?

Ela: Não quis que a gerente do RH se sentisse mal. Não queria que pensasse que foi culpa dela.

Eu: Então, você não queria magoá-la?

Ela: Não. Bem, talvez. Algo assim. Sim. Eu não quis ferir seus sentimentos.

Eu: E você queria que ela gostasse de você?

Ela: Quando você fala desse modo a situação soa horrível. Está certa, eu queria que a gerente do RH gostasse de mim; que ela me aprovasse, embora eu estivesse me demitindo. Além disso, eu não queria fechar nenhuma porta, caso resolvesse voltar atrás.

Eu: Há mais alguma coisa, qualquer outra razão para você não ter dito a verdade?

Ela: Que diferença teria feito se eu tivesse dito à gerente de RH o verdadeiro motivo pelo qual estava saindo? Eu já havia tomado minha decisão. O dano já havia sido feito. Se ela soubesse o que realmente penso a seu respeito...

Eu: Então, na verdade, você mentiu para ela porque queria parecer "legal"; queria que a empresa a visse com bons olhos, e sentiu-se impotente para impactar a empresa que ajudou a construir?

Ela: É exatamente isso.

Eu: Diga-me uma coisa. Como esta empresa algum dia irá "entender", a necessidade de se livrar desse sistema falido se pessoas como você não forem transparentes? Como eles algum dia ficarão cientes da insatisfação de seus funcionários; de que o moral baixo não é uma anomalia, mas a regra dentro da empresa?

Ela: Mas se eles ainda não "entenderam", o que devo fazer? Eles pensarão que sou a única descontente; que sou apenas uma pessoa que gosta de reclamar. Além disso, não acho que, de qualquer maneira, eles fossem me escutar.

Esta foi uma conversa na íntegra.

Ao longo dos últimos doze meses, encarei algumas variações desse mesmo dialogo com 26 outras mulheres. Os únicos fatores que divergiram foram a quantidade de raiva e de frustração que elas vivenciaram; o tempo que levou para que decidissem "se afastar" e o grau de impotência que cada uma sentiu para impactar sua organização.

> *Quando uma mulher diz "Que diferença faria?", o que ela realmente quer dizer é, "Que diferença eu faço?"*

Pelo fato de sentirem-se invisíveis em seus trabalhos, razão pela qual decidiram sair da empresa, elas também se sentiram invisíveis ao se demitirem. Por não saberem a diferença que faziam em seus cargos, acreditavam que não faria qualquer diferença para você o fato de estarem se afastando.

Inúmeras pesquisas concluem, de modo inequívoco, que as mulheres estão deixando seus empregos e carreiras por razões pessoais, políticas ou, mais frequentemente, ambas. Ouvimos das pessoas que estamos saindo por temer o "teto de vidro" – a barreira à nossa ascensão –, por sermos descomprometidas, ou pelo fato de não nos sentirmos suficientemente ouvidas, compreendidas ou elogiadas (essas são minhas palavras). Embora tais informações sejam determinadas por pesquisa, enquetes e entrevistas de saída, minha pergunta é: Isso é verdade? Ou seria apenas uma explicação conveniente que aos poucos se transformou em uma desculpa simplista?

Diga-nos: por que você está saindo? Aonde você vai? Foi uma decisão repentina?" Você acordou um dia e disse para si mesma: "É isso aí! Já aguentei o suficiente. Para mim chega"?

Você foi "forçada"? Foi afastada antes de fazer planos para sair? Permaneceu na empresa e reclamou da situação por um ano ou dois, sofrendo de um grave caso de "presenteísmo" (ver Ensaio 18), no qual seu corpo aparecia no trabalho, mas seu entusiasmo, sua energia e seu espírito ficavam em casa?

Vá em frente e marque os itens que poderiam se aplicar a você:

- ☐ Quero mais flexibilidade.
- ☐ Estou cansada de bater minha cabeça contra o "teto de vidro".
- ☐ Quero/preciso/mereço mais dinheiro.
- ☐ Sinto-me invisível.
- ☐ Minhas contribuições não são reconhecidas ou valorizadas.
- ☐ Estou cansada de ser preterida em promoções.
- ☐ Não me sinto ouvida.
- ☐ Não sou levada a sério.
- ☐ Quero mais liberdade.
- ☐ Desejo mais oportunidades.
- ☐ ______________________________
- ☐ ______________________________

O que mais preocupa não é tanto estarmos deixando o mundo corporativo. Perturbador é o fato de estarmos saindo e o impacto que essas razões têm em nossa vida e na organização que nos emprega. Independentemente da versão utilizada – "estou saindo para começar meu próprio negócio" ou "para me tornar mãe em período integral" – suspeito que as mulheres em todo o país, desde as recém-contratadas até as gerentes de nível superior, frequentemente fornecem justificativas mentirosas e omissas para deixar o mundo corporativo. Armadas com jargões politicamente corretos – e com a propensão a buscar aprovação e preservar relacionamentos – elaboramos pedidos de demissão vagamente relacionados com a verdade. É lógico que a razão que explica nosso impulso de sair é, provavelmente, a mesma que nos impede de responder honestamente à pergunta "Porque você está saindo?"

Considere o seguinte: uma das várias razões para estarmos sempre batendo a cabeça no "teto de vidro" é o fato de estarmos sempre recomeçando em novos empregos; quando as coisas ficam difíceis, simplesmente saímos. Toda vez que temos de "implementar reformas" perdemos o direito à nossa estabilidade de emprego. Se ficássemos paradas, respondendo sem rodeios às nossas preocupações, tornaríamos realmente necessário que nossos superiores executassem as mudanças que buscamos.

As mulheres foram educadas para serem as guardiãs dos relacionamentos, em detrimento de nossos próprios sentimentos. Divulgar nossos segredos para o RH poderia ter feito com que nosso gerente se sentisse inadequado, incompetente ou responsável pela nossa situação. Deus me livre! Inventar uma história parece uma opção mais palatável para a maioria de nós. Coloque-se no lugar do seu gerente – você não gostaria que as pessoas fossem sinceras com você para que pudesse fazer seu trabalho eficientemente?

> *A inabilidade para deter o fluxo de saída de mulheres faz com que muitos gerentes não encarem com maior cuidado e profundidade as verdadeiras motivações das funcionárias que estão emigrando de suas posições.*

É hábito culparmos a nós mesmas por nos considerarmos inferiores ou superiores àquilo que é esperado de nós. Costuma-se dizer que deixamos nossos empregos simplesmente porque não éramos capazes de "fazê-lo". Bem, talvez nós não quiséssemos fazê-lo, ou tenhamos nos cansado de tentar – ou ainda simplesmente não tenhamos aprendido como fazê-lo.

Desnorteados pela deserção em massa, o sistema, as mulheres, a gerência e a cultura empresarial, são todos considerados culpados – todos trabalharam arduamente para manter as dinâmicas que serviram de catalisadores para a sua partida. Agora adicione a essa mistura o fato de existirem mulheres que estão saindo sem na verdade saberem o porquê; perpetua-se uma situação confusa e autossustentável: esses raros indivíduos sabem que algo não está funcionando para si mesmos, mas são incapazes de descobrir o que é, ou simplesmente não estão dispostos a fazê-lo. Então partem. (Mais sobre o assunto no Ensaio 35.)

O que merece ser reconhecido, e até comemorado, é o fato de que a saída pode não ter sido um caso de falta de opção, mas, em vez disso, uma demonstração de poder pessoal das mulheres, ao dizerem: "A empresa XYZ não entende o que eu preciso."

"Já estou cansada de ir à loja de ferragens e ficar desapontada por não encontrar nenhum pão. Vou procurar uma padaria."

Treino e ofereço consultoria para muitas dessas mulheres. Tenho o privilégio de ser uma das poucas profissionais em quem elas confiam, enquanto estão tomando a decisão dolorosamente difícil de deixar suas merecidas carreiras – ou até mesmo depois que a decisão foi tomada. O que elas me dizem? Veja a seguir:

- Eu quero oferecer todo o meu potencial ao trabalho!
- Odeio ter de fingir que não sou uma mulher e ter de agir como um homem para alcançar um objetivo – e é exatamente isso o que preciso fazer.
- Estou cansada de ter de deixar pedaços de mim em casa a fim de sobreviver em meu emprego.
- Esse lugar me esgota – não sinto que sou bem-vinda.
- Eles tornam muito difícil para as mulheres trabalharem aqui.
- Se quiser ser promovida, eu sei exatamente quem preciso ser – e que essa pessoa não é quem realmente sou!
- ______________________________________
- ______________________________________

Debaixo do enredo, além da política corporativa, afora a mentalidade da organização, está a necessidade primordial da mulher de fazer renascer quem ela realmente é antes que se esqueça; e de sempre se lembrar da resposta para a pergunta: "O que você quer?"

De fato, ela não o deixa; ela não abandona sua carreira. Na verdade seu êxodo do mundo corporativo é, na realidade, uma viagem de volta ao seu "Eu" essencial.

Costumo perguntar a mim mesma – e a convido a fazer o mesmo –, que mudanças precisam ser implementadas e quão rapidamente podemos realizá-las, de modo que cada uma dessas mulheres possa encontrar seu "Eu" essencial exatamente onde ele estiver, em sua pequena empresa ou no mundo corporativo. Imagine o poder de ajudá-la nessa busca e o impacto que teria sobre todas as relações resultantes!

Há um "E" gigante na conversa sobre o êxodo corporativo que cai no esquecimento; e ele é grande demais e incomodo demais para a maioria das organizações tentarem resolver. Sim, essas mulheres estão saindo por razões lógicas, práticas e racionais; e existe uma linha pontilhada indelével entre a saída delas e as crises espiritual e emocional existentes hoje em todo o mundo.

Há uma tendência que vale a pena ressaltar aqui. A boa notícia é que ela somente se aplica a um pequeno número de mulheres; a má notícia é que aparenta se aplicar à maioria das mulheres. Dito isto, existem muitas mulheres que, infelizmente, de maneira notória e por razões ainda não identificadas, têm pouca empatia ou compaixão por suas irmãs que optaram por sair, tampouco tolerância com elas. Muitas dessas executivas não fazem nenhum esforço para impedir que essas mulheres escapem, nem as encorajam, dizendo: "Vá em frente, amiga!" De certo modo, já esperamos que um número desproporcional de mulheres abandone prematuramente suas carreiras; tanto que os administradores já se tornaram resignados e insensibilizados por este fato. É importante que filtremos essa sensação.

Quando examinamos o problema em profundidade, e vamos além da retórica e da política, o cerne da deserção em massa é claro e simples: trata-se de uma questão de relacionamento.

Sim, novamente.

Ela toma a decisão de sair quando, em seu ambiente de trabalho, as pessoas...

1. Não pedem o que querem.
2. Buscam a invisibilidade: concordando com ela e até incentivando-a.
3. Aceitam a escassez de modelos femininos de grande visibilidade.
4. Preferem uma rede lateral de relacionamentos à hierárquica.
5. Aceitam a depreciação de sua autoconsciência e do seu autocomprometimento.

6. Evitam conflitos.
7. Adotam abordagens não estratégicas de carreira.
8. Aceitam a falta de mentores.
9. Sentem-se excluídas.
10. ____.
11. ____.

Ela se sente forçada a sair quando, em seu ambiente de trabalho, as pessoas...

1. Não se dedicam adequadamente às preocupações dos funcionários.
2. Implementam um ambiente no qual riscos são evitados.
3. Implementam um ambiente no qual conflitos são driblados.
4. Ostentam visão limitada.
5. Utilizam-se de recrutamento externo em vez de promoção interna.
6. Aceitam a falta de disponibilidade do gerente.
7. Utilizam-se de comunicação inadequada.
8. Propõem arranjos inadequados quanto à flexibilidade no trabalho.
9. Impõem cargas de trabalho impraticáveis.
10. Resistem a *feedbacks* honestos.
11. Não encorajam o equilíbrio trabalho/vida pessoal.
12. ____________________________________.
13. ____________________________________.

Esta é certamente uma equação bi-lateral, contudo, não equilibrada; de qualquer modo, é uma equação. Sim, é imperativo que sua organização execute cada tática disponível para atrair, treinar e reter talentos. O que precisa estar no topo da lista? Treinar mulheres para liderar, explicando-lhes:

- como podem determinar o que querem;
- como podem se tornar arquitetas estratégicas de sua própria carreira;
- como podem conseguir o que alegam precisar;
- como responsabilizá-las por seu próprio aprendizado e pela posição de liderança. (ver Ensaio 35).

Preencher estas lacunas evidentes no aprendizado das mulheres, tanto pessoal como profissionalmente, aumentará seu impacto em sua organização.

Líderes não nascem; são cultivados.

Vejamos agora o outro lado da equação: não sei quanto a vocês, mas estou cansada de ouvir sobre as terríveis grandes empresas; sobre o que elas não fizeram por seus funcionários. Relacionamentos são compostos por duas ou mais pessoas, portanto, uma única parte jamais é totalmente culpada. Sim, é seu dever moral e profissional certificar-se de que suas funcionárias do sexo feminino em sua organização tenham todas as oportunidades (iguais) para liderar e alcançar sucesso. E cabe à mulher, por si mesma, maximizar cada uma dessas oportunidades, e, desse modo, comandar seu destino. Em última análise, as mulheres são responsáveis por suas vidas e carreiras, por seus aprendizados e por suas habilidades de liderança. As mulheres devem direcionar-se mais para a solução de problemas, e menos ao problema propriamente dito. Elas devem ser ensinadas a cultivar seu poder pessoal, a descobrir seu propósito de vida e a usar seus dons e talentos: o ingrediente principal que precisam para causar impacto e que você precisa para conservá-las.

CAUSE IMPACTO!

1. Se você trabalhasse na organização perfeita, como ela seria?
   - *Qual seria a sua descrição do trabalho?*
   - *Como se sentiria?*
   - *Forneça o maior número de detalhes possível.*

2. Afinal, o que a impede de ter esse emprego?
3. Como gerente, de que modo impacta seu pessoal?
4. Como gerente, de que modo sua organização impacta seus funcionários?

ENSAIO 39

O ÚLTIMO TABU

Espiritualidade no trabalho

No início dos anos 1980, quando trabalhava no departamento de roupas femininas da Saks, na Quinta Avenida, um de nossos compradores teve de viajar para o exterior bem na época em que deveria participar de uma reunião de gerência previamente agendada. Fui convidada a assumir seu lugar. O senhor G, gerente de mercadorias, já tinha definido a pauta e queria discutir várias maneiras de aumentar as vendas. Na época, eu era uma assistente de compras novata, jovem e inexperiente, e vi ali uma oportunidade perfeita para mostrar a todos o quanto eu era inteligente. Acredite!

Os demais compradores estavam em volta da mesa apresentando sugestões e, quando chegou minha vez, estava tão animada com o que ia compartilhar que me levantei para falar – não foi uma ideia brilhante considerando que o senhor G. estava bem do meu lado. Nós estávamos da mesma altura enquanto eu estava sentada e ele em pé, mas, quando me levantei, calçando salto alto fiquei com mais de 1,80, enquanto ele media apenas cerca de 1,60. Você esta conseguindo visualizar a imagem? De qualquer modo, voltemos à minha ideia inteligente.

Eu: Fazer compras deve ser divertido, certo? E quanto mais nos divertirmos, é provável que menos nos preocupemos se estamos gastando muito. Então, acho que precisamos nos concentrar em nosso relacionamento com nossos clientes – oferecendo-lhes um tratamento diferenciado, escrevendo-lhes notas de agradecimento por comprarem conosco e acompanhando o que eles compram. Dessa maneira podemos informar-lhes sobre novos produtos, além de ser uma ótima maneira de nossos vendedores desenvolverem um verdadeiro relacionamento com nossos clientes. Acredito que quanto melhor o relacionamento, mais provável que os clientes venham à Saks e não optem pela nossa concorrência.

Senhor G.: Obrigada por compartilhar sua ideia, Nancy. Você pode se sentar agora.

Fui dispensada. Só isso! Considerando as risadinhas dissimuladas em volta da mesa e o olhar de aborrecimento em seu rosto enquanto ele se esforçava para olhar para cima, para mim, eu sabia que a coisa não havia saído tão bem quanto eu havia planejado. Sentei-me.

⌘ ⌘ ⌘

Claro que as ideias que apresentei naquela reunião são agora práticas padrão – nós até temos um nome para ela: Marketing de Relacionamento ou, simplesmente, bom senso nos negócios. Mas na década de 1980 era, no mínimo, pouco ortodoxo cruzar a linha invisível entre vendedor e cliente.

As fronteiras, naquela época, eram inequívocas: nossa vida era compartimentada em duas categorias distintas: a pessoal e a profissional. A expectativa era de que quando chegássemos ao trabalho nossa vida pessoal fosse deixada na porta. Nenhuma discussão sobre o assunto. Não haveria nenhuma menção sobre política, religião, sexo ou família durante aquelas oito ou doze horas. Fazê-lo era considerado "pouco profissional".

Avançando 25 anos, percebemos mais do que um pequeno progresso na integração prática e poderosa dos relacionamentos em tudo o que fazemos. Sabemos que nossa relação com gerentes, clientes e até mesmo com nosso cônjuge é vital tanto para nosso sucesso pessoal quanto profissional; claro que o relacionamento mais importante que temos é conosco.

Agora, em pleno século XXI, quando o mundo corporativo começa a sentir-se confortável com a nebulosa cordialidade dos relacionamentos, temos uma novíssima fronteira a ultrapassar: a espiritualidade – o último tabu.

Discursos sem censura sobre diversidade, casamento gay, etnia, pesquisa de células tronco, e tantos outros temas controversos, abriram caminho para que Deus começasse seu trabalho; Aleluia!

É interessante, ainda que não totalmente imprevisível, que Deus seja justaposto aos nossos valores cada vez mais tolerantes e à nossa ética decadente. Somos todos adolescentes quando o assunto é desenvolvimento. E embora numa extremidade da gangorra ostentemos o comportamento autoindulgente dos jovens, conseguimos o equilíbrio colocando na outra extremidade um poder superior, impregnado de tradições sagradas (e patriarcais). O adolescente gosta de expressar sua independência, de testar limites e fronteiras, mas, após a conclusão de seus experimentos, recua para a segurança, para a estabilidade e intimidade familiar. Da mesma maneira, de um lado nossos pais desafiam nossos limites para que sigamos destinos ainda desconhecidos; ao mesmo tempo, mantemos o equilíbrio, buscando conforto na santidade de nossas crenças espirituais.

Como eu, você já se perguntou por que nos forçamos a acreditar que nossos corações estivessem discordantes da cultura corporativa – quando na verdade é exatamente isso o que faz nossa cultura pulsar?

Toda vez que ouço alguém dizer que uma corporação tomou uma determinada decisão, tenho vontade de dar um pulo e gritar como uma louca. As pessoas tomaram aquela decisão empresarial! Indivíduos emocionais com família, amigos, problemas, contas e custos de saúde crescentes. Corporações somente existem no papel.

Pense por um momento no sentido da expressão "são apenas negócios" – um grupo de pessoas sentadas, umas ao lado das outras, dia após dia, e que supostamente deixaram seus corações e suas almas em casa. Isso não parece nada natural, não é?

O conceito de patriarcado está em processo de transição rumo a um modelo mais holístico: um quadro mais centrado no coração e mais compassivo está substituindo o modelo de liderança "de fora para dentro", em que procuramos nossa autoestima a partir do que fizemos no mundo material em vez de buscá-la naquilo que somos no âmbito espiritual e emocional. Este é um ponto de vista totalmente diferente sobre reorganização, não acha?

As mulheres são qualquer coisa, menos "relutantes guerreiras espirituais": algumas de vocês foram treinadas para "agir como homens" e estacionar sua personalidade bem ao lado do seu carro no estacionamento da empresa. Vocês, de qualquer modo, buscam um poder maior – agarram a autonomia onde quer que a encontrem; a estabelecem onde quer que possam criá-la. Algumas foram criadas a partir de modelos fortes, poderosos e carismáticos que se empenharam em batalhas para defender sua geração; outras, contudo, nem mesmo sabem sobre que luta as *baby boomers* estão falando. Vocês agem de acordo com seus direitos e os outros se ressentem, embora as admirem por terem conseguido internalizar seu poder a ponto de não mais precisarem discuti-lo. Embora queiram manter uma grande dose da autoestima com a qual as mulheres nascem, não querem desistir de contar suas histórias de guerra. Não tenho certeza de que isso seja positivo ou negativo.

Nada disso irá mudar o suficiente até que as portas do espiritual e do emocional estejam completamente abertas. Estamos aprendendo a ser mulheres, a agir como líderes e a estar presentes. Não precisamos de mais uma tarefa em nossa perpétua lista de "coisas a fazer". No entanto, uma lista de "coisas a realizar" seria mais apreciada. Imaginem isso:

☐	Pegar a roupa na lavanderia	FAZER
☐	Passar dez minutos falando com sua sabedoria interior	SER
☐	Levar as crianças para a escola	FAZER
☐	Investir cinco minutos em "autorreconhecimento"	SER
☐	Pagar contas	FAZER
☐	Passar dez minutos escrevendo uma lista de coisas pelas quais somos gratas	SER
☐	Responder aos e-mails no trabalho	FAZER
☐	______________________________	
☐	______________________________	

Queremos trazer à luz nosso "eu" autêntico e crescer para nos tornarmos confortáveis com a mulher que sempre estivemos destinadas a ser, e apreciá-la. Somos ardorosos em nossa missão de revelar nosso propósito de vida, de usar nossos dons e talentos e de tornar pública nossa paixão.

Quando isso for feito, teremos mais energia, mais tempo e mais criatividade para investirmos no trabalho.

A desconexão existente em nosso centro espiritual é como ter um automóvel sem motor ou um computador sem disco rígido. A espiritualidade da mulher é sua âncora; é a medula de seus ossos. Talvez por isso tantos funcionários aproveitem avidamente a oportunidade de participar de eventos na empresa. É, enfim, uma oportunidade para envolver uma parte de si mesma que costuma ficar ausente do trabalho. A ideologia como "diferença pessoal significativa" está se tornando a moeda mais forte das gerações que estão entrando no mercado de trabalho.

Quase todos os dias converso com pelo menos uma mulher que se descreve como espiritualmente curiosa, esgotada ou questionadora. Se sua empresa não cura essa fome, nem sequer a reconhece, outra o fará. As pessoas que já estão prontas para avançar farão de tudo para se comprometerem novamente com seu "eu" essencial. Quanto mais saturadas de tecnologia, mais complicadas suas vidas se tornam; quanto mais se sobrecarregam de compromissos, mais sentem a pressão interna, o chamado interior para retornar ao conforto orgânico do coração (onde, por acaso, seus espíritos vivem).

Além dos vestígios emocionais de nossas famílias de origem e dos estereótipos e das expectativas de nossa etnia, sob o temor de que nossa disposição em revelar nossa honestidade levará à aniquilação da sociedade, há uma voz suave e insistente que sussurra em nossas mentes desde sempre para que possamos nos lembrar. A propósito, não sei o que diz sua voz interior, mas a minha perpetuamente me lembra para "ficar calma, deixar passar, relaxar e acreditar em mim mesma". E a sua? ______________________________

____

____

____

____.

As mulheres cada vez mais estão (finalmente) reconhecendo, e dizendo em alto e bom tom, que essa voz não é apenas sua imaginação – é sólida, confiável e eterna. É a voz da sua sabedoria interior, da sua Alma, da sua intuição, do seu espírito e de Deus. Essa é a voz que tem sempre estado com você e nunca a abandonará; ela não irá diminuí-la nem demiti-la. Jamais fará você se sentir insignificante nem irá terceirizá-la; que nunca precisará esperar um ano para lhe promover. Essa é a voz da Verdade – sua verdade – e é nesta vastidão que se encontra a mulher invencível.

As mulheres sempre ouvem sua voz interior,
porém, nem sempre confiam nela.

Quem é a mulher que está lendo este livro? Quem busca permissão para reunir-se com o espírito dentro de si mesma? Ela é a mulher sentada ao seu lado durante uma reunião com um cliente; é uma das diretoras da empresa em que trabalha; é uma das gerentes; é sua mãe, sua melhor amiga ou até mesmo a presidente do banco no qual você tem conta. Ela é você.

Há apenas cerca de vinte anos, quando comecei a trabalhar como palestrante, dei início ao ritual de medir o calor de minha plateia, perguntando: "Levante a mão quem se considera espiritualizado e se autodefine dessa maneira." Numa multidão de cinquenta, uma ou duas almas corajosas costumavam levantar suas mãos timidamente, somente até a altura da cabeça, e imediatamente as recolhiam para um lugar mais seguro. Já há quinze anos, talvez 10% dos presentes se "apropriasse" de seu relacionamento pessoal com Deus. Dez anos atrás metade do público, independentemente do número de presentes, se confessaria espiritualizado. Há cinco anos talvez três quartos o fizesse. Recentemente falei para 3 mil mulheres de uma empresa na área de vendas diretas, mais da metade delas representantes das gerações X e Y. Do palco consegui contar menos de uma dúzia de indivíduos cujas mãos não estavam erguidas.

"A ESPIRITUALIDADE NO TRABALHO ULTRAPASSOU SEU PONTO DE INFLEXÃO
E ESTÁ QUASE SE TORNANDO UMA TENDÊNCIA."
NANCY D. SOLOMON

Passei incontáveis horas contemplando o que teria mudado, e por quê. As pessoas estão se tornando mais espiritualizadas? Será que estamos apenas desejosos de falar mais sobre o tema? E, de qualquer modo, por quê?

Admito que ainda falo com cautela quando levanto o nome de Deus, mais no âmbito profissional do que em circunstâncias sociais. Nosso relacionamento com o Divino é a relação mais íntima que podemos ter com Ele. A palavra Deus age como um gatilho. Uma vez introduzida na conversa, leva aproximadamente três segundos para que as mentes das pessoas sejam envolvidas por tudo o que conhecem a respeito; cada gatilho, positivo ou negativo, é disparado. Uma vez que tal assunto é levantado, o diálogo se torna tanto mais íntimo quanto mais político.

Meu objetivo com isso não é usar a experiência de qualquer participante com Deus e obter votos a favor ou contra Ele. Minha intenção é apenas convidar as pessoas a trazerem o relacionamento que elas têm com Deus para a relação que eu estou tendo com elas. Se imaginar um balãozinho sobre minha cabeça verá que nele está escrito; "Não há problema em falar sobre sua espiritualidade aqui. Sei que você é um ser espiritual e sinto-me curiosa e animada ao perceber isso em você."

Para muitos é um momento de alívio; um sinal de confiança e de que não precisamos mais guardar o "segredo" de que Deus guia nossa vida. Raro o indivíduo que permanece silencioso durante uma conversa sobre Deus, em especial em lugares geralmente não associados com a espiritualidade. As pessoas em geral se inclinam para prestar mais atenção na discussão ou recuam. É difícil. A pessoa que aparentemente se aproxima, quase que instantaneamente se vincula a mim, mesmo que não tenhamos chegado à parte da conversa onde suas crenças são reveladas. Apenas a menção, a "permissão" para se falar sobre isso aprofunda nossa conexão. Não porque eu compartilhe suas crenças, mas porque temos o espaço em nosso relacionamento para ter diferenças, para trazer os tabus à tona e sermos nós mesmas.

Preocupa-se com o fato de criar um fervor religioso indesejado se tolerar, permitir ou convidar seus funcionários a trazerem sua espiritualidade para o trabalho? Teme que as coisas saiam do controle? Que seus funcionários darão iníco a guerras santas? Esqueça tudo isso. O objetivo é deliberadamente criar um ambiente de respeito mútuo que desencoraje o proselitismo e o mau comportamento, em geral.

A questão é a seguinte: independentemente de sua permissão, as pessoas que acreditam num poder maior, que seguem uma religião ou que acreditam em Deus, trarão isso com elas para o trabalho. Se promover essa atitude, tudo o que estará fazendo é criar um ambiente no qual eles agora se sintam confortáveis fazendo o que sempre fizeram. Em outras palavras, você não precisa fazer nada; apenas sair do caminho.

É isso mesmo, quanto mais espaço abrir para a diversidade, maior a chance de que a situação possa ficar confusa e, ao mesmo tempo, de que a conversa se torne animada, inovadora, criativa e produtiva. A maioria das empresas tem algum tipo de código de vestimenta ou de ética. Você antevê alguma razão pela qual você não possa colaborar com sua equipe e criar um código cordial de fé? Assim como se faz em relação a outras questões de alto impacto, confie em sua equipe; acredite que serão capazes de monitorar a si próprios, de fazer excelentes escolhas e de participar ativamente do jogo para fazer uma significativa diferença pessoal. Não foi para isso que você os contratou?

CAUSE IMPACTO!

1. Que papel a espiritualidade tem em sua vida, se houver algum?
2. Como a espiritualidade impacta seus esforços profissionais?
3. Como a empresa onde você trabalha, ou a empresa que possui, impacta sua espiritualidade?
4. Num mundo ideal, que código de fé gostaria de ver implementado em sua organização?
5. O que a impede de iniciar um código de fé, se é que isso ocorre?

POSFÁCIO

"O mais valioso não é a experiência em si,
mas quem nos tornamos como resultado dela."
Nancy D. Solomon

É uma boa coisa não sabermos o que não sabemos, pois, do contrário, poderíamos nunca fazer coisas que exigissem muita coragem, como ter filhos ou escrever um livro.

Ambos são vistos tanto como atos nobres quanto necessários, ambos significam escolhas; ambos deixam marcas em nosso coração.

Impacto! O conteúdo está exatamente como eu o imaginara há cinco anos, assim como seu objetivo. O formato foi levemente modificado, enquanto o título mudou radicalmente. Quanto a mim, confesso que já havia superado minha experiência logo que conclui a introdução. Fiel à mensagem deste livro, sempre soube exatamente qual era o meu objetivo, embora tenha demorado cinco anos para permitir que se tornasse realidade. Muitas vezes, duvidei de mim mesma e da minha percepção, o que me levou a sair de minha zona de conforto e a buscar a colaboração não apenas de inúmeras pessoas que me conheciam, mas também de completos estranhos, tudo isso num enorme esforço para validar o que já sabia. Você já fez isso?

No final, sobraram informações e faltou espaço para colocá-las; tornei-me cada vez mais a aluna e menos a professora; obtive muito mais perguntas do que respostas. Acabei por lembrar-me de quem eu sou. O que é justamente o objetivo maior dessa obra: lembrá-la de quem você é e do que veio fazer aqui, e, ao mesmo tempo, ajudá-la a fazê-lo para que seja capaz de causar impacto!

Minha esperança para você, leitora, é que essa jornada que seguimos juntas tenha sido bastante valiosa; que ela tenha aberto as portas já conhecidas e também as novas; que tenha resolvido velhas questões e levantado outras; que tenha desafiado os lugares onde se sente confortável, e confortado aqueles que sempre considerou desafiadores. Meu maior desejo é que se lembre de quem você é.

Se eu tivesse um pó de fada, teria amado a oportunidade de compartilhar pessoalmente sua evolução, de testemunhar todo o seu crescimento e acompanhar sua transformação além de todas as suas próprias limitações e expectativas. Teria apreciado contar o número de vezes em que as luzes sobre sua cabeça se apagaram quando reconheceu seu próprio valor e o quanto é digna de amor. Teria sido divertido roubar as lágrimas derramadas quando tornou-se consciente de que sempre fora perfeita. Teria sido meu privilégio ajudá-la a lançar suas velhas crenças contra uma muralha, só para depois poder ajudá-la a varrê-las.

Independentemente do que tenha realizado, saiba que merece ser louvada. Faça o mesmo. Saiba que "onde você estiver será motivo de comemoração, não de desculpas."

Não sou muito boa em despedidas, portanto, em vez de encarar o fim desse livro como o término de nossa relação, prefiro considerá-lo o início – o que deve ser muito parecido com seu relacionamento consigo mesma, a partir de hoje. Com esse pensamento, criei o website www.frominvisibletoinvencible.com, para ajudá-la a se tornar mais rapidamente o que já estava destinada a ser. Venha me fazer uma visita! Faça o *download* das avaliações; brinque com os exercícios; torne-se parte de nossa comunidade; aprecie os artigos e escreva sua história – sua própria jornada de invisível a invencível. Estou ansiosa por ter noticias suas! Escreva-me no endereço: nancy@frominvisibletoinvincible.com.

Seja ouvida. Seja compreendida. Seja elogiada. Seja você mesma.

Com muito amor e gratidão,

Nancy

Inverno de 2009, EUA.

BIBLIOGRAFIA

"The Allianz women, money & power study" [O estudo Allianz sobre mulheres dinheiro e poder]. Agosto, 2006. Disponível em: www.allianzlife.com/Women-MoneyPower/Default.aspx.

BABCOCK, LINDA & SARA LASCHEVER. *Women don't ask: negotiation and the gender divide* [Mulheres não pedem: negociação e a divisão entre os sexos]. Princeton: Princeton University Press, 2003.

BUSINESS WOMEN'S NETWORK. "2005 WOW! Quick facts: women and diversity" [2005 Uau! Fatos rápidos: mulheres e diversidade]. Washington, D.C.: Diversity Best Practices (DBP), 2005.

CATALYST ORGANIZATION. "The double-bind dilemma for women in leadership: damned if you do, doomed if you don't" [O dilema do vínculo duplo para as mulheres na liderança: condenada se fizer, amaldiçoada se não o fizer]. *The Catalyst Organization*, 2007 (Julho).

COFFMAN, CURT & GABRIEL GONZALEZ-MOLINA. *Follow this path: how the world's greatest organizations drive growth by unleashing human potential* [Siga esta trilha: como as maiores organizações do mundo conduzem o crescimento liberando o potencial humano]. Nova York: Warner Books, 2002.

FELS, ANNA. "Do women lack ambition?" [Falta ambição às mulheres?] *Harvard Business Review* (Abril 2004).

GREENBERG, P. E. ET AL. "The economic burden of depression in the US: how did it change between 1990 and 2000?" [O ônus econômico da depressão nos EUA: como ela mudou entre 1990 e 2000?]. *Journal of Clinical Psychiatry* 64: 12 (Dezembro, 2003): 1465-75.

LOEHR, JIM & TONY SCHWARTZ. *The power of full engagement: managing energy, not time is the key to full engagement and optimal performance* [O poder do comprometimento total: o gerenciamento da energia, não do tempo, é a chave para o comprometimento total e ótimo desempenho]. Nova York: The Free Press, 2003.

MORRIS, JON D. ET AL. "The power of affect: predicting intention" [O poder do afeto: predizendo a intenção]. *Journal of Advertising Research* (2002): 1-14.

WIDMEYER RESEARCH & POLLING. "Poll commissioned by the Center for a New American Dream" [Votação autorizada pelo Centro para um Novo Sonho Americano]. Washington, DC: Agosto de 2003.

THE HARRIS POLL # 11. 26 de fevereiro de 2003. Disponível em: www.harrisinteractive.com/harris_poll/index.asp?pid=359

"Major religions of the world ranked by number of adherents" [As maiores religiões do mundo em número de adeptos]. Acessado em: 9 de agosto de 2007. Disponível em: www.adherents.com/Religions_By_Adherents.html

"Belief in God" [Crença em Deus]. Acessado em 15 de junho de 2007. Disponível em: www.youtube.com/watch?v=WjlsVHY-CXM

Este livro foi impresso
em papel *offset* 75g
pela Orgrafic Gráfica